元史

明 宋 濂等撰

第十册

卷一一四至卷一三〇（傳）

中華書局

元史卷一百一十四

列傳第一

后妃一

太祖光獻翼聖皇后，名「孛兒台」旭眞，〔一〕弘吉剌氏，特薛禪之女也。特薛禪與子按陳從太祖征伐有功，賜號國舅，封王爵，以統其部族。有旨：「生女爲后，生男尚公主，世世不絕。」世祖至元二年十二月，追諡光獻翼聖皇后。册文曰：〔二〕「尊祖宗，致誠孝，實王政之攸先；法天地，建鴻名，亦母儀之克稱。肆先虔於太室，庸昭示於後昆。體茲至公，節以大惠。欽惟光獻皇后，宅心淵靜，禀德柔嘉。當聖神創業之初，有夙夜求賢之助。功施社稷，垂慈訓於景襄；慶衍宮闈，流徽音於莊聖。協贊龍飛之運，永詒燕翼之謀。惟周人著稱思齊，亦推本興王之迹；在漢世始諡光烈，蓋篤申追遠之情。是用稽迪舊章，增崇遺美。謹遣攝太尉某，奉玉册玉寶，加上尊諡曰光獻翼聖皇后。伏惟淑靈降格，典禮備膺，於億萬年，茂隆丕祚。」升祔太祖廟。其餘后妃有四斡耳朶四十餘人，不記氏族，其名悉見于表。後皆倣此。

太宗昭慈皇后，名脫列哥那，乃馬眞氏，生定宗。歲辛丑十一月，太宗崩，后稱制攝國者五年。丙午，會諸王百官，議立定宗。朝政多出於后。至元二年崩，追謚昭慈皇后，〔三〕升祔太宗廟。

定宗欽淑皇后，名斡兀立海迷失。定宗崩，后抱子失列門垂簾聽政者六月。至元二年，〔四〕追謚欽淑皇后。

憲宗貞節皇后，名忽都台，弘吉剌氏，特薛禪孫忙哥陳之女也。蚤崩。后妹也速兒繼爲妃。至元二年，〔五〕追謚貞節皇后，升祔憲宗廟。

世祖昭睿順聖皇后，名察必，弘吉剌氏，濟寧忠武王按陳之女也。生裕宗。中統初，立爲皇后。至元十年三月，授册寶，上尊號貞懿昭聖順天睿文光應皇后。〔六〕

一日，四怯薛官奏割京城外近地牧馬，帝旣允，方以圖進，后至帝前，將諫，先陽責太保劉秉忠曰：「汝漢人聰明者，言則帝聽，汝何爲不諫。向初到定都時，若以地牧馬則可，今軍蘸俱分業已定，奪之可乎？」帝默然，命寢其事。

后嘗於太府監支繒帛表裏各一，帝謂后曰：「此軍國所需，非私家物，后何可得支？」后自是率宮人親執女工，拘諸舊弓絃練之，緝爲紬，以爲衣，其韌密比綾綺。宣徽院羊臑皮置不用，后取之合縫爲地毯。其勤儉有節而無棄物，類如此。

十三年，平宋，幼主朝于上都。大宴，衆皆歡甚，唯后不樂。帝曰：「我今平江南，自此不用兵甲，衆人皆喜，爾獨不樂，何耶？」后跪奏曰：「妾聞自古無千歲之國，毋使吾子孫及此則幸矣。」帝以宋府庫故物各聚置殿庭上，召后視之，后徧視卽去。帝遣宦者追問后，欲何所取。后曰：「宋人貯蓄以遺其子孫，子孫不能守，而歸於我，我何忍取一物耶！」時宋太后全氏至京，不習北方風土，后爲奏令回江南，帝不允，至三奏，帝乃答曰：「爾婦人無遠慮，若使之南還，或浮言一動，卽廢其家，非所以愛之也。苟能愛之，時加存卹，使之便安可也。」后退，益厚待之。

胡帽舊無前簷，帝因射日色炫目，以語后，后卽益前簷。帝大喜，遂命爲式。又製一衣，前有裳無衽，後長倍於前，亦無領袖，綴以兩襻，名曰比甲，以便弓馬，時皆倣之。后性明敏，達於事機，國家初政，左右匡正，當時與有力焉。

十(四)〔八〕年二月崩。〔七〕三十一年，成宗卽位，五月，追謚昭睿順聖皇后，其册文曰：「奉先思孝，臣子之至情；節惠勿名，古今之大典。惟殷娥有明德之號，而周任著思齊之稱。爰考舊章，式崇尊謚。恭惟先皇后，厚德載物，正位承天。隆內治於公宮，綱大倫於天下。曩事龍潛之邸，及乘虎變之秋。鄂渚班師，洞識事機之會；上都踐祚，居多輔佐之謀。先物之明，獨斷于衷；進賢之志，允叶于上。左右我聖祖，建帝王之極功；撫育我前人，嗣社稷之重託。臣下之勤勞灼見，生民之疾苦周知。儷宸極二十年，垂慈範千萬世。惟全美聖而益聖，宜顯册書而屢書。不勝惓惓懇懇之誠，敬展尊尊親親之義，以揚盛烈，以對耿光。謹遣某官某奉玉册玉寶，上尊謚曰昭睿順聖皇后。欽惟淑靈在天，明鑒逮下。增輝煒管，茂揚徽懿之音；合饗太宮，益衍壽昌之福。」升祔世祖廟。

南必皇后，弘吉剌氏，納陳孫仙童之女也。至元二十年，納爲皇后，繼守正宮。時世祖春秋高，頗預政，相臣常不得見帝，輒因后奏事焉。有子一人，名鐵蔑赤。

成宗貞慈靜懿皇后，名失憐答里，弘吉剌氏，斡羅陳之女也。大德三年十月，立爲后。〔八〕生皇子德壽，早薨。武宗至大三年十月，追尊謚貞慈靜懿皇后，其册文曰：「宗祧定位，象天地之有陰陽；今古同符，通幽明以行典禮。哀榮斯備，孝敬兼陳。恭惟先元妃弘吉剌氏，慶毓仙源，德昭彤史。春宮主饋，共瞻采翟之輝；椒掖正名，莫際飛龍之會。惟貞協在中之美，而慈推成物之仁。靜既合夫坤元，懿益彰於壼則。雖小星之逮下，豈衆曜之敢齊。嗣服云初，追懷曷已。是用究成先志，式闡徽稱。謹遣某官某，上尊謚曰貞慈靜懿皇后，升祔於成宗皇帝殿室。伏惟淑靈，永伸配侑，介以景福，佑我無疆。」

卜魯罕皇后，伯岳吾氏，駙馬脫里思之女。元貞初，立爲皇后。大德三年十月，授册寶。成宗多疾，后居中用事，信任相臣哈剌哈孫，大德之政，人稱平允，皆后處決。京師創建萬寧寺，中塑祕密佛像，其形醜怪，后以手帕蒙覆其面，尋傳旨毀之。省院臺臣奏上尊號，帝不允。車駕幸上都，后方自奏請。帝曰：「我病日久，國家大事多廢不舉，尙寧理此等事耶！」事遂寢。大德十年，后嘗謀貶順宗妃答吉與其子仁宗往懷州。明年，成宗崩。時武宗在北邊，恐其歸，必報前怨。后乃命取安西王阿難答失里來京師，謀立之。仁宗自懷州入淸宮禁，旣誅安西王，幷構后以私通事，出居東安州。

武宗宣慈惠聖皇后，名眞哥，弘吉剌氏，脫憐子迸不剌之女。至大三年四月，册爲皇后，其文曰：「乾爲天，坤爲地，四時由是以相成。日宗陽，月宗陰，萬象以之而並著。后職有關於世敎，先猷具載於邦彝。惟慈旨之親承，亦僉言之允若。咨爾皇后弘吉剌氏，睿聰淑哲，端懿誠莊。寶婺分輝，源天潢之自出；纓徽迪慶，系紱組以相仍。後逸」皇慶二年，立長秋寺，掌皇后宮政，秩三品。泰定四年十一月崩，上尊謚曰宣慈惠聖皇后，〔九〕升祔武宗廟。

速哥失里皇后，按陳哈兒只之女，〔一〇〕眞哥皇后之從妹也。

妃二人：亦乞烈氏，奴兀倫公主之女，實生明宗，天曆二年追謚仁獻章聖皇后；唐兀氏，生文宗，天曆二年追謚文獻昭聖皇后。

仁宗莊懿慈聖皇后，名阿納失失里，弘吉剌氏，生英宗。皇慶二年三月，册爲皇后，上册寶，遣官祭告天地於南郊及太廟。改典內院爲中政院，秩正二品。

英宗卽位，上尊號皇太后，其册文曰：「坤承乾德，所以著兩儀之稱；母統父尊，所以崇一體之號。故因親而立愛，宜考禮以正名。恭惟聖母，溫慈惠和，淑哲端懿。上以奉宗祏之重，下以敍倫紀之常。恢王化于二南，嗣徽音於三母。輔佐先考，憂勤警戒之慮深；擁佑眇躬，撫育提攜之恩至。迨于今日，紹我丕基。規摹一出於慈闈，付托益彰於祖訓。致天下之養以爲樂，未足盡於孝心；極域中之大以爲尊，庶可稱其懿美。式遵貴貴之義，用罄親親之情。謹遣某官某奉册，上尊號曰皇太后。伏惟周宗緜緜，長信穆穆，備洛書之錫福，粲坤極之儀天。啓佑後人，永錫胤祚。」明日，受百官朝賀于興聖宮。

至治二年崩，〔一〕上謚莊懿慈聖皇后，其册文曰：「致孝所以揚親，易名所以表行。矧爲天下母而養弗逮，履天子位而報則豐。曷勝孺慕之心，必盡欽崇之禮。欽惟先皇太后，夙明壼則，克嗣徽音。輔佐先朝，有恭儉節用之實；誕育眇質，有劬勞顧復之恩。九族咸育於仁，四海仰遵其化。昊天不弔，景命靡融。愴聖善之長違，念風猷之未泯。是用揄揚于彤史，正宜敷繹于寶慈。爰據彝經，追嚴徽號。謹遣攝太尉某官某奉玉册玉寶，上尊號曰莊懿慈聖皇后。伏惟淑靈如在，合饗太宮。鑒格孔昭，膺茲鉅典。陰相丕祚，億萬斯年。」升祔仁宗廟。

英宗莊靜懿聖皇后，名速哥八剌，亦啓烈氏，昌國公主益里海涯女也。至治元年，册爲皇后。泰定四年六月崩，諡曰莊靜懿聖皇后。

泰定帝八不罕皇后，弘吉剌氏，按陳孫斡留察兒之女。泰定元年，册爲皇后。

妃二人：一曰必罕，一曰速哥答里，皆弘吉剌氏，兗王買住罕之女也。文宗天曆初，俱安置東安州。

明宗貞裕徽聖皇后，名邁來迪，生順帝而崩。文宗立，謚貞裕徽聖皇后。〔一二〕

八不沙皇后，成宗甥壽寧公主之女也。侍明宗潛邸，生寧宗。天曆二年，立寧徽寺，掌明宗皇后宮事，以鈔萬錠、幣帛二千匹，供后宮費用。十一月，后請爲明宗資冥福，命帝師率諸僧作佛事七日于大天源延聖寺，道士建醮于玉虛、天寶、太乙、萬壽四宮，及武當、龍虎二山。至順元年，敕有司供明宗后宮幣帛二百匹。是年四月崩。

文宗卜答失里皇后，弘吉剌氏，父駙馬魯王琱阿不剌，母魯國公主桑哥（吉剌）〔剌吉〕。〔一三〕文宗居建業，后亦在行。天曆元年，文宗卽位，立爲皇后。二年，授册寶。十一月，后以銀五萬兩，助建大承天護聖寺。至順元年，以籍沒張珪家田四百頃，賜護聖寺爲永業。后與宦者拜住謀殺明宗后八不沙。

三年八月，文宗崩于上都，后導欽末命，申帝初志，遂立明宗次子懿璘質班，是爲寧宗。

十一月，奉玉册玉寶尊皇后爲皇太后。十二月，〔一四〕御興聖殿受朝賀。寧宗崩，大臣請立太子燕帖古思。后曰：「天位至重，吾子尚幼，明宗長子妥懽帖睦爾在廣西，今十三歲矣，理當立之。」於是奉旨迎至京師，以明年六月卽位，是爲順帝。元統元年，尊爲太皇太后，〔一五〕仍稱制臨朝。至元六年六月，詔去尊號，安置東安州，尋崩。

寧宗答里也忒迷失皇后，弘吉剌氏。至順三年十月，立爲后。至正二十八年崩，升祔寧宗廟。

順帝答納失里皇后，欽察氏，太師太平王燕鐵木兒之女。至順四年，立爲后。元統二年，授册寶，其册文曰：「天之元統二氣，配莫厚於坤儀；月之道循右行，明同貞於乾曜。若昔帝王之宅后，居多輔相之世勳。蓋選德於亢宗，亦疇庸於先正。造周資任、姒之化，與漢表馬、鄧之功。咨爾皇后欽察氏，雍肅惠慈，謙裕靜淑。迺祖迺父，夙堅翼亮之心；于國于家，實獲修齊之助。朕纘丕圖之初載，親承太后之睿謨。眷我元臣，簡茲碩媛。相嚴禋而率典，奉慈極以愉顏。用彰禕翟之華，式著旂常之舊。令攝太尉某官授以玉册寶章，命爾爲皇后。備成嘉禮，宏賁大猷。於戲！嵩高生賢，予篤懷于良佐；關雎正始，爾勉嗣於徽音。永錫壽康，昭示悠久。」三年，后兄御史大夫唐其勢以謀逆誅，弟塔剌海走匿后宮，后以衣蔽之，因遷后出宮，丞相伯顏鴆后于開平民舍。

伯顏忽都皇后，弘吉剌氏，宣慈惠聖皇后眞哥姪毓德王孛羅帖木兒之女也。至元三年三月，立爲皇后。其册文曰：「帝王之道，齊其家而天下平；風敎所基，正乎位而人倫厚。爰擇配以承宗事，若稽古以率典常。咨爾弘吉剌氏淑哲溫恭，齊莊貞一。屬選賢於中壼，躬受命於慈闈。勖帥來嬪，蹈榘儀之有度；動容中禮，謹夙夜以無違。茲表式於宮庭，宜推崇其位號。乃蠲吉旦，庸舉彝章。遣攝太尉某持節授以玉册寶章，命爾爲皇后。於戲！乾施坤承，克順成於四序；日明月儷，久照臨於萬方。朕欲躋世於乂安，爾其助予之德化。共亨嘉之運，益延昌熾之期。勉爾徽音，聿修內治。」生皇子眞金，二歲而夭。

后性節儉，不妬忌，動以禮法自持。第〔三〕〔二〕皇后奇氏素有寵，〔一六〕居興聖西宮，帝希幸東內。后左右以爲言，后無幾微怨望意。從帝時巡上京，次中道，帝遣內官傳旨，欲臨幸，后辭曰：「暮夜非至尊往來之時。」內官往復者三，竟拒不納，帝益賢之。帝嘗問后：「中政院所支錢糧，皆傳汝旨，汝還記之否？」后對曰：「妾當用則支。關防出入，必己選人司之，妾豈能盡記耶？」居坤德殿，終日端坐，未嘗妄踰戶閾。至正二十五年八月崩，年四十二。奇氏后見其所遺衣服弊壞，大笑曰：「正宮皇后，何至服此等衣耶！」其樸素可知。踰月，皇太子自冀寧歸，哭之甚哀。

完者忽都皇后奇氏，高麗人，生皇太子愛猷識理達臘。家微，用后貴，三世皆追封王爵。初，徽政院使禿滿迭兒進爲宮女，主供茗飲，以事順帝。后性穎黠，日見寵幸。後答納失里皇后方驕妒，數箠辱之。答納失里既遇害，帝欲立之，丞相伯顏爭不可。伯顏罷相，沙剌班遂請立爲第二皇后，居興聖宮，改徽政院爲資正院。

后無事，則取女孝經、史書，訪問歷代皇后之有賢行者爲法。四方貢獻，或有珍味，輒先遣使薦太廟，然後敢食。至正十八年，京城大饑，后命官爲粥食之。又出金銀粟帛命資正院使朴不花於京都十一門置冢，葬死者遺骼十餘萬，復命僧建水陸大會度之。時帝頗怠於政治，后與皇太子愛猷識理達臘遽謀內禪，遣朴不花諭意丞相太平，太平不答。復召太平至宮，舉酒賜之，自申前請，太平依違而已，由是后與太子銜之。而帝亦知后意，怒而疏之，兩月不見。朴不花因后而寵幸，既被劾黜，后諷御史大夫佛家奴爲之辯明。佛家奴乃謀再劾朴不花，后知之，反嗾御史劾佛家奴，謫居潮河。

初，奇氏之族在高麗者，怙勢驕橫，高麗王怒，盡殺之。二十三年，后謂皇太子曰：「汝何不爲我復讎耶？」遂立高麗王族人留京師者爲王，以奇族之子三寶奴爲元子。遣同知樞密院事崔帖木兒爲丞相，用兵一萬，幷招倭兵，共往納之。過鴨綠水，伏兵四起，乃大敗，餘十七騎而還，后大慚。

二十四年七月，孛羅帖木兒稱兵犯闕，皇太子出奔冀寧，下令討孛羅帖木兒。孛羅帖木兒怒，嗾監察御史武起宗言后外撓國政，奏帝宜遷后出于外，帝不答。二十五年三月，遂矯制幽于諸色總管府，令其黨姚伯顏不花守之。四月庚寅，孛羅帖木兒逼后還宮，取印章，僞爲后書召太子。后仍回幽所，後又數納美女於孛羅帖木兒，至百日，始還宮。及孛羅帖木兒死，召皇太子還京師，后傳旨令廓擴帖木兒以兵擁皇太子入城，欲脅帝禪位。廓擴帖木兒知其意，至京城三十里外，卽遣軍還營，皇太子復銜之。事見擴廓帖木兒傳。

會伯顏忽都皇后崩，十二月，中書省臣奏言，后宜正位中宮，帝不答。又奏改資正院爲崇政院，而中政院亦兼主之，帝乃授之册寶，其册文曰：「坤以承乾元，人道莫先於夫婦；后以母天下，王化實始於家邦。典禮之常，古今攸重。咨爾肅良合氏，篤生名族，來事朕躬。儆戒相成，每勤於夙夜；恭儉率下，多歷於歲年。旣發祥元子於儲闈，復流慶孫枝於甲觀。

眷若中宮之位，允宜淑配之賢。宗戚大臣，況僉言而敷請；掖庭諸御，咸傾望以推尊。乃屢遜辭，尤可嘉尚。今遣攝太尉某持節授以玉册玉寶，命爾爲皇后。於戲！愼修壼政，益勉爾輔佐之心；昭嗣徽音，同保我延洪之福。其欽寵命，以衍壽祺。」二十八年，從帝北奔。

校勘記

〔一〕名〔孛兒台〕旭眞　據本書卷一〇六后妃表補。按「旭眞」爲漢語「夫人」之音轉，係稱號，非名。

〔二〕世祖至元二年十二月追謚光獻翼聖皇后册文曰　考異云：「案后妃表，至元二年追謚光獻皇后，至大二年加謚光獻翼聖皇后。傳但書至元追謚，而不及至大之加謚，其所載謚册，乃至大加謚之册，而誤以爲至元之册。又案祭祀志，至元三年十月太廟成，命平章政事趙璧等集議，制尊謚廟號世祖紀同，定爲八室，是累代帝、后之謚，皆定于至元之三年，而表與傳皆作二年，亦誤也。又案至元上謚，在三年十月，至大加謚則在二年十二月，此云十二月，則爲至大之謚號册審矣。」按考異是，此段文字有奪誤，本書后妃表、傳至元三年追謚記載，「三」皆誤爲「二」。此處實應作「世祖至元三年十月追謚光獻皇后，武宗至大二年十二月加謚光獻翼聖皇后，册文曰」。

〔三〕至元二年崩追謚昭慈皇后　「二年」當作「三年」，詳前條校勘記。又按拉施特史集，定宗卽位後兩三月，脫列哥那卽死。元史譯文證補云此處「崩」字妄增，是。

〔四〕至元二年　「二年」當作「三年」，見本卷校勘記〔三〕。

〔五〕至元二年　「二年」當作「三年」，見本卷校勘記〔三〕。

〔六〕貞懿昭聖順天睿文光應皇后　疑有倒錯。見卷一〇六校勘記〔八〕。

〔七〕十〔四〕〔八〕年二月崩　道光本與本書卷一一世祖紀至元十八年二月乙未條、卷一〇六后妃表合，從改。

〔八〕大德三年十月立爲后　考異云：「案后妃表，失憐答里元妃早薨，至大元年追尊謚曰貞慈靜懿皇后。册文云『先元妃宏吉剌氏』，又云『椒掖正名，莫際龍飛之會』，是貞慈之薨在成宗御極以前，成宗朝亦未加后謚。傳稱大德三年立爲后者，誤也。考成宗紀，大德三年册立爲皇后者，乃伯牙吾氏，非宏吉剌氏。」

〔九〕泰定四年十一月崩上尊謚曰宣慈惠聖皇后　本證云：「案紀，上謚在八月，則非十一月崩也。」

〔一〇〕速哥失里皇后按陳哈兒只之女　「按陳」二字下有脫文。本書卷一一八特薛禪傳作「按陳從孫哈兒只之女」。下文又稱速哥失里爲「眞哥皇后之從妹」，按本書卷一一八特薛禪傳考其世次，則哈兒只當爲按陳從曾孫，非從孫。

〔一一〕英宗卽位上尊號皇太后至明日受百官朝賀于興聖宮至治二年崩　考異云：「案英宗紀，延祐七年八月祔仁宗聖文欽孝皇帝、莊懿慈聖皇后于太廟。英宗卽位之始，紀祗有尊太皇太后及太皇太后受朝賀于興聖宮事，別無尊皇太后之文。又其册文云『爲天下母而養弗逮』，知后之崩當在仁宗朝，紀不書者，史之失也。此傳所云『上尊號』、『受百官朝賀』及『至治二年崩』者，皆是太皇太后順宗宏吉剌氏，史誤以爲皇太后耳。」

〔一二〕文宗立謚貞裕徽聖皇后　考異云：「案順帝紀，至元二年二月追尊帝生母曰貞裕徽聖皇后，此傳以爲文宗時謚者，誤也。文宗方詔諭中外，謂順帝非明宗子，肯尊其生母爲后，且加美謚乎？」

〔一三〕桑哥（吉剌）〔剌吉〕　見卷一〇六校勘記〔一三〕。

〔一四〕十二月　本書卷三七寧宗紀至順三年十一月戊寅條有「奉玉册玉寶，尊皇后曰皇太后。皇太后御興聖殿受朝賀」。壬辰條有「帝崩，年七歲」。事皆在十一月。「十二月」三字實衍，類編已删。

〔一五〕元統元年尊爲太皇太后　考異云：「元統二年尊爲皇太后，至元元年尊皇太后爲太皇太后。此傳似有脫誤。」

〔一六〕第（三）〔二〕皇后奇氏　據下文奇氏本傳、卷二〇四朴不花傳改。按三皇后爲木納失里宏吉剌氏。類編已校。

元史卷一百一十五

列傳第二

睿宗

睿宗景襄皇帝，諱拖雷，太祖第四子，太宗母弟也。方太祖崩時，太宗留霍博之地，國事無所屬，拖雷實身任之。聞燕京盜賊白晝剽掠富民財物，吏不能禁，遂遣塔察、吾圖撒合里往窮治之，殺十有六人，盜始屏息。

己丑夏，太宗還京。八月，卽位。明年庚寅秋，太宗伐金，命拖雷帥師以從，破天城堡，拔蒲城縣，聞金平章合達、參政蒲阿守西邊，遂渡河，攻鳳翔。會前兵戰不利，從太宗援之，合達乃退。辛卯春，破洛陽、河中諸城。

太宗還官山，大會諸侯王，謂曰：「人言耗國家者，實由寇敵。今金未殄，實我敵也。諸君寧無計乎？」拖雷進曰：「臣有愚計，非衆可聞。」太宗屏左右，亟臨問之，其言祕，人莫知也。鳳翔既下，有降人李昌國者，言：「金主遷汴，所恃者黄河、潼關之險爾。若出寶雞，入漢中，不一月可達唐、鄧。金人聞之，寧不謂我師從天而下乎。」拖雷然之，言於太宗。太宗大喜，語諸王大臣曰：「昔太祖嘗有志此舉，今拖雷能言之，眞賽因也。」賽因，猶華言大好云。遂大發兵。

太宗以中軍自碗子城南下，渡河，由洛陽進；斡陳那顏以左軍由濟南進；而拖雷總右軍自鳳翔渡渭水，過寶雞，入小潼關，涉宋人之境，沿漢水而下。期以明年春，俱會于汴。遣搠不罕詣宋假道，且約合兵。宋殺使者，拖雷大怒曰：「彼昔遣苟夢玉來通好，遽自食言背盟乎！」乃分兵攻宋諸城堡，長驅入漢中，進襲四川，陷閬州，過南部而還。遂由金取房，前鋒三千人破金兵十餘萬于武當山，趨均州。乘騎浮渡漢水，遣夔曲涅率千騎馳白太宗。太宗方詣漢水，將分兵應之，會夔曲涅至，卽遣慰諭拖雷，亟合兵焉。

拖雷既渡漢，金大將合達設伏二十餘萬于鄧州之西，據隘待之。時拖雷兵不滿四萬，及得諜報，乃悉留輜重，輕騎以進。十二月丙子，及金人戰于禹山，佯北以誘之，金人不動。拖雷舉火夜行，金合達聞其且至，退保鄧州，攻之，三日不下。遂將而北，以三千騎命札剌等率之爲殿。明旦，大霧迷道，爲金人所襲，殺傷相當。拖雷以札剌失律，罷之，而以野里知給歹代焉。未幾，敗金軍。

壬辰春，合達等知拖雷已北，合步騎十五萬躡其後。拖雷按兵，遣其將忽都忽等誘之，日且暮，令軍中曰：「毋令彼得休息，宜夜鼓譟以擾之。」太宗時亦渡河，遣親王口溫不花等將萬餘騎來會。天大雨雪，金人僵凍無人色，幾不能軍，拖雷卽欲擊之，諸將請俟太宗至破之未晚。拖雷曰：「機不可失，彼脫入城，未易圖也。況大敵在前，敢以遺君父乎。」遂奮擊于三峯山，大破之，追奔數十里，流血被道，資仗委積，金之精銳盡於此矣。餘衆迸走睢州，伏兵起，又敗之。合達走鈞州，僅遺數百騎。蒲阿走汴，至望京橋，復禽獲之。太宗尋至，按行戰地，顧謂拖雷曰：「微汝，不能致此捷也。」諸侯王進曰：「誠如聖諭，然拖雷之功，著在社稷。」蓋又指其定册云爾。拖雷從容對曰：「臣何功之有，此天之威，皇帝之福也。」聞者服其不伐。從太宗攻鈞州，拔之，獲合達。攻許州，又拔之，遂從太宗收定河南諸郡。四月，由半渡入眞定，過中都，出北口，住夏于官山。

五月，太宗不豫。六月，疾甚。拖雷禱于天地，請以身代之，又取巫覡祓除釁滌之水飮焉。居數日，太宗疾愈，拖雷從之北還，至阿剌合的思之地，遇疾而薨，壽四十有闕。妃怯烈氏。子十一人，長憲宗，次四則世祖也。憲宗立，追謚曰英武皇帝，廟號睿宗。二年，合祭昊天后土，以太祖、睿宗配享。世祖至元二年，改謚景襄皇帝。〔一〕

裕宗

裕宗文惠明孝皇帝，諱眞金，世祖嫡子也。母昭睿順聖皇后，弘吉烈氏。少從姚樞、竇默受孝經，及終卷，世祖大悅，設食饗樞等。

中統三年，封燕王，守中書令。丞相史天（倪）〔澤〕入啓事，〔三〕王曰：「我幼，未嘗習祖宗典則，閑於政體，一旦當大任，惟汝耆德賴焉。」復諭贊善王恂曰：「省臣所啓，等國事也。爾宜入與聞之。」四年，兼判樞密院事。至元初，省臣奏請王署敕，每月必再至中書。於是王將入中書，乳母進新衣，笑却之曰：「吾何事美觀也。」嘗從幸宜興，世祖違豫，憂形于色，夕不能寐。聞母皇后暴得風疾，卽悲泣，衣不及帶而行。

七年秋，受詔巡撫稱海，至冬還京。間謂諸王札剌忽及從官伯顏等曰：「吾屬適有茲暇，宜各悉乃心，愼言所守，俾吾聞之。」於是撒里蠻曰：「太祖有訓：欲治身，先治心；欲責人，先責己。」伯顏曰：「皇上有訓：欺罔盜竊，人之至惡。一爲欺罔，則後雖出善言，人終弗信。一爲盜竊，則事雖未覺，心常惴惴，若捕者將至。」札剌忽曰：「我祖有訓：長者梢，深者底。蓋言貴有終始，長必極其杪，深必究其底，不可中輟也。」王曰：「皇上有訓：毋持大心。大心一持，事卽隳敗。吾觀孔子之語，卽與聖訓合也。」至王恂陳說尤多，事見恂傳。

十年二月，立爲皇太子，仍兼中書令，判樞密院事。受玉册：「皇帝若曰：咨爾皇太子眞金，仰惟太祖皇帝遺訓，嫡子中有克嗣服繼統者，豫選定之。是用立太宗英文皇帝，以紹隆丕構。自時厥後，爲不顯立冢嫡，遂啓爭端。朕上遵祖宗宏規，下協昆弟僉同之議，乃從燕邸，卽立爾爲皇太子，積有日矣。比者，儒臣敷奏，國家定立儲嗣，宜有册命，此典禮也。今遣攝太尉、左丞相伯顏持節授爾玉册金寶。於戲！聖武燕謀，爾其承奉。昆弟宗親，爾其和協。使仁孝顯于躬行，抑可謂不負所托矣。尚其戒哉，勿替朕命。」九月丙戌，詔立宮師府，設官屬三十有八員。起處士楊恭懿于京兆。

太子嘗有疾，世祖臨幸，親和藥以賜之。遣侍臣李衆馳祀嶽瀆名山川，太子戒其所至郡邑，毋煩吏迎送，重擾民也。詔以侍衞親軍萬人益隸東宮，太子命王慶端、董士亨選其驍勇者，敎以兵法，時閱試焉。太子服綾袷，爲瀋所漬，命侍臣重加染治，侍臣請織綾更製之。太子曰：「吾欲織百端，非難也。顧是物未敝，豈宜棄之。」東宮香殿成，工請鑿石爲池，如曲水流觴故事。太子曰：「古有肉林酒池，爾欲吾效之耶！」不許。每與諸王近臣習射之暇，輒講論經典，若資治通鑑、貞觀政要，王恂、許衡所述遼、金帝王行事要略，下至武經等書，從容片言之間，苟有允愜，未嘗不爲之灑然改容。時侍經幄者，如王恂、白棟皆朝夕不出東宮，而待制李謙、太常宋衜尤加咨訪，蓋無間也。

十八年正月，昭睿順聖皇后崩，〔三〕太子自獵所奔赴，勺飲不入口者終日，設廬帳居之。太子命宋衟擇可備顧問者，衟以郭祐、何瑋、徐琰、馬紹、楊居寬、何榮祖、楊仁風等爲言。太子曰：「是數人者，盡爲我致之，宜自近者始。」遂召瑋于易州，琰于東平。贊善王恂卒，太子聞之嗟悼，賻鈔二千五百緡。一日，顧謂左右曰：「王贊善當言必言，未嘗顧惜，隨事規正，良多裨補，今鮮有其匹也。」時阿合馬擅國重柄，太子惡其姦惡，未嘗少假顏色。盜知阿合馬所畏憚者，獨太子爾。因爲僞太子夜入京城，召而殺之。及和禮霍孫入相，太子曰：「阿合馬死於盜手，汝任中書，誠有便國利民者，毋憚更張。苟或沮撓，我當力持之。」

中書啓以何瑋參議省事，徐琰爲左司郎中。瑋、琰入見，太子諭之曰：「汝等學孔子之道，今始得行，宜盡平生所學，力行之。」辟楊仁風于潞州、馬紹于東平，復辟楊恭懿置省中議事，以衛輝總管董文用練達官政，與恭懿同置省中。按察副使王惲進承華事略：一曰廣孝，二曰立愛，三曰端本，四曰進學，五曰擇術，六曰謹習，七曰聽政，八曰達聰，九曰撫軍，十曰明分，十一曰崇儒，十二曰親賢，十三曰去邪，十四曰納誨，十五曰幾諫，十六曰從諫，十七曰推恩，十八曰尙儉，十九曰戒逸，二十曰審官。太子聞漢成帝不絕馳道，唐肅宗改絳紗袍爲朱明服，大喜曰：「使吾行之，亦當若此。」及說邢峙止齊太子食邪蒿，顧宮臣曰：「菜名邪蒿，未必果邪也。雖食之，豈遽使人不正邪？」張九思對曰：「古人設戒，義固當爾。」

詔割江西龍興路爲太子分地，太子謂左右曰：「安得治民如邢州張耕者乎！誠使之往治，俾江南諸郡取法，民必安集。」於是召宋衜大選署守長。江西行省以歲課羨餘鈔四十七萬緡獻，太子怒曰：「朝廷令汝等安治百姓，百姓安，錢糧何患不足，百姓不安，錢糧雖多，安能自奉乎。」盡卻之。阿里以民官兼課司，請歲附輸羊三百，太子以其越例，罷之。參政劉思敬遣其弟思恭以新民百六十戶來獻，太子問民所從來，對曰：「思敬征重慶時所俘獲者。」太子蹙然曰：「歸語汝兄，此屬宜隨所在放遣爲民，毋重失人心。」烏蒙宣撫司進馬，踰歲獻之額，卽諭之曰：「去歲嘗俾勿多進馬，恐道路所經，數勞吾民也。自今其勿復然。」

二十年春，辟劉因于保定，因以疾辭，固辟之，乃至，拜右贊善大夫，以吏部郎中夾谷之奇爲左贊善大夫。是時，已立國子學，李棟、宋衜、李謙皆以東宮僚友，繼典教事。至是，命因專領之，而以衜等仍備咨訪。嘗曰：「吾聞金章宗時，有司論太學生廩費太多，章宗謂養出一范文正公，所償顧豈少哉。其言甚善。」會因復以疾乞去。二十二年，以長史耶律有尙爲國子司業。中庶子伯必以其子阿八赤入見，諭令入學，伯必卽令其子入蒙古學。逾年又見，太子問讀何書，其子以蒙古書對，太子曰：「我命汝學漢人文字耳，其亟入胄監。」遣使辟宋工部侍郎倪堅于開元，旣至，訪以古今成敗得失，堅對言：「三代得天下以仁，其失也以不仁。漢、唐之亡也，以外戚閹竪。宋之亡也，以姦黨權臣。」太子嘉納，賜酒，日昃乃罷。諭德李謙、夾谷之奇嘗進言曰：「殿下睿性夙成，閱理久熟，方遵聖訓參決庶務。如視膳問安之禮，固無待於贊諭。至於軍民之利病，政令之得失，事關朝廷，責在臺院，有非宮臣所宜言者。獨有澄原固本，保守成業，殿下所當留心，臣等不容緘口者也。敬陳十事：曰正心，曰睦親，曰崇儉，曰親賢，曰幾諫，曰戢兵，曰尙文，曰定律，曰正名，曰革敝。」其論正心有云：「太子之心，天下之本也。太子心正，則天心有所屬，人心有所繫矣。唐太宗嘗言，人主一心，攻之者衆，或以勇力，或以辨口，或以諂諛，或以姦詐，或以嗜欲，輻湊攻之，各求自售。人主少懈，而受其一，則其害有不可勝言者。殿下至尊之儲貳，人求自售者亦不爲少，須常喚醒此心，不使爲物欲所撓，則宗社生靈之福。固本澄原，莫此爲切。」論睦親，以「宗親爲王室之藩屏，人主之所自衞者也。大分旣定，尊卑懸殊，必恩意俯逮，然後得盡其歡心。宗親之歡心得，則遠近之歡心得矣」。其論正名、革敝，尤切中時政。

太子在中書日久，明於聽斷，四方州郡科徵、輓漕、造作、和市，有係民休戚者，聞之，卽日奏罷。右丞盧世榮以言利進，太子意深非之。嘗曰：「財非天降，安得歲取贏乎。恐生民膏血，竭於此也。豈惟害民，實國之大蠹。」其後世榮果坐罪。桑哥素主世榮，聞太子有言，訖箝口不敢救。

至元以來，天下臻於太平，人材輩出，太子優禮遇之，在師友之列者，非朝廷名德，則布衣節行之士，德意未嘗少衰。宋衜目疾，賜鈔千五百緡。王磐告老而歸，官其壻于東平，以終養。孔洙自江南入覲，則責張九思學聖人之道，不知有聖人之後。其大雅不羣，本於天性，中外歸心焉。於是世祖春秋高，江南行臺監察御史言事者請禪位於太子，太子聞之，懼。臺臣寢其奏，不敢遽聞，而小人以臺臣隱匿，乘間發之。世祖怒甚，太子愈益懼，未幾，遂薨，壽四十有三。成宗卽位，追謚曰文惠明孝皇帝，廟號裕宗，祔于太廟。

顯宗

顯宗光聖仁孝皇帝，諱甘麻剌，裕宗長子也。母曰徽仁裕聖皇后，弘吉剌氏。甘麻剌少育於祖母昭睿順聖皇后，日侍世祖，未嘗離左右，畏愼不妄言，言必無隱。

至元中，奉旨鎭北邊，叛王岳木忽兒等聞其至，望風請降。旣而都阿、察八兒諸王遣使求和，邊境以寧。嘗出征駐金山，會大雪，擁火坐帳內，歡甚，顧謂左右曰：「今日風雪如是，吾與卿處猶有寒色，彼從士亦人耳，腰弓矢、荷刃周廬之外，其苦可知。」遂命饔人大爲肉糜，親嘗而偏賜之。撫循部曲之暇，則命也滅堅以國語講通鑑。戒其近侍太不花曰：「朝廷以藩屏寄我，事有不逮，正在汝輩輔助。其或依勢作威，不用我命，輕者論遣，大者奏聞耳，宜各愼之。使百姓安業，主上無北顧之憂，則予與卿等亦樂處於此，乃所以報國家也。」

二十六年，世祖以其居邊日久，特命獵于柳林之地。率衆至漷州，恐廩膳不均，令左右司之，分給從士，仍飭其衆曰：「汝等飲食既足，若復侵漁百姓，是汝自取罪譴，無悔。」衆皆如約，民賴以安。北還，覲世祖于上京，世祖勞之曰：「汝在柳林，民不知擾，朕實嘉焉。」明年冬，封梁王，授以金印，出鎮雲南。過中山，又明年春過懷、孟，從卒馬駝之屬不下千百計，所至未嘗横取於民。

二十九年，改封晉王，移鎮北邊，統領太祖四大斡耳朶及軍馬、達達國土，更鑄晉王金印授之。中書省臣言于世祖曰：「諸王皆置傅，今晉王守太祖肇基之地，視諸王宜有加，請置內史。」世祖從之，遂以北安王傅禿歸、梁王傅木八剌沙、雲南行省平章賽陽並爲內史。明年，置內史府。又明年，世祖崩，晉王聞訃奔赴上都。諸王大臣咸在，晉王曰：「昔皇祖命我鎮撫北方，以衞社稷，久歷邊事，願服厥職。母弟鐵木耳仁孝，宜嗣大統。」於是成宗卽帝位，而晉王復歸藩邸。

元貞元年，塔塔兒部年穀不熟，檄宣徽院賑之。又答答剌民饑，請朝廷賑之。詔賜王鈔千萬貫，及銀帛有差。皇太后復以雲南所貢金器，遣朶年來賜。是歲冬，奉詔以知樞密院事札散、同知徽政院事阿里罕爲內史。大德二年，詔給秫米五百石。五年，成宗以邊士貧乏，分給鈔一千萬貫。

六年正月乙巳，王薨，年四十。王天性仁厚，御下有恩。元貞初，藩邸屬官審伯年老，請以其子代之。內史言於王，王曰：「惟天子所命。」其自守如此，故尤爲朝廷所重。然崇尙浮屠，命僧作佛事，歲耗財不可勝計。子三人：曰也孫帖木兒，曰松山，曰迭里哥兒不花。王薨後十年，仁宗卽位，謚王獻武。又十一年，英宗遇弑，也孫帖木兒以嗣晉王卽皇帝位，追尊曰光聖仁孝皇帝，廟號顯宗，祔享太室。又六年，文宗卽位，乃毁其廟室。

順宗

順宗昭聖衍孝皇帝，諱答剌麻八剌，裕宗第二子也。母曰徽仁裕聖皇后，弘吉剌氏。至元初，裕宗爲燕王，答剌麻八剌生于燕邸。明年，詔裕宗居潮河。八月，召至京師。凡乘輿巡幸及歲時朝賀，未嘗不侍裕宗以行。稍長，世祖賜女侍郭氏，其後乃納弘吉剌氏爲妃。二十二年，裕宗薨，答剌麻八剌以皇孫鍾愛，兩宮優其出閤之禮。

二十八年，始詔出鎭懷州，以侍衞都指揮使梭都、尙書王倚從行，至趙州，從卒有伐民桑棗者，民遮訴于道，答剌麻八剌怒，杖從卒以懲衆，遣王倚入奏，世祖大悅。未至，以疾召還。明年春，世祖北幸，留治疾京師，越兩月而薨，年二十有九。

子三人：長曰阿木哥，封魏王，郭出也；妃所生者曰海山，是爲武宗；曰愛育黎拔力八達，是爲仁宗。大德十一年秋，武宗即位，追謚曰昭聖衍孝皇帝，廟號順宗，祔享太廟。

校勘記

〔一〕至元二年改謚景襄皇帝　按本書卷六世祖紀至元三年十月丁丑條、卷七四祭祀志，事在至元三年。元書改「二」作「三」，是。

〔二〕丞相史天（倪）〔澤〕　據本書卷一四七史天倪傳、卷一五五史天澤傳改。按史天倪死于元太祖朝，史天澤中統二年拜相。新元史已校。

〔三〕十八年正月昭睿順聖皇后崩　按本書卷一一世祖紀，察必皇后死于至元十八年二月乙未。疑此處「正」當作「二」。

元史卷一百一十六

列傳第三

后妃二

睿宗顯懿莊聖皇后名唆魯〔和〕帖尼，〔一〕怯烈氏，生子憲宗、世祖，相繼爲帝。至元二年，追上尊謚莊聖皇后，〔二〕升祔睿宗廟。

至大二年十二月，加謚顯懿莊聖皇后。三年十月，又上玉册，其文曰：「祖功宗德，稱誄於天。內則閫儀，受成於廟。行之大者名必顯，恩之隆者報則豐。上以增佐定之光，下以伸遹追之孝。欽惟莊聖皇后英明溥博，聖善柔嘉。尊儷景襄，陰敎純被。逮事光獻，婦職勤修。勳聿著於承天，祥兩占於夢日。跡聖緒洪源之有漸，知深仁厚澤之無垠。玄符肇自塗山，顧前徽之未稱；蒼籙興於文母，豈後嗣之能忘。是用參考彝經，丕揚景鑠。敷繹寶慈之誼，形容青史之規。謹遣攝太尉某奉玉册玉寶，加上尊謚曰顯懿莊聖皇后。伏惟睿靈，昭垂鑒格。禮嚴閟宮，樂歌夷則。億萬斯年，承休無斁。」

裕宗徽仁裕聖皇后伯藍也怯赤，一名闊闊眞，弘吉剌氏，生順宗、成宗。

先是世祖出田獵，道渴，至一帳房，見一女子緝駝茸，世祖從覓馬湩。女子曰：「馬湩有之，但我父母諸兄皆不在，我女子難以與汝。」世祖欲去之。女子又曰：「我獨居此，汝自來自去，於理不宜。我父母卽歸，姑待之。」須臾果歸。出馬湩飲世祖。世祖既去，嘆息曰：「得此等女子爲人家婦，豈不美耶！」後與諸臣謀擇太子妃，世祖俱不允。有一老臣嘗知向者之言，知其未許嫁，言于世祖。世祖大喜，納爲太子妃。

后性孝謹，善事中宮，世祖每稱之爲賢德媳婦。侍昭睿順聖皇后，不離左右，至溷廁所用紙，亦以面擦，令柔軟以進。一日，裕宗有病，世祖往視，見牀上設織金臥褥。世祖慍而語之曰：「我嘗以汝爲賢，何乃若此耶？」后跪答曰：「常時不曾敢用，今爲太子病，恐有濕氣，因用之。」卽時徹去。

世祖崩，成宗至上都，諸王畢會。先是，御史中丞崔彧得玉璽于木華黎國王曾孫世德家，〔三〕其文曰「受命于天、既壽永昌」，上之于后。至是，后手授成宗。卽皇帝位，尊后爲皇太后，册文曰：「自家而國，治道必有所先；立愛惟親，君德莫先於孝。況恩深於鞠我，而禮重於正名。歷代以來，令儀可考。人子之職所在，天下之母宜尊。恭惟聖母，聖善本乎天資，靜專法乎地道。上以奉宗祏之重，下以敍倫紀之常。助我前人，守卷耳憂勤之志；保予沖子，成思齊雍肅之風。肆神器之有歸，知孫謀之素定。畀付雖由於曆數，規摹一出於庭闈。是用率籲衆心，章明鉅度，不勝拳拳大願。謹奉册寶，上尊稱曰皇太后。伏惟長信穆穆，周宗綿綿。備洛書之錫福，粲慈極之儀天。瑤圖寶運，於萬斯年。」命設官屬，置徽政院。後院官有受獻浙西田七百頃，籍於位下，太后曰：「我寡居婦人，衣食自有餘，況江南率土，皆國家所有，我曷敢私之。」卽命中書省盡易院官之受獻者。后之弟欲因后求官，后語之曰：「若欲求官耶？汝自爲之，勿以累我也。」其後，弟果被黜，人皆服后之先見。

大德四年二月崩，祔葬先陵，謚曰裕聖皇后，升祔裕宗廟。至大三年十月，又追尊謚曰徽仁裕聖皇后。

顯宗宣懿淑聖皇后，名普顏怯里迷失，弘吉剌氏，顯宗居晉邸，納爲元妃，生泰定帝。泰定元年，追尊宣懿淑聖皇后，其册文曰：「祗纘皇圖，方弘仁孝之化；追崇聖母，永懷鞠育之恩。匪建鴻名，曷彰厚德。欽惟皇妣晉王妃弘吉剌氏，淑侔周姒，賢邁虞嬪。儷我先王，恪守肇基之地；昭其懿範，益恢正始之風。順坤道以承乾，炯月輝以遡日。陰功久積，衍聖緒於無疆；神器攸歸，知慶源之有自。仰徽音之如在，慨至養之莫加。聿選休辰，爰修縟典。謹遣攝太尉某奉玉册玉寶，上尊謚曰宣懿淑聖皇后。伏惟淑靈在上，式垂鑒臨，合享太宮，永錫繁祉。」升祔皇考顯宗廟。天曆初，復祧顯宗廟祀。

順宗昭獻元聖皇后名答（巳）〔己〕，〔四〕弘吉剌氏，按陳孫渾都帖木兒之女。裕宗居燕邸及潮河，順宗俱在侍，稍長，世祖賜女侍郭氏，後乃納后爲妃，生武宗及仁宗。

大德九年，成宗不豫，卜魯罕皇后秉政，遣仁宗母子出居懷州。十年十二月，后至懷州。十一年正月，成宗崩。時武宗總兵北邊，（左）〔右〕丞相答剌罕哈剌哈孫陰遣使報仁宗，〔五〕與后奔還京師。后與仁宗入內哭，復出居舊邸，朝夕入奠。卽遣使迎武宗還，以五月卽位。

先是，太后以兩太子星命付陰陽家推算，問所宜立，對曰：「重光大荒落有災，旃蒙作噩長久。」重光爲武宗生年，旃蒙爲仁宗生年。太后頗惑其言，遣近臣朶耳諭旨武宗曰：「汝兄弟二人，皆我所出，豈有親疏。陰陽家所言，運祚修短，不容不思也。」武宗聞之默然，進康里脫脫而言曰：「我捍北邊十年，又肅次居長，太后以星命爲言，茫昧難信。使我設施合於天心民望，雖一日之短，亦足垂名萬世。何可以陰陽家言，而乖祖宗之託哉！」脫脫以聞，太后愕然曰：「修短之說，雖出術家，吾爲太子遠慮，所以深愛太子也。太子既如是言，今當速來耳。」詳見康里脫脫傳中。

五月，武宗既立，卽日尊太后爲皇太后。立仁宗爲皇太子。三宮協和。十一月，帝朝太后于隆福宮，上皇太后玉册玉寶。至大元年三月，帝爲太后建興聖宮，給鈔五萬錠、絲二萬斤。二年正月，太后幸五臺山作佛事，詔高麗王璋從之。四月，立興聖宮江淮財賦總管府，以司太后錢糧。三年二月，以上皇太后尊號，告祀南郊。四月，以興聖宮鷹坊等戶四千，分處遼陽，建萬戶府統之。十月戊申，帝率皇太子諸王羣臣朝興聖宮，上皇太后尊號册寶曰儀天興聖慈仁昭懿壽元皇太后。庚戌，后恭謝太廟，以皇太后受尊號，詔赦天下。四年，仁宗卽位。延祐二年三月，帝率諸王百官奉玉册玉寶，加上皇太后尊號曰儀天興聖慈仁昭懿壽元全德泰寧福慶皇太后。

延祐七年，英宗卽位。十二月，上尊號太皇太后，册文云：「王政之先，無以加孝；人倫之本，莫大尊親。肆予臨御之初，首舉推崇之典。恭惟太皇太后陛下，仁施溥博，明燭幽微。爰自居淵潛之宮，已有母天下之望。方武宗之北狩，適成廟之賓天。旋克振於乾綱，莫究諒再安於宗祏。雖有在躬之歷數，實司創業之艱難。儀式表於慈闈，動協謀於先帝。莫究補天之妙，允如扶日之升。位履至尊，兩翼成於聖子；嗣登大寶，復擁佑於眇躬。矧德邁塗山，功高文母。是宜加於四字，式益衍於徽稱。謹奉玉册玉寶，加上尊號曰儀天興聖慈仁昭懿壽元全德泰寧福慶徽文崇佑太皇太后。於戲！茲雖涉於强名，庶庸申於善頌。九州四海，養未足於孝心；萬歲千秋，願永膺於壽祉。」

丙辰，太后御大明殿，受朝賀。戊辰，告太廟。太后見明宗少時有英氣，而英宗稍柔懦，諸羣小以立明宗必不利於己，遂擁立英宗。及旣即位，太后來賀，英宗即毅然見於色，后退而悔曰：「我不擬養此兒耶！」遂飲恨成疾。至治三年二月崩，升祔順宗廟配食。〔六〕

后性聰慧，歷佐三朝，敎宮中侍女皆執治女功，親操井臼。然不事檢飭，自正位東朝，淫恣益甚，內則黑驢母亦烈失八用事，外則幸臣失烈門、紐鄰及時宰迭木帖兒相率爲奸，以至箠辱平章張珪等，濁亂朝政，無所不至。及英宗立，羣倖伏誅，而後勢焰頓息焉。

校勘記

〔一〕唆魯〔和〕帖尼　據本書卷一〇六后妃表補。本書卷三憲宗紀作「唆魯禾帖尼」，元朝祕史作「莎兒合黑塔尼」。

〔二〕至元二年追上尊謚莊聖皇后　「二年」當作「三年」。見卷一一四校勘記〔三〕。

〔三〕木華黎國王曾孫世德　按本書卷一一九木華黎傳及黃金華集卷二五別里哥帖穆爾神道碑，「世德」作「碩德」，爲木華黎玄孫，疑此處「曾」字誤。

〔四〕答（巳）〔己〕　據本書卷一〇六后妃表改。本書卷一一四后妃傳、卷一一八特薛禪傳作「答吉」。類編已校。

〔五〕（左）〔右〕丞相答剌罕哈剌哈孫　據本書卷一一二宰相年表改。按當時左丞相爲阿忽台。蒙史已校。

〔六〕至治三年二月崩升祔順宗廟　按本書卷二八英宗紀至治二年九月丙辰條有「太皇太后崩」，至治三年三月戊申條有「祔太皇太后于順宗廟室」，此處史文有誤。道光本作「至治二年九月崩。三年升祔順宗廟」。

元史卷一百一十七

列傳第四

別里古台

宗王別里古台者，烈祖之第五子，太祖之季弟也。天性純厚，明敏多智略，不喜華飾，軀幹魁偉，勇力絕人。幼從太祖平諸部落，掌從馬。國法：常以腹心遇敗則牽從馬。其子孫最多，居處近太祖行在所，南接按只台營地。嘗從太祖宴諸部族，或潛圖害別里古台，以刀斫其臂，傷甚。帝大怒，欲索而誅之。別里古台曰：「今將舉大事於天下，其可以臣故而生釁隙哉！且臣雖傷甚，幸不至死，請勿治。」帝尤賢之。當創業之初，征取諸國，王未嘗不在軍中，摧鋒陷陣，不避艱險。帝嘗曰：「有別里古台之力，哈撒兒之射，此朕之所以取天下也。」其見稱如此。嘗立爲國相，又長扎魯火赤，別授之印。賜以蒙古百姓三千戶，及廣寧路、恩州二城戶一萬一千六百三，以爲分地；又以斡難、怯魯〔連〕之地建營以居。〔一〕江南平，加賜信州路及鉛山州二城戶一萬八千。王薨。子曰罕禿忽，曰也速不花，曰口溫不花。罕禿忽，性剛猛，知兵。從憲宗征伐，多立戰功，及攻釣魚山而還，道由河南，招來流亡百餘戶，悉以入籍。罕禿忽子曰霍歷極，以疾廢，不能軍，世祖俾居于恩，以統其藩人。至大三年，霍歷極薨，子塔出嗣。塔出，性溫厚，謙恭好學，通經史，能撫恤其民云。也速不花子曰爪都，中統三年，始以推戴功，封廣寧王。至元十三年，賜銀印。口溫不花，領兵河南，屢建大功，子曰滅里吉台、甕吉剌台。

朮赤

朮赤者，太祖長子也。國初，以親王分封西北，其地極遠，去京師數萬里，驛騎急行二百餘日，方達京師。以故其地郡邑風俗皆莫得而詳焉。

朮赤薨，子拔都嗣。拔都薨，弟撒里答嗣。撒里答薨，弟忙哥帖木兒嗣。忙哥帖木兒薨，弟脫脫忙哥嗣。脫脫忙哥薨，弟脫脫嗣。脫脫薨，弟伯忽嗣。伯忽薨，弟月卽別嗣。至元二年，月卽別遣使來求分地歲賜，以賑給軍站，京師元無所領府治。三年，中書請置總管府，給正三品印。至大元年，月卽別薨，子札尼別嗣。其位下舊賜平陽、晉州、永州分地，歲賦中統鈔二千四百錠，自至元五年己卯歲始給之。

禿剌

禿剌，太祖次子察合台四世孫也。少以勇力聞。大德十一年春，成宗崩，左丞相阿忽台等潛謀立安西王阿難答，而推皇后伯岳吾氏稱制，中外洶洶。仁宗歸自懷孟，引禿剌入內，縛阿忽台等以出，誅之，大事遂定。武宗卽位，第功，封越王，錫金印，以紹興路爲其分地。禿剌居常怏怏，有怨望意。

至大元年秋，武宗幸涼亭，將御舟，禿剌前止之。帝曰：「爾何如？朕欲登舟。」禿剌曰：「人有常言：一箭中麋，毋曰自能；百兔未得，未可遽止。」此蓋國俗儕輩相靳之語，而禿剌言之，武宗由是銜焉。旣而大宴萬歲山，禿剌醉起，解其腰帶擲諸地，嗔目謂帝曰：「爾與我者，止此爾！」帝益疑其有異志。二年春，命楚王牙忽都、丞相脫脫、平章赤因鐵木兒鞫之，辭服，遂伏誅。

子西安王阿剌忒納失里，天曆初以推戴功，進封豫王。

牙忽都

牙忽都，祖父撥綽，睿宗庶子也。撥綽之母曰馬一實，乃馬眞氏。撥綽驍勇善騎射，憲宗命大將軍，〔三〕北征欽察有功，賜號拔都。歲丁巳，分土諸侯王，賜蠡州三千三百四十七戶，爲其食邑。撥綽娶察渾滅兒乞氏，生薛必烈傑兒。薛必烈傑兒娶弘吉剌氏，生牙忽都。

牙忽都年十三，世祖命襲其祖父統軍。至元十二年，從北安王北征。十三年，失列吉叛，遣人誘脅之，牙忽都不從，事王益忠謹。八魯渾拔都兒、粘閭與海都通，相率引去，王遣牙忽都將兵追之，擒八魯渾等以獻。未幾，失列吉、約木忽兒、脫帖木兒等反，以兵攻王。脫帖木兒生致牙忽都，使失列吉拘繫之。牙忽都與王親臣那台等謀逃歸，事覺，那台等被殺，復繫牙忽都，困辱備至。十四年，兀魯兀台、伯顏帥師討叛，失（吉列）〔列吉〕、〔三〕約木忽兒迎戰，牙忽都潛結赤斤帖木兒、禿禿哈亂其陣。失列吉軍亂，因得脫走。見帝，鬚髮盡白。帝閔之，賞賚甚厚。至元十八年，加封耒陽州五千三百四十七戶。

二十一年，命與禿禿哈同討海都，牙忽都先進，邏得諜人，知其虛實，直前衝敵陣，破其精兵，海都敗走，得所俘掠軍民而還。朶兒朶哈上其功，詔賜鈔幣、鎧甲、弓矢。其後，北安王駐帖木兒河。乃顏、也不堅有異圖，也不堅引兵趨怯綠憐河大帳。王遣闊闊出、禿禿哈率衆追之。那懷之民擾攘不知所從。牙忽都將三百騎，進至阿赤怯地。會王帳下遜篤思部兵逃去，牙忽都諭之使還。時怯必禿忽兒霍台誘蒙古軍二萬從乃顏，牙忽都知之，夜襲其河上軍，突入帳中，遇忽都滅兒堅幾獲之，間道逸去。

二十七年，海都入寇。時朶兒朶哈方居守大帳，詔遣牙忽都同力備禦。軍未戰而潰，牙忽都妻帑輜重駐不思哈剌嶺上，悉爲藥木忽兒、明理帖木兒所掠。牙忽都與其子脫列帖木兒相失，獨與十三騎奔還。世祖撫慰嘉歎，賜爵鎭遠王，塗金銀印，以弘吉剌氏女賜之，資裝特厚。復命納里忽、徹徹不花往錫命其部屬同時被剽掠者，以故相桑哥家財分賜之，仍各賜白金五十兩、珠子一酒巵，鈔幣稱是。又命牙忽都居北安王第二帳。王薨，帝命掌大帳，固辭。

成宗立，命牙忽都常侍左右。武宗撫兵漠北，請以子脫列帖木兒從。大德五年，海都、篤哇合軍入寇，脫列帖木兒將兵千人擁護，先後力戰，功多，在軍十年。

成宗崩，安西王阿難答與明理帖木兒窺望神器。牙忽都曰：「世祖皇帝之嫡孫在，神器所當屬。安西藩王也，入繼非制。」武宗卽位，以其父子勞效忠勤，益厚遇之，進封楚王，賜金印，置王傅，以駙馬都尉都剌哈之女弟弘吉烈氏爲楚王妃，又以叛王察八兒親屬賜之。脫列帖木兒襲封鎭遠王。

至大三年，察八兒來歸，宗親皆會。牙忽都進曰：「太祖皇帝削平四方，惟南土未定，列聖嗣位，未遑統一。世祖皇帝混一四海，顧惟宗室諸王，弗克同堂而燕。今陛下洪福齊天，拔都罕之裔，首已附順，叛王察八兒舉族來歸，人民境土，悉爲一家。地大物衆，有可恃者焉，有不可恃者焉。昔我太祖有訓，世祖誦之，臣與有聞，治亂國者，宜以法齊之，所以辨上下，定民志。今請有以整飭之，則人將有所勸懲，惟陛下鑒之。」帝嘉納其言。

牙忽都薨，仁宗命脫列帖木兒嗣楚王。延祐中，明宗西出，脫列帖木兒坐累，徙西番，沒入其家貲之半。明宗卽位，制曰：「脫列帖木兒何罪，其轉徙籍沒，豈不以我故耶。其復故號，人民貲帑悉歸之。」脫列帖木兒薨，子八都兒立。八都兒薨，有子三人：曰燕帖木兒，曰速哥帖木兒，曰朶羅不花。燕帖木兒嗣，時年十有二，妃弘吉剌氏，哈只兒駙馬之女孫，速哥失里皇后之從妹也。

寬徹普化

寬徹普化，世祖之孫，鎭南王脫歡子也。泰定三年，封威順王，鎭武昌，賜金印，撥付怯薛丹五百名，又自募至一千名。設王傅官屬。湖廣行省供億錢糧衣裝，歲支米三萬石，錢三萬二千錠，又日給王子諸妃飲饍。文宗天曆初，賜寬徹普化金銀各五十兩、幣三十四，仍鎭湖廣，而寬徹普化縱怯薛等官侵奪民利，民頗患苦之。至元五年，太師伯顏矯制召赴京，貶之。及脫脫爲相，始明其無辜，命復還鎭。至正二年，湖北廉訪司糾言，寬徹普化恃以宗室，恣行不法。不報。

十一年，徐壽輝爲亂，起蘄、黃，寬徹普化與其子別帖木兒、答帖木兒引兵至金剛臺，壽輝部將倪文俊敗之，執別帖木兒。十二年，壽輝僞將鄒普勝陷武昌，寬徹普化與湖廣行省平章和尚棄城走，詔追奪寬徹普化印，而誅和尚。十三年，湖廣行省參知政事阿魯輝克復武昌及漢陽。寬徹普化復率領王子幷本部怯薛丹，屢討賊立功。十四年，詔寬徹普化復鎭武昌，還其印。

十六年，命寬徹普化與宣讓王帖木兒不花以兵鎭遏懷慶，各賜黃金一錠、白金五錠、幣帛九匹、鈔二十錠。未幾，復還武昌，命其子報恩奴、接待奴、佛家奴以大船四十餘隻水陸並進，至沔陽攻徐壽輝僞將倪文俊，且載妃妾以行。兵至漢川縣雞鳴汊，水淺船閣不能行，文俊以火筏盡焚其船，接待奴、佛家奴皆遇害，而報恩奴自死，妃妾皆陷，寬徹普化走陝西。

二十五年，侯伯顏答失奉寬徹普化自雲南經蜀轉戰而去，至成州，欲之京師，李思齊以取蜀爲名，扼不令行，俾屯田于成州以沒。

其子曰和尚者，封義王，侍從順帝左右，多著勞效，帝出入，常與俱。至正二十四年，孛羅帖木兒稱兵犯闕，遂爲中書右丞相，總握國柄，恣爲淫虐。和尚心忿其無君，數爲帝言之。受密旨，與儒士徐士本謀，交結勇士上都馬、金那海、伯顏達兒、帖古思不花、火你忽都、洪寶寶、黄哈剌八禿、龍從雲，陰圖剌孛羅帖木兒。帝期以事濟，放鴿鈴爲號，徐士本掌之。明年七月，孛羅帖木兒入奏事，行至延春閣李樹下，伯顏達兒自衆中奮出，斫孛羅帖木兒，中其腦，上都馬等競前斫死之。詳見孛羅帖木兒傳。

二十八年，順帝將北奔，詔淮王帖木兒不花監國，而以和尚佐之，及京城將破，卽先遁，不知所之。

帖木兒不花

帖木兒不花，世祖孫，鎭南王脫歡第四子也。初，世祖第九子脫歡以討安南無成功，終身不許見，遂封鎭南王，出鎭揚州。脫歡薨，子老章襲封鎭南王。老章薨，弟脫不花襲封鎭南王。脫不花薨，子孛羅不花幼，帖木兒不花乃嗣爲鎭南王。

文宗天曆初，賜帖木兒不花黄金五十兩、白金五十兩、幣三十四。二年，孛羅不花已長，帖木兒不花請以其位復還孛羅不花，朝廷以其讓而不居也，改封宣讓王，賜金印，移鎭於廬州。

順帝至元元年，撥廬州、饒州牧地一百頃賜之。二年，賜市宅錢四千錠，命其王府官凡班次，列于有司之右。五年，伯顏擅權，矯制貶帖木兒不花及威順王寬徹普化。至脫脫爲相，始言于帝，明此兩王者皆無辜，詔令復還鎮。

至正十二年，廬州境內賊起，淮西廉訪使陳思謙言于帖木兒不花曰：「王以帝室之胄，鎮撫淮甸，豈宜坐視，且府中官屬及怯薛丹人等，數甚多，必有可使摧鋒陷陣者，惟王圖之。」帖木兒不花大悟其言，曰：「此吾責也。」卽命以所部兵及諸王乞塔歹等，分道擊賊，擒其渠帥，廬州境內皆平。帝聞之，賜金帶、銀鈔，以賞其功。十六年，命帖木兒不花與寬徹普化以兵鎮遏懷慶路，賜金銀各一錠、幣帛九匹、鈔二十錠。既而汝、潁之寇南渡淮，帖木兒不花復以便宜，調芍陂屯軍拒之。及廬州不守，乃挈身北歸，留京師。二十七年，進封淮王，賜金印，設王傅等官。

二十八年，大明兵逼京師，順帝北奔，詔以帖木兒不花監國，而拜慶童中書左丞相輔之。俄而城破，帖木兒不花死之，年八十三。

校勘記

〔一〕怯魯〔連〕　據本書卷一一八特薛禪傳補。按「怯魯連」，河名，卽今克魯倫河。

〔二〕憲宗命大將軍　道光本作「憲宗命將大軍」，於文義較長。

〔三〕失〔吉列〕〔列吉〕　據上文改正。新編已校。

元史卷一百一十八

列傳第五

特薛禪

特薛禪，姓孛思忽兒，弘吉剌氏，世居朔漠。本名特，因從太祖起兵有功，賜名薛禪，故兼稱曰特薛禪。女曰孛兒台，太祖光獻翼聖皇后。

子曰按陳，從太祖征伐，凡三十二戰，平西夏，斷潼關道，取回紇尋斯干城，皆與有功。歲丁亥，賜號國舅按陳那顏。壬辰，賜銀印，封河西王，以統其國族。丁酉，賜錢二十萬緡，有旨：「弘吉剌氏生女世以爲后，生男世尙公主，每歲四時孟月，聽讀所賜旨，世世不絕。」又賜所俘獲軍民五千二百，仍授萬戶以領之。按陳薨，葬官人山。元貞元年二月，追封濟寧王，諡忠武；妻哈眞，追封濟寧王妃。

子斡陳，歲戊戌授萬戶，尙睿宗女也速不花公主。斡陳薨，葬不海韓。

弟納陳，歲丁巳襲萬戶，奉旨伐宋，攻釣魚山。又從世祖南涉淮甸，下大清口，獲船百餘艘。又率兵平山東濟、兗、單等州。及阿里不哥叛，中統二年與諸王北伐，以其子哈海、脫歡、斡羅陳等十人自從，至于莽來，由失木魯與阿里不哥之黨八兒哈八兒思等戰，〔一〕追北至孛羅克禿，復戰，自旦及夕，斬首萬級，僵尸被野。薨，葬末懷禿。斡羅陳襲萬戶，尚完澤公主。完澤公主薨，繼尚囊加眞公主。至元十四年薨，葬拓剌里。無子。

弟曰帖木兒，至元十八年襲萬戶。二十四年，乃顏叛，從帝親征，以功封濟寧郡王，賜白傘蓋以寵之。二十五年，諸王哈丹禿魯干叛，與諸王及統兵官玉速帖木兒等率兵討之，由龜剌兒河與哈丹等遇，轉戰至惱木連河，殲其衆。帝賜名按（察）〔答〕兒禿那顏，〔二〕以旌其功。薨，葬末懷禿。

子二人：長曰琱阿不剌，次曰桑哥不剌，皆幼。至元二十七年，以其弟蠻子台襲萬戶，亦尚囊加眞公主。成宗卽位，封皇姑魯國大長公主，以金印封蠻子台爲濟寧王。奉旨率本部兵討叛王海都、篤哇，旣與之遇，方約戰，行伍未定，單騎突入陣中，往復數四，敵兵大擾，一戰遂大捷。時武宗在藩邸，統大軍以鎭朔方，有旨令蠻子台總領蒙古軍民官，輔武〔宗〕守莽來，〔三〕以遏北方。囊加眞公主薨，繼尚裕宗女喃哥不剌公主。蠻子台薨，年五十有二。

大德十一年三月，按答兒〔禿〕長子瑚阿不剌襲萬戶，〔四〕尙祥哥剌吉公主，六月，封大長公主，賜瑚阿不剌金印，加封魯王。至大二年，賜平江稻田一千五百頃。皇慶間，加封皇姊大長公主。天曆間，加號皇姑徽文懿福（眞）〔貞〕壽大長公主。〔五〕至大三年，瑚阿不剌薨，葬末懷禿。

阿里嘉室利，瑚阿不剌嫡子也。至大三年，甫八歲，襲萬戶。四年七月，襲封魯王，尙朶兒只班公主。元統元年，阿里嘉失利薨。至順間，封朶兒只班號肅雍賢寧公主。

桑哥不剌者，魯王瑚阿不剌之弟、阿里嘉室利之叔也。自幼奉世皇旨，養于斡可珍公主所，是爲不只兒駙馬，後襲統其本部民四百戶。成宗時，奉旨尙普納公主；至順間，封鄆安大長公主，授桑哥不剌金印，封鄆安王，職千戶。元統元年，授萬戶。二年三月，加封鄆安公主號皇姑大長公主；加封桑哥不剌魯王。以疾薨，年六十一。此皆以駙馬襲封王爵者也。

唆兒火都者，亦按陳之子，以從征功，在太祖朝遙授左丞相，爲千戶，仍賜以塗金銀章，及金銀字海青圓符五、驛馬券六。其子曰阿哈駙馬，當憲宗朝嘗率兵破徐州，以功受賞黃金一鋌、白金十鋌及銀鞍勒，仍命襲父官。至世祖時，有詔「弘吉剌萬戶所受驛券、圓符皆仍其舊，凡唆兒火都所受者，宜皆收之」，而唆兒火都之諸孫若孛羅沙、伯顏、蠻子、添壽不花、大都不花、掌吉等，及阿哈千戶之孫曰也速達兒與按陳之弟名册者，在太祖世授官本藩蒙古軍站千戶。册之子曰哈兒哈孫，以平金功，賜號拔都兒。哈兒哈孫之孫曰都羅兒，至元四年，授光祿大夫，以銀章封懿國公。

有脫憐者，亦按陳之裔孫也，世祖授本藩千戶，仍賜驛券、圓符各四，令以兵守朔土之怯魯連。二十四年，從族父按答兒禿征叛王乃顏有功，亦賜號拔都兒。脫憐卒，子迸不剌嗣。迸不剌卒，子買住罕嗣。買住罕尚拜答沙公主。卒，弟孛羅帖木兒嗣，以金章封毓德王。孛羅帖木兒薨，買住罕孫阿失襲千戶。

有名丑漢者，按陳次子必哥之裔孫，尚台忽魯都公主。仁宗朝，封安遠王，以兵守莽來。

有答兒罕者，亦特薛禪之裔孫也，以從軍功，世祖亦賜以拔都兒之號，加賜黃金一鋌。其子曰不只兒，從征乃顏，禽其黨金家奴，帝賞以金帶。其後有曰伯奢者，卽其孫也。

又按陳之孫納合，尚太宗喚兒哈罕公主。火忽之孫不只兒，尚斡可眞公主。又特薛禪諸孫有名脫羅禾者，尚不魯罕公主，繼尚闊闊倫公主。此皆尚公主爲駙馬者也。

凡其女之爲后者，自光獻翼聖皇后以降，憲宗貞節皇后諱忽〔都〕台，〔六〕及后妹也速兒，皆按陳從孫忙哥陳之女。世祖昭睿順聖皇后諱察必，濟寧忠武王按陳之女；其諱帖古倫者，按陳孫脫憐之女；諱喃必册繼守正宮者，納陳孫僊童之女。成宗貞慈靜懿皇后諱實憐答里，斡羅陳之女也。順宗昭獻元聖皇后諱答吉，大德十一年十一月，武宗册上皇太后，至大三年十月，加上尊號曰儀天興聖慈仁昭懿壽元皇太后，仁宗延祐二年，加上尊號曰儀天興聖慈仁昭懿壽元全德泰寧福慶皇太后，延祐七年，又加徽文崇祐四字，尊號太皇太后，則按陳孫渾都帖木兒之女。武宗宣慈惠聖皇后諱眞哥，脫憐子迸不剌之女；其諱速哥失里者，按陳從孫哈兒只之女。泰定皇后諱八不罕，按陳孫斡留察兒之女；其諱必罕、諱速哥答里者，皆脫憐孫買住罕之女。文宗皇后諱不答失里，琱阿不剌魯王之女。此則弘吉剌氏之爲后者也。

初，弘吉剌氏族居於苦烈兒溫都兒、斤、迭烈木兒、也里古納河之地。歲甲戌，太祖在迭蔑可兒時，有旨分賜按陳及其弟火忽、册等農土，農土猶言經界也。若曰「是苦烈兒溫都兒、斤，以與按陳及哈撒兒爲農土」。申諭按陳曰：「可木兒溫都兒、答兒腦兒、迭蔑可兒等地，汝則居之。」諭册曰：「阿剌忽馬乞迤東，蒜吉納禿山、木兒速拓、哈海斡連直至阿只兒哈溫都、哈老哥魯等地，汝則居之。當以胡盧忽兒河北爲鄰，按赤台爲界。」又諭火忽曰：「哈老溫迤東，塗河、潢河之間，火兒赤納慶州之地，與亦乞列思爲隣，汝則居之。」又諭按陳之子唆魯火都曰：「以汝父子能輸忠于國，可木兒溫都兒迤東，絡馬河至于赤山，塗河迤南與國民爲鄰，汝則居之。」

至至元七年，斡羅陳萬戶及其妃囊加眞公主請于朝曰：「本藩所受農土，在上都東北三百里答兒海子，實本藩駐夏之地，可建城邑以居。」帝從之。遂名其城爲應昌府。二十二年，改爲應昌路。元貞元年，濟寧王蠻子台亦尚囊加眞公主，復與公主請於帝，以應昌路東七百里駐冬之地創建城邑，復從之。大德元年，名其城爲全寧路。〔七〕

弘吉剌之分邑，得任其陪臣爲達魯花赤者，有濟寧路及濟、兗、單三州，鉅野、鄆城、金鄉、虞城、碭山、豐縣、肥城、任城、魚臺、沛縣、單父、嘉祥、磁陽、寧陽、曲阜、泗水一十六縣。此丙申歲之所賜也。至元六年，陞古濟州爲濟寧府，十八年始陞爲路，〔八〕而濟、兗、單三州隸焉。又汀州路長汀、寧化、淸流、武平、上杭、連城六縣，此至元十三年之所賜也。又有永平路灤州、盧龍、遷安、撫寧、昌黎、石城、樂亭六縣，此至大元年之所賜也。若平江稻田一千五百頃，則至大二年所賜也。其應昌、全寧等路則自達魯花赤總管以下諸官屬，皆得專任其陪臣，而王人不與焉。

此外，復有王傅府，自王傅六人而下，其羣屬有錢糧、人匠、鷹房、軍民、軍站、營田、稻田、烟粉千戶、總管、提舉等官，以署計者四十餘，以員計者七百餘，此可得而稽考者也。其五戶絲、金鈔之數：則丙申歲所賜濟寧路之三萬戶，至元十八年所賜汀州路之四萬戶，絲以斤計者，歲二千二百有奇；鈔以錠計者，歲一千六百有奇。此則所謂歲賜者也。

孛秃〔鎖兒哈　忽憐〕〔九〕

孛秃，亦乞列思氏，善騎射。太祖嘗潛遣朮兒徹丹出使，至也兒古納河。孛秃知其爲帝所遣，値日暮，因留止宿，殺羊以享之。朮兒徹丹馬疲乏，復假以良馬，及還，孛秃待之有加。朮兒徹丹具以白帝，帝大喜，許妻以皇妹帖木倫。孛秃宗族乃遣也不堅歹等詣太祖，因致言曰：「臣聞威德所加，若雲開見日、春風解凍，喜不自勝。」帝問：「孛秃孳畜幾何？」也不堅歹對曰：「有馬三十匹，請以馬之半爲聘禮。」帝怒曰：「婚姻而論財，殆若商賈矣。昔人有言，同心實難，朕方欲取天下，汝亦乞列思之民，從孛秃效忠於我可也，何以財爲！」竟以皇妹妻之。

既而札赤剌歹札木哈、脫也等以兵三萬入寇。孛秃聞之，遣波欒歹、磨里秃秃來告，乃與哈剌里、札剌兀、塔兒哈泥等討脫也等，掠其輜重，降其民。乃蠻叛，帝召孛秃以兵至，大戰敗之。

皇妹薨，復妻以皇女火臣別吉，而命哈兒八台之子也可忽林圖帶弓矢爲之侍。哈兒八台曰：「吾兒豈能爲人臣僕，寧死不爲也。」帝令孛秃與之敵，哈兒八台令月列等拒戰於碗圖河。孛禿直前擒月列，刺殺也可忽林圖，哈兒八台走渡拙赤河，又擒之，盡殺其衆。

從太師國王木華黎略地遼東、西，以功封冠懿二州。從征西夏，病薨。贈推忠宣力佐命功臣、太師、開府儀同三司、駙馬都尉、上柱國，進封昌王，謚忠武。子鎖兒哈襲爵。

鎖兒哈，事太宗。與木華黎取嘉州，〔一〇〕降其民，遣伯禿兒哈拙赤碣來獻捷，帝曰：「若父宣力國家，朕昔見之。今鎖兒哈克光前烈。」賜以金錦、金帶、七寶鞍，召至中都，以疾薨。鎖兒哈娶皇子斡赤女安禿公主，生女是爲憲宗皇后。

子札忽兒臣，從定宗出討萬奴有功，太宗命親王安赤台以女也孫眞公主妻之。薨，贈推誠靖宣佐運贊治功臣、太師、開府儀同三司、駙馬都尉、上柱國，襲封昌王，謚忠靖。

札忽兒臣有子二人：長月列台，娶皇子賽因主卜女哈答罕公主，生脫別台，與乃顏戰，有功。次忽憐。

忽憐，尚憲宗女伯牙魯罕公主。後脫黑帖木兒叛，世祖命忽憐與失列及等討之，大戰終日，脫黑帖木兒敗走，帝嘉之，復令尚憲宗孫女不蘭奚公主。宋平，封以廣州。乃顏、犛刺哈兒叛，世祖親征，薛徹堅等與哈(剌)〔答〕罕屢戰，〔一一〕帝召忽憐至，值薛徹堅等戰于程火失溫之地，哈答罕衆甚盛，忽憐以兵二百迎敵，敗之。哈答罕等走度猱河，還其巢穴。踰年夏，帝命忽憐復征之。至曲列兒、塔兀兒二河之間，大戰，其衆皆度塔兀河遁去。餘百人逃匿山谷，忽憐卽率兵二百徒步追之。薛徹堅止之曰：「彼亡命者，安得徒行。」忽憐不聽，往殺其衆。薛徹堅以聞，賜金一鋌、銀五鋌。又踰年，復往征之，與哈答罕遇于兀剌河。忽憐夜率千人潛入其軍，盡殺之。帝賜鈔五萬貫、金一鋌、銀十鋌。忽憐薨，贈效忠保德輔運佐理功臣、太師、開府儀同三司、駙馬都尉、上柱國，追封昌王，謚忠宣。

子阿失，事成宗。篤哇叛于海都，帝遣晉王甘麻剌并武宗帥師討之。大德五年，戰哈剌答山，阿失射篤哇中其膝，擒殺甚多，篤哇號哭而遁，武宗賜之衣。成宗加賜珠衣，封爲昌王，置王府官屬。仁宗朝，復賜以寧昌縣稅入。阿失尙成宗女亦里哈牙公主，復尙憲宗曾孫女買的公主。阿失薨，子八剌失里襲封昌王。忽憐從弟不花，尙世祖女兀魯眞公主；其弟鎖郎哈，娶皇子忙哥剌女奴兀倫公主，生女，是爲武宗仁獻章聖皇后，實生明宗。

阿剌兀思剔吉忽里（闊里吉思）（一）

阿剌兀思剔吉忽里，汪古部人，係出沙陀雁門之後。遠祖卜國，世爲部長。金源氏塹山爲界，以限南北，阿剌兀思剔吉忽里以一軍守其衝要。

時西北有國曰乃蠻，其主太陽可汗遣使來約，欲相親附，以同據朔方。部衆有欲從之者，阿剌兀思剔吉忽里弗從，乃執其使，奉酒六尊，具以其謀來告太祖。時朔方未有酒，太祖飮三爵而止，曰：「是物少則發性，多則亂性。」使還，酬以馬五百、羊一千，遂約同攻太陽可汗。阿剌兀思剔吉忽里先期而至。既平乃蠻，從下中原，復爲嚮導，南出界垣。太祖留阿剌兀思剔吉忽里歸鎭本部，爲其部衆昔之異議者所殺，長子不顏昔班併死之。其妻阿里黑携幼子孛要合與姪鎭國逃難，夜遁至界垣，告守者，縋城以登，因避地雲中。太祖既定雲中，購求得之，賜與甚厚，乃追封阿剌兀思剔吉忽里爲高唐王，阿里黑爲高唐王妃，以其子孛要合尙幼，先封其姪鎭國爲北平王。鎭國薨，子聶古台襲爵，尙睿宗女獨木干公主，略地江淮，薨于軍，賜興州民千餘戶，給其葬。

孛要合幼從攻西域，還封北平王，尙阿剌海別吉公主。公主明睿有智略，車駕征伐四出，嘗使留守，軍國大政，諮稟而後行，師出無內顧之憂，公主之力居多。孛要合未有子，公主爲進姬妾，以廣嗣續，生三子：曰君不花，曰愛不花，曰拙里不花。公主視之，皆如己出。孛要合薨，追封高唐王，謚武毅。後加贈宣忠協力翊衞果毅功臣、太傅、儀同三司、上柱國、駙馬都尉，追封趙王。公主阿剌海別吉追封皇祖姑齊國大長公主，加封趙國。

子君不花，尙定宗長女葉里迷失公主。愛不花，尙世祖季女月烈公主。中統初，總兵討阿里不哥，敗闊不花於按檀火爾歡之地。三年，圍李璮于濟南，獨當一面。事平，又從征西北，敗叛王之黨撒里蠻(子)〔于〕孔古烈。〔三〕愛不花卒。子闊里吉思。

闊里吉思，性勇毅，習武事，尤篤於儒術，築萬卷堂於私第，日與諸儒討論經史、性理、陰陽、術數，靡不該貫。尚忽答的迷失公主，繼尚愛牙失里公主。宗王也不干叛，率精騎千餘，晝夜兼行，旬日追及之。時方暑，將戰，北風大起，左右請待之，闊里吉思曰：「當暑得風，天贊我也。」策馬赴戰，騎士隨之，大殺其衆，也不干以數騎遁去。闊里吉思身中三矢，斷其髮。凱還，詔賜黃金三斤、白金千五百斤。

成宗卽位，封高唐王。西北不安，請於帝願往平之，再三請，帝乃許。及行，且誓曰：「若不平定西北，吾馬首不南。」大德元年夏，遇敵于伯牙思之地，衆謂當俟大軍畢至，與戰未晚，闊里吉思曰：「大丈夫報國，而待人耶！」卽整衆鼓譟以進，大敗之，擒其將卒百數以獻。詔賜世祖所服貂裘、寶鞍，及繒錦七百、介冑、戈戟、弓矢等物。

二年秋，諸王將帥共議防邊，咸曰：「敵往歲不冬出，且可休兵于境。」闊里吉思曰：「不然，今秋候騎來者甚少，所謂鷙鳥將擊，必匿其形，備不可緩也。」衆不以爲然，闊里吉思獨嚴兵以待之。是冬，敵兵果大至，三戰三克，闊里吉思乘勝逐北，深入險地，後騎不繼，馬蹶陷敵，遂爲所執。敵誘使降，惟正言不屈，又欲以女妻之，闊里吉思毅然曰：「我帝婿也，非帝后面命，而再娶可乎！」敵不敢逼。帝嘗遣其家臣阿昔思特使敵境，見於人衆中，闊里吉思一見輒問兩宮安否，次問嗣子何如，言未畢，左右卽引其去。明日，遣使者還，不復再見，竟不屈死焉。九年，追封高唐忠（憲）〔獻〕王，〔一四〕加贈推忠宣力崇文守正亮節保德功臣、太師、開府儀同三司、上柱國、駙馬都尉，追封趙王。公主忽答的迷失追封齊國長公主，愛牙失里封齊國公主，並加封趙國。

子朮安幼，詔以弟（木）〔朮〕忽難襲高唐王。〔一五〕（木）〔朮〕忽難才識英偉，謹守成業，撫民御衆，境內乂安。痛其兄死節，遣使如京師，表請卹典，又請翰林承旨閻復銘諸石。教養朮安過於己子，命家臣之謹厚者掌其兄之珍服祕玩，待朮安成立，悉以付之。至大二年，（木）〔朮〕忽難加封趙王，卽以讓朮安。三年，〔一六〕朮安襲趙王，尚晉王女阿剌的納八剌公主。一日，召王傅脫歡、司馬阿昔思謂曰：「先王旅殯卜羅，荒遠之地，神靈將何依，吾痛心欲無生，若請於上，得歸葬先塋，瞑目無憾矣。」二人言之知樞密院事也里吉尼以聞，帝嗟悼久之，曰：「朮安孝子也。」卽賜阿昔思黃金一瓶，得脫歡之子失忽都魯、〔一七〕王傅（木）〔朮〕忽難之子阿魯忽都、斷事官也先等一十九人，乘驛以往，復賜從者鈔五百貫。淇陽王月赤察兒、丞相脫禾出八都魯差兵五百人，護其行至殯所，奠告啓視，屍體如生，遂得歸葬。

校勘記

〔一〕失木魯　此地當卽本書世祖紀累見之昔木土，元世祖軍敗阿里不哥之處。卷一三二杭忽思傳作「失木里禿」，卷一三四朶羅台傳作「失畝里禿」，卷一二〇肖乃台傳作「失木禿」，卷一二二昔兒吉思傳、卷一三一囊加歹傳作「失門禿」。此名蒙語，義爲「有蚊之地」。此處「失木魯」當作「失木魯禿」。

〔二〕按（察）〔答〕兒禿　據下文及元文類卷二二程鉅夫應昌府報恩寺碑改。蒙語「按答兒禿」，義爲「有聲名」。考異已校。

〔三〕輔武〔宗〕守莽來　從道光本補。

〔四〕按答兒〔禿〕　見本卷校勘記〔三〕。

〔五〕徽文懿福（眞）〔貞〕壽大長公主　見卷一〇九校勘記〔一〕。

〔六〕忽〔都〕台　見卷一〇六校勘記〔五〕。

〔七〕大德元年名其城爲全寧路　本證云：「案成宗紀，是年陞全州爲全寧府，七年陞全寧府爲全寧路。此誤合爲一。」

〔八〕至元六年陞古濟州爲濟寧府十八年始陞爲路　本證云：「案地理志，陞府在八年，陞路在十六年。」疑此處「六」當作「八」，「十八」當作「十六」。

〔九〕〔鎖兒哈忽憐〕　據本書體例補。

〔一〇〕嘉州　考異云：「『嘉州』恐是葭州之譌。」

〔一一〕哈（剌）〔答〕罕　據下文改。按此卽乃顏同黨合丹，又作「哈丹」。類編已校。

〔一二〕〔闊里吉思〕　據本書原目錄補。

〔一三〕敗叛王之黨撒里蠻（子）〔于〕孔古烈　據元文類卷二三閻復闊里吉思碑改。蒙史已校。

〔一四〕高唐忠（憲）〔獻〕王　據中庵集卷四駙馬趙王先德加封碑銘及元文類卷二三閻復闊里吉思碑改。蒙史已校。

〔一五〕（木）〔朮〕忽難　據中庵集卷四駙馬趙王先德加封碑銘改。下同。「朮忽難」，也里可溫教名。

〔一六〕三年　本證云：「武宗紀至大二年封駙馬注安爲趙王，此云三年，亦誤。」

〔一七〕失忽都魯　中庵集卷四駙馬趙王先德加封碑銘作「八失忽都魯」。疑此脫「八」字。

元史卷一百一十九

列傳第六

木華黎〔孛魯　塔思　速渾察　乃燕　霸突魯　塔塔兒台　脫脫〕〔一〕

木華黎，札剌兒氏，世居阿難水東。父孔溫窟哇，以戚里故在太祖麾下，從平篾里吉，征乃蠻部，數立功。後乃蠻又叛，太祖與六騎走，中道乏食，擿水際槖駝殺之，燔以啖太祖。追騎垂及，而太祖馬斃，五騎相顧駭愕，孔溫窟哇以所乘馬濟太祖，身當追騎，死之。太祖獲免。

有子五人，木華黎其第三子也。生時有白氣出帳中。神巫異之，曰：「此非常兒也。」及長，沉毅多智略，猿臂善射，挽弓二石強。與博爾朮、博爾忽、赤老溫事太祖，俱以忠勇稱，號掇里班曲律，猶華言四傑也。

太祖軍嘗失利，會大雪，失牙帳所在，夜臥草澤中。木華黎與博爾朮張裘氈，立雪中，障蔽太祖，達旦竟不移足。一日，太祖從三十餘騎行谿谷間，顧謂曰：「此中或遇寇，當奈何？」對曰：「請以身當之。」既而，寇果自林間突出，矢下如雨，木華黎引弓射之，三發中三人。其酋呼曰：「爾爲誰？」曰：「木華黎也。」徐解馬鞍持之，捍衞太祖以出，寇遂引去。

克烈王可汗與乃蠻部䧟戰，求援於太祖。太祖遣木華黎及博爾朮等救之，盡殺乃蠻之衆于按臺之下，獲甲仗、馬牛而還。既而，王可汗謀襲太祖，其下拔台知之，密告太祖。太祖遣木華黎選精騎夜斫其營，王可汗走死，諸部大人聞風款附。

歲丙寅，太祖卽皇帝位，首命木華黎、博爾朮爲左右萬戶。從容謂曰：「國內平定，汝等之力居多。我與汝猶車之有轅，身之有臂也。汝等切宜體此，勿替初心。」

金之降者，皆言其主璟殺戮宗親，荒淫日恣。帝曰：「朕出師有名矣。」辛未，從伐金，薄宣德，遂克德興。壬申，攻雲中、九原諸郡，拔之，進圍撫州。金兵號四十萬，陣野狐嶺北。木華黎曰：「彼衆我寡，弗致死力戰，未易破也。」率敢死士，策馬橫戈，大呼陷陣，帝麾諸軍並進，大敗金兵，追至澮河，殭尸百里。癸酉，攻居庸關，壁堅，不得入，遣別將闍別統兵趨紫荆口，金左監軍高琪引兵來拒，不戰而潰，遂拔涿州。因分兵攻下益都、濱、棣諸城，遂次霸州，史天倪、蕭勃迭率衆來降，並奏爲萬戶。

甲戌，從圍燕，金主請和，北還。命統諸軍征遼東，次高州，盧琮、金朴以城降。乙亥，裨將蕭也先以計平定東京。進攻北京，金守將銀青率衆二十萬拒花道逆戰，敗之，斬首八萬餘級。城中食盡，契丹軍斬關來降，進軍逼之，其下殺銀青，推寅答虎爲帥，遂舉城降。木華黎怒其降緩欲坑之，蕭也先曰：「北京爲遼西重鎮，既降而坑之，後豈有降者乎？」從之。奏寅答虎留守北京，以吾也而權兵馬都元帥鎮之。遣高德玉、劉蒲速窩兒招諭興中府，同知兀里卜不從，殺蒲速窩兒，德玉走免。未幾，吏民殺兀里卜，推土豪石天應爲帥，舉城降，奏爲興中尹、兵馬都提控。

錦州張鯨聚衆十餘萬，殺節度使，稱臨海郡王，至是來降。詔木華黎以鯨總北京十提控兵，從掇忽闌南征未附州郡。木華黎密察鯨有反側意，請以蕭也先監其軍。至平州，鯨稱疾逗留，復謀遁去，監軍蕭也先執送行在，誅之。鯨弟致憤其兄被誅，據錦州叛，略平、(欒)〔灤〕、瑞、利、義、懿、廣寧等州。〔三〕木華黎率蒙古不花等軍數萬討之，州郡多殺致所署長吏降。進逼紅羅山，主將杜秀降，奏爲錦州節度使。

丙子，致陷興中府。七月，進兵臨興中。先遣吾也而等攻溜石山，諭之曰：「今若急攻，賊必遣兵來援，我斷其歸路，致可擒也。」又遣蒙古不花屯永德縣東候之。致果遣鯨子東平將騎兵八千、步卒三萬，援溜石。蒙古不花引兵趨之，馳報，木華黎夜半引兵疾馳，遇于神水縣東，夾擊之。分麾下兵之半，下馬步戰。選善射者數千，令曰：「賊步兵無甲，疾射之！」

乃麾騎兵齊進，大敗之，斬東平及士卒萬二千八百餘級。拔開義縣，進圍錦州。致遣張太平、高益出戰，又敗之，斬首三千餘級，溺死者不可勝數。圍守月餘，致憤將校不戮力，殺敗將二十餘人。高益懼，縛致出降，伏誅。廣寧劉琰、懿州田(禾)〔和〕尚降，〔三〕木華黎曰：「此叛寇，存之無以懲後。」除工匠優伶外，悉屠之。拔蘇、復、海三州，斬完顏衆家奴。咸平宣撫蒲鮮等率衆十餘萬，〔四〕遁入海島。

丁丑八月，詔封太師、國王、都行省承制行事，賜誓券、黃金印曰：「子孫傳國，世世不絕。」分弘吉剌、亦乞烈思、兀魯兀、忙兀等十軍，及吾也而契丹、蕃、漢等軍，並屬麾下。且諭曰：「太行之北，朕自經略，太行以南，卿其勉之。」賜大駕所建九斿大旗，仍諭諸將曰：「木華黎建此旗以出號令，如朕親臨也。」乃建行省于雲、燕，以圖中原。遂自燕南攻遂城及蠡州諸城，拔之。冬，破大名府，遂東定益都、淄、登、萊、濰、密等州。戊寅，自西京由太和嶺入河東，攻太原、忻、代、澤、潞、汾、霍等州，悉降之。遂徇平陽，金守臣棄城遁，以前鋒拓拔按察兒統蒙古軍鎮之拒金兵，以義州監軍李廷植之弟守忠權河東南路帥府事。己卯，以蕭特末兒等出雲、朔，攻降岢嵐火山軍。以谷里夾打爲元帥達魯花赤，攻拔石、隰州，擊絳州，克之。

庚辰，復由燕徇趙，至滿城。武仙舉眞定來降。權知河北西路兵馬事史天倪進言曰：

「今中原粗定，而所過猶縱兵抄掠，非王者弔民之意也。」木華黎曰：「善。」下令禁無剽掠，所獲老稚，悉遣還田里，軍中肅然，吏民大悅。兵至滏陽，金邢州節度使武貴迎降，進攻天平寨，破之。遣蒙古不花分兵略定河北衞、懷、孟州，入濟南。嚴實籍所隸相、魏、磁、洺、恩、博、滑、濬等州戶三十萬，詣軍門降。

時金兵屯黃陵岡，號二十萬，遣步兵二萬襲濟南。木華黎以輕兵五百擊走之。遂會大軍，薄黃陵岡。金兵陣河南岸，示以死戰。木華黎曰：「此不可用長兵，當以短兵取勝。」令騎下馬，引滿齊發，亦下馬督戰，果大敗之，溺死者衆。進攻楚丘。楚丘城小而固，四面皆水，令諸軍以草木塡塹，直抵城下。嚴實率所部先登，拔之。攻下單州，圍東平，以實權山東西路行省，戒之曰：「東平糧盡，必棄城走，汝伺其去，卽入城安輯之，勿苦郡縣，以敗事也。」留梭魯忽禿以蒙古軍三千屯守之。辛巳四月，東平糧盡，金行省忙古奔汴，梭魯忽禿邀擊之，斬七千餘級，忙古引數百騎遁去。實入城，建行省，撫其民。

先是，郡王帶孫攻洺不下，至是遣石天應拔之。五月，還軍野狐嶺。宋漣水忠義統轄石珪來降，以爲濟、兗、單三州都總管，予綉衣玉帶，勞之曰：「汝不憚跋涉數千里，慕義而來，尋當列奏，賜汝高爵，爾其勉之。」京東安撫使張琳皆來降，〔五〕以琳行山東東路益都滄景濱棣等州都元帥府事。鄭遵亦以棗鄉、蓨縣降，陞爲(完)〔元〕州，〔六〕以遵爲節度使，行元帥府事。

秋八月，從駐青冢，監國公主遣使來勞，大饗將士，由東勝渡河，西夏國李王請以兵五萬屬焉。冬十月，復由雲中歷太和寨，入葭州，金將王公佐遁，以石天應權行臺兵馬都元帥。進取綏德，破馬蹄寨，距延安三十里止舍。金行省完顏合達出兵三萬陣于城東，蒙古不花以騎三千覘之，馳報曰：「彼見吾兵少，有輕敵心，明日合戰，當佯敗可以伏兵取勝也。」從之。夜半以大軍銜枚齊進，伏於城東十五里兩谷間。明日，蒙古不花進兵，望見金兵，即棄鼓旗走。金兵果追之，伏發，鼓聲震天地，萬矢齊下，金兵大敗，斬七千級，獲馬八百。合達走保延安，圍之旬日，不下，乃南徇洛川，克鄜州。

北京權帥石天應擒送金驍將張鐵槍，木華黎責其不降，厲聲答曰：「我受金朝厚恩二十餘年，今事至此，有死而已！」木華黎義之，欲解其縛，諸將怒其不屈，竟殺之。遂降坊州，大饗士卒。聞金復取隰州，以軒成爲經略使，於是復由丹州渡河圍隰，克之。留合丑統蒙古軍鎮石、隰間，以田雄權元帥府事。

壬午秋七月，令蒙古不花引兵出秦隴，以張聲勢。視山川險夷，大兵道雲中，攻下孟州四蹄寨，〔七〕遷其民于州。拔晉陽義和寨，進克三清巖，入霍邑山堡，遷其人於趙城縣。蒲青龍堡，金平陽公胡天（祚）〔作〕拒守，〔八〕裨將蒲察定住、監軍王和開壁降，遷天（祚）〔作〕于平陽。

八月，有星晝見，隱士喬靜眞曰：「今觀天象，未可征進。」木華黎曰：「主上命我平定中原，今河北雖平，而河南、秦、鞏未下，若因天象而不進兵，天下何時而定耶？且違君命，得爲忠乎！」

冬十月，過晉至絳，拔榮州胡瓶堡，〔九〕所至望風歸附，河中久爲金有，至是復來歸。木華黎召石天應謂曰：「蒲爲河東要害，我擇守者，非君不可。」乃以天應權河東南北路陝右關西行臺，平陽李守忠、太原攸哈剌拔都、隰州田雄，並受節制。命天應造浮梁，以濟歸師，乃渡河拔同州，下蒲城，徑趨長安。金京兆行省完顏合達擁兵二十萬固守，不下。乃分麾下兀胡乃、太不花兵六千屯守之。遣按赤將兵三千斷潼關，遂西擊鳳翔，月餘不下，謂諸將曰：「吾奉命專征，不數年取遼西、遼東、山東、河北，不勞餘力；前攻天平、延安，今攻鳳翔皆不下，豈吾命將盡耶！」乃駐兵渭水南，遣蒙古不花南越牛嶺關，徇宋鳳州而還。

時中條山賊侯七等聚衆十餘萬，伺大兵既西，謀襲河中。石天應遣別將吳權府引兵五百夜出東門，伏兩谷間，戒之曰：「候賊過半，急擊之，我出其前，爾攻其後，可克也。」吳權府醉酒失期，天應戰死。城陷，賊燒燬廬舍，殺掠人民，還走中條。先鋒元帥按察兒邀擊，敗之，斬數萬級，侯七復遁去。木華黎以天應子斡可襲領其衆。

癸未春，師還，浮梁未成，顧諸將曰：「橋未畢工，安可坐待乎！」復攻下河西堡寨十餘。三月，渡河還聞喜縣，疾篤，召其弟帶孫曰：「我爲國家助成大業，擐甲執銳垂四十年，東征西討，無復遺恨，第恨汴京未下耳！汝其勉之。」薨，年五十四。厥後太祖親攻鳳翔，謂諸將曰：「使木華黎在，朕不親至此矣！」至治元年，詔封孔溫窟哇推忠效節保大佐運功臣、太師、開府儀同三司、上柱國、魯國王，謚忠宣；木華黎體仁開國輔世佐命功臣、太師、開府儀同三司、上柱國、魯國王，謚忠武。子孛魯嗣。

孛魯，沈毅魁傑，寬厚愛人，通諸國語，善騎射，年二十七，入朝行在所。時太祖在西域，夏國主李王陰結外援，蓄異圖，密詔孛魯討之。甲申秋九月，攻銀州，克之，斬首數萬級，獲生口馬駝牛羊數十萬，俘監府塔海，命都元帥蒙古不華將兵守其要害而還。

乙酉春，復朝行在所。同知眞定府事武仙叛，殺都元帥史天倪，脅居民遁于雙門寨。仙弟質於軍中，挈家逃歸，遣撒寒追及於紫（金）〔荆〕關，〔一〇〕斬之，命天倪弟天澤代領帥府事。丙戌夏，詔封功臣戶口爲食邑，曰十投下，孛魯居其首。

宋將李全陷益都，執元帥張琳送楚州。秋九月，郡王帶孫率兵圍全于益都。冬十二月，孛魯引兵入齊，先遣李喜孫招諭全，全欲降，部將田世榮等不從，殺喜孫。丁亥春三月，全突圍欲走，邀擊大敗之，斬首七千餘級，自相蹂踐溺死不可勝計。夏四月，城中食盡，全降。諸將皆曰：「全勢窮出降，非心服也，今若不誅，後必爲患。」孛魯曰：「不然，誅一人易耳。山東未降者尚多，全素得人心，殺之不足以立威，徒失民望。」表聞，詔孛魯便宜處之。乃以全爲山東淮南楚州行省，鄭衍德、田世榮副之，郡縣聞風款附，山東悉平。

時滕州尙爲金守，諸將或言炎暑未可進攻，孛魯曰：「主上親督大軍，平定西域數年，未聞當暑不戰，我等安敢自逸乎！」遂促進兵。金兵出戰，敗之，斬三千餘級，其餘老幼開門出降，以州屬石天祿。俾先鋒元帥蕭乃台統蒙古軍屯濟、兗，課課不花以兵三千屯濰、沂、莒，以備宋。千戶按札統大軍駐河北，備金。

九月，師還，至燕，獵于昌平，民持牛酒以獻，却之。及還，賜館人銀數百兩。聞太祖崩，趨赴北庭，哀毁遘疾。戊子夏五月薨，年三十二。至治元年，詔封純誠開濟保德輔運功臣、太師、開府儀同三司、上柱國、魯國王，謚忠定。

子七人：長塔思，次速渾察，次霸都魯，次伯亦難，次野蔑干，次野不干，次阿里乞失。

塔思，一名查剌溫，幼與常兒異，英才大略，綽有祖風。木華里常曰：「成吾志必此兒也。」及長，每語必先忠孝，曰：「大丈夫受天子厚恩，當效死行陣間，以圖報稱，安能委靡苟且目前，以隳先世勳業哉！」年十八襲爵，遂至雲中。

庚寅秋九月，叛將武仙圍潞州，太宗命塔思救之，仙聞之，退軍十餘里。大兵未至，塔思率十餘騎覘賊形勢，仙恐有伏，不敢犯。塔思曰：「日暮矣，待明旦擊之。」是夜五鼓，金將移剌蒲瓦來襲，我師與戰不利，退守沁南。賊還攻潞州，城陷，主將任存死之。

冬十月，帝親征，遣萬戶因只吉台與塔思復取潞州，仙夜遁，邀擊之，斬首七千餘級，以任存姪代領其衆。十一月，帝攻鳳翔，命塔思守潼關以備金兵。河中自石天應死，復爲金有。辛卯，帝親攻拔之，金元帥完顏火燎遁，塔思追斬之。

壬辰春，睿宗與金兵相拒于汝、漢間，金步騎二十萬，帝命塔思與親王按赤台、口溫不花合軍先進渡河，以爲聲援。至三峯山，與睿宗兵合，金兵成列，將戰，會大雪，分兵四出，塔思冒矢石先挫其鋒，諸軍繼進，大敗金兵，擒移剌蒲瓦，完顏合達單騎走鈞州，追斬之，遂拔鈞州。三月，帝北還，詔塔思與忽都虎統兵，略定河南，諸郡皆降，惟汴京、歸德、蔡州未下。塔思遣使請曰：「臣之祖父，佐興大業，累著勳伐。臣襲世爵，曾無寸效，去歲復失利上黨，罪當萬死，願分攻汴城一隅，以報陛下。」帝壯其言，命卜之，不利，乃止。

癸巳秋九月，從定宗于潛邸東征，擒金咸平宣撫完顏萬奴于遼東。萬奴自乙亥歲率衆保東海，至是平之。

甲午秋七月，朝行在所。時諸王大會，帝顧塔思曰：「先皇帝肇開大業，垂四十年。今中原、西夏、高麗、回鶻諸國皆已臣附，惟東南一隅，尚阻聲教。朕欲躬行天討，卿等以爲何如？」羣臣未對，塔思對曰：「臣家累世受恩，圖報萬一，正在今日。臣雖駑鈍，願仗天威，掃清淮、浙，何勞大駕親臨不測之地哉！」帝悅曰：「塔思雖年少，英風美績，簡在朕心，終能成我家大事矣。」賜黃金甲、玻瓈帶及良弓二十，命與王子曲出總軍南征。乙未冬，拔棗陽。曲出別徇襄、鄧，塔思引兵攻郢。郢瀕漢江，城堅兵精，且多戰艦。塔思命造木筏，遣汶上達魯花赤劉拔都兒將死士五百，乘筏進擊。引騎兵沿岸迎射，大破之，溺死者過半，餘皆走郢，壁堅，不能下，俘生口、馬牛數萬而還。

丙申冬十月，復出鄧州，遂至蘄、黃。蘄州遣使獻金帛、牛酒犒師，請曰：「宋小國也，進貢大朝有年矣。惟王以生靈爲念。」乃捨之。遂進拔符鎮、六安縣焦家寨。

丁酉秋九月，由八柳渡河，入汴京。守臣劉甫置酒大慶殿。塔思曰：「此故金主所居，我人臣也，不可處此。」遂宴於甫家。冬十月，復與口溫不花攻光州，主將黃舜卿降。口溫不花別略黃州。塔思攻大蘇山，斬首數千級，獲生口、牛馬以千數。戊戌春正月，至安慶府，官民皆遁于江東。至北峽關，宋汪統制率兵三千降，遷之尉氏。三月，朝行在所。秋九月，帝宴羣臣于行宮，塔思大醉。帝語侍臣曰：「塔思神已逝矣，其能久乎。」冬十二月，還雲中。己亥春三月，薨，年二十八。

子碩篤兒幼，弟速渾察襲。碩篤兒既長，詔別賜民三千戶爲食邑，得建國王旗幟，降五品印一、七品印二，付其家臣，置官屬如列侯故事。碩篤兒薨，子忽都華襲。忽都華薨，子忽都帖木兒襲。忽都帖木兒薨，子寶哥襲。寶哥薨，子道童襲。

速渾察，性嚴厲，賞罰明信，人莫敢犯。與兄塔思從太宗攻鳳翔有功。將兵抵潼關，與金人戰屢捷。旣滅金，皇子闊出攻宋棗陽，入郢，速渾察皆與焉。

歲己亥，塔思薨，速渾察襲爵，卽上京之西阿兒查禿置營，總中都行省蒙古、漢軍。凡他行省監鎭事，必先白之，定其可否，而後上聞。帝嘗遣使至，見其威容凜然，倜儻有奇氣，所部軍士紀綱整肅，還朝以告。帝曰：「眞木華黎家兒也。」他國使有至者，每見皆倉皇失次，不能措辭，必慰撫良久，始得盡其所欲言。左右或諫曰：「諸王百司旣莫敢越，而復示之以威，使人怖畏，盍少加寬恕以待之。」速渾察曰：「爾言誠是也，然時有不同，寬猛各有所宜施。天下初附，民心未安，萬一守者自縱，事變忽起，悔之晚矣。」尋薨。延祐三年，贈宣忠同德翊運功臣、太師、開府儀同三司、上柱國，追封爲東平郡王，謚忠宣。

子四人：曰忽林池，襲王爵；曰乃燕；曰相威；曰撒蠻。相威自有傳。

乃燕，性謙和，好學，以賢能稱。速渾察既薨，憲宗擇於諸子，命乃燕襲爵。乃燕力辭曰：「臣有兄忽林池當襲。」帝曰：「朕知之，然柔弱不能勝。」忽林池亦固讓，乃燕頓首涕泣力辭，不得命，既而曰：「若然則王爵必不敢受，願代臣兄行軍國之事。」於是忽林池襲爲國王，事無巨細，必與乃燕謀議，剖決精當，無所擁滯。

世祖在潛藩，常與論事。乃燕敷陳大義，又明習典故。世祖謂左右曰：「乃燕，後必可大用。」因號之曰薛禪，猶華言大賢也。乃燕雖居顯要，而小心謹畏，每誨羣從子弟曰：「先世從太祖皇帝出入矢石間，被堅執銳，斬將搴旗，勤勞四十餘年，遂成功名。以故一家蒙恩深厚，可謂極矣。愼勿驕惰，以隳先王之名，爾曹戒之。」病卒。世祖聞之，爲之悲悼。至正八年，贈中奉大夫、遼陽等處行中書省參知政事、護軍，追封魯郡公。子二人：曰碩德，曰伯顏察兒。

碩德，通敏有幹才。世祖卽位，入宿衞，典朝儀，後同知通政院事。嘗言遼東斡拙、吉烈滅二種民數爲寇，宜遣近臣諭之。帝方難其人，僉曰：「惟碩德元勳世胄，可使。」帝深然之，以問碩德。對曰：「先臣從太祖皇帝定天下，不辭險艱，以立勳業。陛下不以臣年少愚戇，願請行。」帝大喜，賜御衣，錫燕以行。碩德至，集諸萬戶陳兵衝要，詰其渠魁誅之。脅從者皆降。帝大悅，賞賚有差。後從征乃顏及使西域，屢建殊勳。卒，贈推忠宣惠寧遠功臣，諡忠敏，加贈資善大夫、嶺北等處行中書省右丞、上護軍，追封魯郡公。

霸突魯，從世祖征伐，爲先鋒元帥，累立戰功。世祖在潛邸，從容語霸突魯曰：「今天下稍定，我欲勸主上駐驆回鶻，以休兵息民，何如？」對曰：「幽燕之地，龍蟠虎踞，形勢雄偉，南控江淮，北連朔漠。且天子必居中以受四方朝覲。大王果欲經營天下，駐驆之所，非燕不可。」世祖憮然曰：「非卿言，我幾失之。」

己未秋，命霸突魯率諸軍由蔡伐宋，且移檄諭宋沿邊諸將，遂與世祖兵合而南，五戰皆捷，遂渡大江，傅于鄂。會憲宗崩于蜀，阿里不哥搆亂和林，世祖北還，留霸突魯總軍務，以待命。世祖至開平，卽位，還定都于燕。嘗曰：「朕居此以臨天下，霸突魯之力也。」師還，中統二年卒于軍。大德八年，追贈推誠宣力翊衞功臣、太師、開府儀同三司、上柱國、東平王，諡武靖。夫人帖木倫，昭睿順聖皇后同母兄也。

子四人：長安童，次定童，次霸都虎台；他姬子曰和童，襲國王。安童別有傳。

塔塔兒台，孔溫窟哇第三子帶孫郡王之後。父曰忙哥，從憲宗征伐，累立戰功。歲己未，攻合州，會憲宗崩，命塔塔兒台護靈駕赴北。會阿里不哥叛，拘留數日，逃歸，追騎執以北還，將殺之，親王阿速台、玉龍塔思曰：「塔塔兒台乃太師國王之裔，不可殺也。」遂獲免。至元元年，從阿速台來歸，世祖嘉之，授懷遠大將軍，佩金虎符，世襲東平達魯花赤。命宿衞士四十人，給驛送之官所。莅官一紀，鎭靜不擾，鄆人賴之以安。卒年四十二，子四人。

只必，幼嗜讀書，習翰墨。至元十四年監東平，官少中大夫，多善政，以清白稱。嘗出家藏書二千餘卷，置東平廟學，使學徒講肄之。尋授嘉議大夫、江南湖北道提刑按察使，改浙西。大德四年入覲，賜金段十匹。明年春卒，年五十一。子三人，皆早喪。自只必除按察使，弟禿不申嗣其職。

禿不申，性淳靖，喜怒不形，知民疾苦，而能以善道之。旱嘗致禱，即雨。歲饑，請於朝，發廩以賑之。睦同僚，興學校。加太中大夫。士民刻石，紀其政績云。卒年五十一。子五人：長不老赤，次塔實脫因，次阿魯灰，次完者不花，次留住馬。皆以次嗣爲東平達魯花赤。

脫脫，祖嗣國王速渾察，沈深有智略。嘗奉命征討，所向克捷。父撒蠻，幼穎異，自襁褓時，世祖撫育之若子。嘗挾之南征，同舟濟大江，慮其有失，繫之御榻。及長，常侍左右，帝嘗詔之曰：「男女異路，古制也，況掖庭乎。禮不可不肅，汝其司之。」既而近臣孛羅銜命遽出，行失其次。撒蠻怒其違禮，執而囚之別室。帝怪其久不至，詢知其故，命釋其罪。撒蠻因進曰：「令自陛下出，陛下乃自違之，何以責臣下乎？」帝曰：「卿言誠是也。」由是有意大任之。會以疾卒，不果，年僅二十有七。

脫脫幼既失怙，其母孛羅海篤意教之，孜孜若恐不及。稍長，直宿衞，世祖復親誨導，尤以嗜酒爲戒。既冠，儀觀甚偉。喜與儒士語，每聞一善言善行，若獲拱璧，終身識之不忘。

至元二十四年，從征乃顏。帝駐驊於山巔，旌旗蔽野。鼓未作，候者報有隙可乘，脫脫即擐甲率家奴數十人疾馳擊之。衆皆披靡不敢前。帝望見之，大加嗟賞，遣使者勞之，且召還曰：「卿勿輕進，此寇易擒也。」視其（力）〔刀〕已折，馬已中箭矣。〔二〕帝顧謂近臣曰：「撒蠻不幸早死，脫脫幼，朕撫而敎之，常恐其不立，今能如此，撒蠻可謂有子矣。」遂親解佩刀及所乘馬賜之。由是深加器重，得預聞機密之事。

其後哈丹復爲亂，成宗時在潛邸，督師往征之。脫脫引衆率先躍馬麾之，其衆大潰。脫脫馬陷于淖泥中，哈丹兵復進挑戰，脫脫弟阿老瓦丁奮戈衝擊，遂大敗之。

成宗卽位，其寵顧爲尤篤，常侍禁闥，出入惟謹，退語家人曰：「我昔親承先帝訓，飭令毋嗜飲，今未能絕也。豈有爲人，知過而不能改者乎！自今以往，家人有以酒至吾前者，卽痛懲之。」帝聞之，喜曰：「扎剌兒台如脫脫者無幾，今能剛制于酒，眞可大用矣。」卽拜資德大夫、上都留守、通政院使、虎賁衞親軍都指揮使，政令嚴肅，克修其職。

三年，朝議以江浙行省地大人衆，非世臣有重望者，不足以鎭之。進拜榮祿大夫、江浙等處行中書省平章政事，有旨，命中書祖道都門外以餞之。始至，嚴飭左右，毋預公家事，且戒其掾屬曰：「僕從有私囑者，愼勿聽。若軍民諸事，有關於利害者，則言之。當言而不言，爾之責也；言而不聽，我之咎也。」聞者爲之悚慄。

時朱淸、張瑄以海運之故，致位參知政事，恃其勢位，多行不法，恐事覺，以黃金五十兩、珠三囊賂脫脫，求蔽其罪。脫脫大怒，繫之有司，遣使者以聞。帝喜曰：「脫脫我家老臣之子孫，其志固宜與衆人殊。」賜內府黃金五十兩，命回使寵賚之。有豪民白晝殺人者，脫脫立命有司按法誅之，自是豪猾屛息，民賴以安。帝以浙民相安之久，未及召還，大德十一年，卒于位，年四十四。子朵兒只，別有傳。

博爾朮〔玉昔帖木兒〕〔一二〕

博爾朮，阿兒剌氏。始祖孛端察兒，以才武雄朔方。父納忽阿兒闌，與烈祖神元皇帝接境，敦睦隣好。博爾朮志意沉雄，善戰知兵，事太祖於潛邸，共履艱危，義均同氣，征伐四出，無往不從。時諸部未寧，博爾朮每警夜，帝寢必安枕。寓直於內，語及政要，或至達旦。君臣之契，猶魚水也。

初，要兒斤部卒盜牧馬，博爾朮與往追之，時年十三，知衆寡不敵，乃出奇從旁夾擊之，盜舍所掠去。及戰于大赤兀里，兩軍相接，下令殊死戰，跬步勿退，博爾朮繫馬於腰，跽而引滿，分寸不離故處，太祖嘉其勇膽。又嘗潰圍於怯列，太祖失馬，博爾朮擁帝累騎而馳，頓止中野，會天雨雪，失牙帳所在，臥草澤中，與木華黎張氈裘以蔽帝，通夕植立，足蹟不移，及旦，雪深數尺，遂免於難。篾里期之戰，亦以風雪迷陣，再入敵中，求太祖不見，急趨輜重，則帝已還臥憩車中，聞博爾朮至，曰：「此天贊我也。」

丙寅歲，太祖卽皇帝位，君臣之分益密，嘗從容謂博爾朮及木華黎曰：「今國內平定，多汝等之力，我之與汝猶車之有轅，身之有臂，汝等宜體此勿替。」遂以博爾朮及木華黎爲左右萬戶，各以其屬翊衞，位在諸將上。

皇子察哈歹出鎭西域，有旨從博爾朮受教，博爾朮教以人生經涉險阻，必獲善地，所過無輕舍止。太祖謂皇子曰：「朕之教汝，亦不踰是。」未幾，賜廣平路戶一萬七千三百有奇爲分地。以老病薨，太祖痛悼之。大德五年，贈推忠協謀佐運功臣、太師、開府儀同三司，追封廣平王，謚武忠。

子孛欒台，襲爵萬戶，贈推誠宣力保順功臣、太師、開府儀同三司，追封廣平王，謚忠定。孫玉昔帖木兒。

玉昔帖木兒，世祖時嘗寵以不名，賜號月呂魯那演，猶華言能官也。弱冠襲爵，統按台部衆，器量宏達，莫測其際。世祖聞其賢，驛召赴闕，見其風骨龐厚，解御服銀貂賜之。時重太官內膳之選，特命領其事。侍宴內殿，玉昔帖木兒起行酒，詔諸王妃皆爲答禮。

至元十二年，拜御史大夫。時江南既定，益封功臣後，遂賜全州淸湘縣戶爲分地。其在中臺，務振宏綱，弗親細故。興利之臣欲援金舊制，併憲司入漕府；當政者又請以郡府之吏，互照憲司檢底。玉昔帖木兒曰：「風憲所以戢奸，若是，有傷監臨之體。」其議乃沮。遇事廷辯，吐辭鯁直，世祖每爲之霽威。

至元二十四年，宗王乃顏叛東鄙，世祖躬行天討，命總戎者先之。世祖至半道，玉昔帖木兒已退敵，僵尸覆野，數旬之間，三戰三捷，獲乃顏以獻。詔選乘輿橐駝百蹄勞之。謝曰：「天威所臨，猶風偃草，臣何力之有。」世祖還，留玉昔帖木兒勦其餘黨，乃執其酋金家奴以獻，戮其同惡數人於軍前。

明年，乃顏之遺孽哈丹禿魯干復叛，再命出師，兩與之遇，皆敗之，追及兩河，其衆大毌，遂遁。時已盛冬，聲言俟春方進，乃倍道兼行過黑龍江，擣其巢穴，殺戮殆盡，哈丹禿魯干莫知所終，夷其城，撫其民而還。詔賜內府七寶冠帶以旌之，加太傅、開府儀同三司。申命禦邊杭海。二十九年，加錄軍國重事、知樞密院事。宗王帥臣咸禀命焉。特賜步輦入內。位望之崇，廷臣無出其右。

三十年，成宗以皇孫撫軍北邊，玉昔帖木兒輔行，請授皇孫以儲闈舊璽，詔從之。

三十一年，世祖崩，皇孫南還。宗室諸王會于上都。定策之際，玉昔帖木兒起謂晉王甘麻剌曰：「宮車晏駕，已踰三月，神器不可久虛，宗祧不可乏主。疇昔儲闈符璽既有所歸，王爲宗盟之長，奚俟而不言。」甘麻剌遽曰：「皇帝踐祚，願北面事之。」於是宗親大臣合辭勸進，玉昔帖木兒復坐，曰：「大事已定，吾死且無憾。」皇孫遂卽位。進秩太師，賜以尚方玉帶寶服，還鎭北邊。

元貞元年冬，議邊事入朝，兩宮錫宴，如家人禮。賜其妻禿忽魯宴服，及他珍寶。十一月，以疾薨。大德五年，詔贈宣忠同德弼亮功臣，依前太師、開府儀同三司、錄軍國重事、御史大夫，追封廣平王，謚曰貞憲。

子三人：木剌忽，仍襲爵爲萬戶；次脫憐；次脫脫哈，爲御史大夫。

博爾忽〔塔察兒〕〔一三〕

博爾忽，許兀愼氏，事太祖爲第一千戶，歿於敵。子脫歡襲職，從憲宗四征不庭，有拓地功。子失里門，鎭徼外，從征六詔等城，亦歿于兵。子月赤察兒，性仁厚勤儉，事母以孝聞。資貌英偉，望之如神。世祖雅聞其賢，且閔其父之死，年十六召見。帝見其容止端重，奏對詳明，喜而謂曰：「失烈門有子矣。」卽命領四怯薛太官。至元十七年，長一怯薛。明年詔曰：「月赤察兒，秉心忠實，執事敬愼，知無不言，言無不盡，曉暢朝章，言輒稱旨，不可以其年少，而弗陞其官。可代線眞爲宣徽使。」

二十六年，帝討叛者于杭海，衆皆陣，月赤察兒奏曰：「丞相安童、伯顏，御史大夫月呂祿，皆已受命征戰，三人者臣不可以後之。今勍賊逆命，敢禦天戈，惟陛下憐臣，使臣一戰。」帝曰：「乃祖博爾忽，佐我太祖，無征不在，無戰不克，其功大矣。卿以爲安童輩與爾家同功一體，各立戰功，自耻不逮。然親屬橐鞬，恭衞朝夕，爾功非小，何必身踐行伍，手事斬馘，乃快爾心耶！」

二十七年，桑哥旣立尙書省，殺異己者，箝天下口，以刑爵爲貨。旣而紀綱大紊。尙書平章政事也速答兒，太官屬也，潛以其事白月赤察兒，請奏劾之。桑哥伏誅，帝曰：「月赤察兒口伐大姦，發其蒙蔽。」乃以沒入桑哥黄金四百兩、白金三千五百兩，及水田、水磑、别墅賞其清彊。

桑哥既敗，帝以湖廣行省西連番洞諸蠻，南接交趾島夷，延袤數千里，其間土沃人稠，畲丁、溪子善驚好鬬，思得賢方伯往撫安之。月赤察兒舉哈剌哈孫答剌罕以爲行省平章政事，凡八年，威德交孚，洽于海外；入爲丞相，天下稱賢。世以月赤察兒爲知人。

二十八年，都水使者請鑿渠西導白浮諸水，經都城中，東入潞河，則江淮之舟既達廣濟渠，可直泊於都城之匯。帝亟欲其成，又不欲役其細民，敕四怯薛人及諸府人專其役，度其高深，畫地分賦之，刻日使畢工。月赤察兒率其屬，著役者服，操畚鍤，卽所賦以倡，趨者雲集，依刻而渠成，賜名曰通惠河，公私便之。帝語近臣曰：「是渠，非月赤察兒身率衆手，成不速也。」

成宗卽位，制曰：「月赤察兒，盡其誠力，深其謀議，抒忠於國，流惠於人，可加開府儀同三司、太保、錄軍國重事、樞密、宣徽使。」大德四年，拜太師。

初，金山南北，叛王海都、篤娃據之，不奉正朔垂五十年，時入爲寇。嘗命親王統左右部宗王諸帥，屯列大軍，備其衝突。五年，朝議北師少怠，紀律不嚴，命月赤察兒副晉王以督之。是年，海都、篤娃入寇。大軍分爲五隊，月赤察兒將其一。鋒既交，頗不利。月赤察兒怒，被甲持矛，身先陷陣，一軍隨之，出敵之背，五軍合擊，大敗之。海都、篤娃遁去，月赤察兒亦罷兵歸鎮。厥後篤娃來請臣附。時武宗亦在軍，月赤察兒遣使詣武宗及諸王將帥議，曰：「篤娃請降，爲我大利，固當待命於上，然往返再閱月，必失事機。事機一失，爲國大患，人民困於轉輸，將士疲於討伐，無有已時矣。篤娃之妻，我弟馬兀合剌之妹也，宜遣使報之，許其臣附。」衆議皆以爲允。既遣，始以事聞，帝曰：「月赤察兒深識機宜。」既而馬兀合剌復命，由是叛人稍稍來歸。

十年冬，叛王滅里鐵木兒等屯于金山，武宗帥師出其不意，先踰金山，月赤察兒以諸軍繼往，壓之以威，啖之以利，滅里鐵木兒乃降。其部人驚潰，月赤察兒遣禿滿鐵木兒、察忽將萬人深入，其部人亦降。察八兒者海都長子也，海都死，嗣領其衆，至是掩取其部人，凡兩部十餘萬口。至大元年，月赤察兒遣使奏曰：「諸王禿苦滅本懷攜貳，而察八兒游兵近境，叛黨素無悛心，倘合謀致死，則垂成之功顧爲國患。臣以爲昔者篤娃先衆請和，雖死，宜遣使安撫其子款徹，使不我異。又諸部既已歸明，我之牧地不足，宜處諸降人於金山之陽，吾軍屯田金山之北，軍食既饒，又成重戍，就彼有謀，吾已擣其腹心矣。」奏入，帝曰：「是謀甚善，卿宜移軍阿答罕三撒海地。」月赤察兒既移軍，察八兒、禿苦滅果欲奔款徹，不見納，去留無所，遂相率來降，於是北邊始寧。

帝詔月赤察兒曰：「卿之先世，佐我祖宗，常爲大將，攻城戰野，功烈甚著。卿乃國之元老，宣忠底績，靖謐中外。朕入繼大統，卿之謀猷居多。今立和林等處行中書省，以卿爲右丞相，依前太師、錄軍國重事，特封淇陽王，佩黃金印。宗藩將領，實瞻卿麾進退。其益懋乃德，悉乃心力，毋替所服。」四年，月赤察兒入朝，帝宴于大明殿，眷禮優渥。尋以疾薨于第。詔贈宣忠安遠佐運弼亮功臣，謚忠武。

塔察兒，一名倴盞，居官山。伯祖父博爾忽，從太祖起朔方，直宿衞爲火兒赤。火兒赤者，佩櫜鞬侍左右者也。由是子孫世其職。博爾忽從太祖平諸國，宣力爲多，當時與木華黎等俱以功號四傑。塔察兒，其從孫也，驍勇善戰，幼直宿衞。

太祖平燕，睿宗監國，聞燕京盜賊恣意殘殺，直指富庶之家，載運其物，有司不能禁。乃遣搭察兒、耶律楚材窮治其黨，誅首惡十有六人，由是巨盜屏迹。

太宗伐金，搭察兒從師，授行省兵馬都元帥，分宿衞與諸王軍士俾統之，下河東諸州郡，濟河破潼關，取陝洛。辛卯，從圍河中府，拔之。壬辰，從渡白坡，時睿宗已自西和州入興元，由武關出唐、鄧，太宗以睿宗與金兵相持久，乃遣使約期，會兵合進。卽詔發諸軍至鈞州，連日大雪，睿宗與金人戰于三峯山，大破之。詔搭察兒等進圍汴城。金主卽以兄子曹王訛可爲質，太宗與睿宗還河北。搭察兒復與金兵戰于南薰門。癸巳，金主遷蔡州，搭察兒復帥師圍蔡。甲午，滅金，遂留鎮撫中原，分兵屯大河之上，以遏宋兵。丙申，破宋光、息諸州，事聞于朝，以息州軍民三千戶賜之。戊戌卒。

子別里虎䚟嗣爲火兒赤。憲宗卽位，歲壬子，襲父職，總管四萬戶蒙古、漢軍，攻宋兩淮，悉定邊地。戊午，會師圍宋襄陽，逼樊城，力戰死之。

次曰宋都䚟，至元七年，賜金虎符，襲蒙古軍萬戶。八年，悉兵再攻襄陽，圍樊城，進戰鄂、岳、漢陽、江陵、歸、峽諸州，皆有功。十二年，加昭毅大將軍，受詔爲隆興出征都元帥，與李恒等長驅，而宋人莫當其鋒，戰勝攻取，望風迎降，盡平江西十一城，又徇嶺南、廣東。宋亡，還師，未及論功卒。

校勘記

〔一〕〔孛魯塔思速渾察乃燕霸突魯塔塔兒台脫脫〕　據本書原目錄補。原目錄脫脫錯列速渾察下，今據傳文次序改正。

〔二〕（欒）〔灤〕　道光本與元名臣事略卷一引東平王世家合，從改。

〔三〕田（禾）〔和〕尚　從北監本改。

〔四〕蒲鮮　本證云：「案即蒲鮮萬奴，失書名。」

〔五〕張琳　見卷一校勘記〔一九〕。下同。

〔六〕（完）〔元〕州　據元名臣事略卷一引張匡衍木華黎行錄改。按本書卷五八地理志，河間路景州蓨縣「元初升元州」。

〔七〕孟州　按上文有「大兵道雲中」，下文稱行兵晉陽、霍邑、趙城，太原府盂州適處其間，而孟州在今河南境。「孟」當爲「盂」之誤。新編已校。

〔八〕胡天（祚）〔作〕　見卷一校勘記〔二〇〕。下同。

〔九〕拔滎州胡瓶堡　按金史卷一六宣宗紀有「元光元年冬十月乙未，大元兵下滎州之胡壁堡」，同書卷二六地理志河中府萬泉縣有鎮名胡壁。疑此處「瓶」當作「壁」。

〔一〇〕紫（金）〔荆〕關　據本書多見之文改。讀史方輿紀要謂關以山上多紫荆樹得名。新編已校。

〔一一〕視其（カ）〔刀〕已折馬已中箭矣　從道光本改。按下文有「親解佩刀，及所乘馬賜之」。

〔一二〕〔玉昔帖木兒〕　據本書原目錄補。

〔一三〕〔塔察兒〕　據本書原目錄補。

元史卷一百二十

列傳第七

察罕 亦力撒合 立智理威

察罕，初名益德，唐兀烏密氏。父曲也怯律，爲夏臣。其妾方懷察罕，不容於嫡母，以配掌羊羣者及里木。察罕稍長，其母以告，且曰：「嫡母已有弟矣。」

察罕武勇過人，幼牧羊於野，植杖於地，脫帽置杖端，跪拜歌舞。太祖出獵，見而問之。察罕對曰：「獨行則帽在上而尊，二人行則年長者尊，今獨行，故致敬於帽。且聞有大官至，先習禮儀耳。」帝異之，乃挈以歸，語光獻皇后曰：「今日出獵得佳兒，可善視之。」命給事內廷。及長，賜姓蒙古，妻以宮人弘吉剌氏。嘗行困，脫靴藉草而寢。鵶鳴其旁，心惡之，擲靴擊之，有蛇自靴中墜。歸，以其事聞。帝曰：「是禽人所惡者，在爾則爲喜神，宜戒子孫勿殺其類。」

從帝略雲中、桑乾。金將定薛擁重兵守野狐嶺，帝遣察罕覘虛實，還言彼馬足輕動，不足畏也。帝命鼓行而前，遂破其軍。圍白樓七日，拔之，以功爲御帳前首千戶。從帝征西域孛哈里、薛迷思干二城。回回國主札剌丁拒守鐵門關，兵不得進。察罕先驅開道，斬其將，餘衆悉降。又從攻西夏，破肅州。師次甘州，察罕父曲也怯律居守城中，察罕射書招之，且求見其弟，時弟年十三，命登城於高處見之。且遣使諭城中，使早降。其副阿綽等三十六人合謀，殺曲也怯律父子，幷殺使者，併力拒守。城破，帝欲盡坑之，察罕言百姓無辜，止罪三十六人。進攻靈州，夏人以十萬衆赴援，帝親與戰，大敗之。還次六盤，夏主堅守中興，帝遣察罕入城，諭以禍福。衆方議降，會帝崩，諸將擒夏主殺之，復議屠中興，察罕力諫止之，馳入，安集遺民。

太宗卽位，從略河南。北還凊水答蘭答八之地，賜馬三百、珠衣、金帶、鞍勒。皇子闊出、忽都禿伐宋，命察罕爲斥候。又從親王口溫不花南伐，歲乙未，克棗陽，及光化軍。未幾，召口溫不花赴行在，以全軍付察罕。丁酉，復與口溫不花進克光州。戊戌，授馬步軍都元帥，率諸翼軍攻拔天長縣，及滁、壽、泗等州。定宗卽位，賜黑貂裘一、鑌刀十，命拓江淮地。

憲宗卽位，召見，累賜金五十兩、珠衣一、金綺二匹，以都元帥兼領尚書省事，賜汴梁、歸德、河南、懷、孟、曹、濮、太原三千餘戶爲食邑，及諸處草地，合一萬四千五百餘頃，戶二萬餘。未幾，復召，賜金四百五十兩、金綺、弓矢等物。乙卯卒。贈推忠開濟翊運功臣、開府儀同三司、上柱國，追封河南王，謚武宣。子十人，長木花里。

木花里事憲宗，直宿衞，從攻釣魚山，以功授四斡耳朶怯憐口千戶，賜金幣及黃金馬鞍勒。世祖卽位，賜金五十兩、珠二串。至元四年，攻宋，自江陵略地回，至安陽灘，宋兵扼其歸路，木花里奮擊敗之。都元帥阿朮墜馬，宋軍追及之，木花里挾之上馬鏖戰，退宋兵，由是得免。特賜銀二百五十兩，佩金虎符。爲蒙古軍萬戶。復攻襄樊有功，卒于軍。贈推誠宣力功臣、榮祿大夫、平章政事、柱國，追封梁國公，謚武毅。從孫亦力撒合。

亦力撒合，祖曲也怯祖。太祖時，得召見，屬皇子察哈台，爲扎魯火赤。父阿波古，事諸王阿魯忽，居西域。至元十年，擇貴族子備宿衞，召亦力撒合至闕下，以爲速古兒赤，掌服御事，甚見親幸，有大政時以訪之，稱之曰秀才而不名。

嘗奉使河西還，奏諸王只必帖木兒用官太濫，帝嘉之。擢河東提刑按察使，逐平陽路達魯花赤泰不花。召還，賜黃金百兩、銀五百兩，以旌其直。進南臺中丞。帝出內中寶刀賜之曰：「以鎭外臺。」時丞相阿合馬之子忽辛爲江浙行省平章政事，恃勢貪穢，亦力撒合發其姦，得贓鈔八十一萬錠，奏而誅之。幷劾江淮釋教總攝楊輦眞加諸不法事，諸道竦動。二十一年，改北京宣慰使。諸王乃顏鎭遼東，亦力撒合察其有異志，必反，密請備之。二十三年，罷宣慰司，立遼陽行省，以亦力撒合爲參知政事。已而乃顏果反，帝自將征之。時諸軍皆會，亦力撒合掌運糧儲，軍供無乏。東方平，帝嘉其先見，且餉運有勞，加左丞。二十七年，命尚諸王算吉女，親爲資裝以送之，併贈玉帶一。改四川行省左丞。二十九年，再賜玉帶一。元貞元年，成宗卽位，入朝，卒。弟立智理威。

立智理威，爲裕宗東宮必闍赤，典文書。至元十八年，蜀初定，帝閔其地久受兵，百姓傷殘，擇近臣撫安之，以立智理威爲嘉定路達魯花赤。時方以闢田、均賦、弭盜、息訟諸事課守令，立智理威奉詔甚謹，民安之，使者交薦其能。會盜起雲南，號數十萬，聲言欲寇成都。立智理威馳入告急，言辭懇切，繼以泣涕。大臣疑其不然，帝曰：「雲南朕所經理，未可忽也。」乃推食以勞之。又語立智理威曰：「南人生長亂離，豈不厭兵畏禍耶？御之乖方，保之不以其道，故爲亂耳。其歸以朕意告諸將，叛則討之，服則捨之，毋多殺以傷生意，則人必定矣。」立智理威至蜀，宣布上旨。

俄召爲泉府卿，後遷刑部尙書。有小吏誣告漕臣劉獻盜倉粟，宰相桑哥方事聚斂，衆阿其意，鍛煉枉服。立智理威曰：「刑部天下持平，今輦轂之下，漕臣以寃死，何以正四方乎？」即以實聞。以是忤丞相，出爲江東道宣慰使。在官務興學，諸生有俊秀者，拔而用之，爲政嚴明，豪民猾吏，縮手不敢犯，然亦無所刑戮而治。元貞二年，遷四川行省參知政事。蜀有婦人殺夫者，繫治數十人，加以箠楚，卒不得其實，立智理威至，盡按得之。

大德三年，以參知政事爲湖南宣慰使，繼改荆湖。荆湖多弊政，而公田爲甚。部內實無田，隨民所輸租取之，戶無大小，皆出公田租，雖水旱不免。立智理威問民所不便凡十數事上於朝，而言公田尤切。朝議遣使理之。會有詔，凡官無公田者，始隨俸給之，民力少蘇。七年，再遷四川行省參知政事。八年，進左丞。雲南王入朝，所在以驛騎縱獵。立智理威曰：「驛騎所以傳命令，事非有急，且不得馳，況獵乎！」王憚，爲之止獵。蜀人饑，親勸分以賑之，所活甚衆。有死無葬者，則以己錢買地使葬。且修寬政以撫其民，部內以治。

十年，入朝，帝以白金對衣賜之，加資德大夫、湖廣行省左丞。〔一〕湖廣歲織幣上供，以省臣領工作，遣使買絲他郡，多爲奸利，工官又爲刻剝，故匠戶日貧，造幣益惡。立智理威不遣使，令工視賈人有藏絲者擇買之，工不告病，歲省費數萬貫。他郡推用之，皆便。

至大三年，以疾卒於官，年五十七。初贈資德大夫、陝西行省右丞、上護軍、寧夏郡公，謚忠惠。再贈推誠亮節崇德贊治功臣、榮祿大夫、中書平章政事、柱國、秦國公。子二人：

長買訥，翰林學士承旨；次韓嘉訥，御史大夫。孫達理麻，內府宰相。

札八兒火者

札八兒火者，賽夷人。賽夷，西域部之族長也，因以爲氏。火者，其官稱也。札八兒長身美髯、方瞳廣顙，雄勇善騎射。初謁太祖于軍中，一見異之。太祖與克烈汪罕有隙。一夕，汪罕潛兵來，倉卒不爲備，衆軍大潰。太祖遽引去，從行者僅十九人，札八兒與焉。至班朱尼河，餱糧俱盡，荒遠無所得食。會一野馬北來，諸王哈札兒射之，殪。遂刳革爲釜，出火于石，汲河水煑而啖之。太祖舉手仰天而誓曰：「使我克定大業，當與諸人同甘苦，苟渝此言，有如河水。」將士莫不感泣。

汪罕既滅，西域諸部次第亦平。乃遣札八兒使金，金不爲禮而歸。金人恃居庸之塞，冶鐵錮關門，布鐵蒺藜百餘里，守以精銳。札八兒既還報，太祖遂進師，距關百里不能前，召札八兒問計。對曰：「從此而北黑樹林中有間道，騎行可一人。臣向嘗過之。若勒兵銜枚以出，終夕可至。」太祖乃令札八兒輕騎前導。日暮入谷，黎明，諸軍已在平地，疾趨南口，金鼓之聲若自天下，金人猶睡未知也。比驚起，已莫能支吾，鋒鏑所及，流血被野。關既破，中都大震。已而金人遷汴。太祖覽中都山川形勢，顧謂左右近臣曰：「朕之所以至此者，札八兒之功爲多。」又謂札八兒曰：「汝引弓射之，隨箭所落，悉畀汝爲己地。」乘輿北歸，留札八兒與諸將守中都。授黃河以北鐵門以南天下都達魯花赤，賜養老一百戶，幷四王府爲居第。

札八兒每戰，被重甲舞槊，陷陣馳突如飛。嘗乘橐駝以戰，衆莫能當。有丘眞人者，有道之士也，隱居崑（崙）〔嵛〕山中。〔三〕太祖聞其名，命札八兒往聘之。丘語札八兒曰：「我嘗識公。」札八兒曰：「我亦嘗見眞人。」他日偶坐，問札八兒曰：「公欲極一身貴顯乎？欲子孫蕃衍乎？」札八兒曰：「百歲之後，富貴何在？子孫無恙，以承宗祀足矣。」丘曰：「聞命矣。」後果如所願云，卒年一百一十八。贈推忠佐命功臣、太傅、開府儀同三司、上柱國，追封涼國公，諡武定。二子：阿里罕，明里察。

阿里罕蚤從札八兒出入行陣，勇而善謀。憲宗伐蜀，爲天下質子兵馬都元帥。生哈只，終湖南宣慰使，贈推誠保德功臣、金紫光祿大夫、司徒，追封涼國公，諡安惠。生陝西行省平章政事養安、太府監丞阿思蘭、太僕寺丞補孛。養安生阿葩實，太僕寺卿。

明里察，贈開府儀同三司、上柱國，追封涼國公，諡康懿。生戶部尚書亦不剌金、陝西行省參知政事哈剌。

朮赤台

朮赤台，兀魯兀台氏。其先剌眞八都，以材武雄諸部。生子曰兀魯兀台，曰忙兀，與扎剌兒、弘吉剌、亦乞列思等五人。當開創之先，協贊大業。厥後太祖卽位，命其子孫各因其名爲氏，號五投下。朔方既定，舉六十五人爲千夫長，兀魯兀台之孫曰朮赤台，其一也。

朮赤台有膽略，善騎射，勇冠一時。初，怯列王可汗之子鮮昆有智勇，諸部畏之。怯列亦哈剌哈眞沙陀等帥衆來侵，兵戰不利。〔三〕近臣忽因答兒等馳告太祖曰：「事急矣，羣下忠勇無踰朮赤台者，宜急遣之拒敵。」從之。朮赤台承命，單騎陷陣，射殺鮮昆，降其大將失列門等，遂併有怯列之地。乃蠻、滅兒乞台合兵來侵，諸部有陰附之者，不虞太祖領兵卒至，諸部潰去，乘勝敗之，朮赤台俘其主扎哈堅普及二女以歸，諸部悉平，與扎哈堅普盟而歸之。未幾，乃蠻復叛，朮赤台以計襲扎哈堅普，殺之，遂平其國。

朮赤台始從征怯列亦，自罕哈啓行，歷班眞海子，間關萬里，每遇戰陣，必爲先鋒。帝嘗諭之曰：「朕之望汝，如高山前日影也。」賜嬪御(木)〔亦〕八哈別吉、〔四〕引者思百，俾統兀魯兀四千人，世世無替。

子怯台，材武過人，自太宗及世祖，歷事四朝，以勞封德清郡王，賜金印。丙申，賜德州戶二萬爲食邑。至元十八年，增食邑二萬一千戶，肇慶路、連州、德州洎屬邑俱隸焉。怯台薨，子端眞拔都兒襲爵爲郡王。太宗時與亦剌哈台戰，勝。帝卽以亦剌哈〔台〕妻賜之。〔五〕世祖之征阿里不哥也，怯台子哈答與忽都忽跪而自獻于前曰：「臣父祖幸在先朝，當軍旅征伐之寄，屢立戰功。今王師北征，臣等幸少壯，願如父祖以力戰自效。」既得請，於是戰于石木溫都之地。諸王哈丹、駙馬臘眞與兀魯、忙兀居右，諸王塔察兒及太丑台居左，合必赤將中軍。兵始交，獲其將合丹斬之，外剌之軍遂敗衄。又戰于失烈延塔兀之地，當帝前混戰，至日晡勝之。帝賜以黃金，將佐吏卒行賞各有差。李壇叛，帝遣哈必赤及兀里羊哈台闊闊出往討之，哈答與兀魯納兒台亦在行。壇平，與有功焉。

哈答子脫歡，亦嘗從諸王徹徹都討只兒火台，獲之。又嘗破失烈吉、要不忽兒于野孫漠連。及征乃顏，脫歡弟慶童亦在軍，雖病猶力戰。

怯台二子：曰端眞，曰哈答。哈答三子：曰脫歡，曰亦憐只班，曰慶童。脫歡二子：曰塔失帖木兒，曰朶來。塔失帖木兒一子，曰匣剌不花。自怯台而下凡九人，皆封郡王云。

鎭海

鎭海，怯烈台氏。初以軍伍長從太祖同飲班朱尼河水。與諸王百官大會兀難河，上太祖尊號曰成吉思皇帝。歲庚午，從太祖征乃蠻有功，賜良馬一。壬申，從攻曲出諸國，〔六〕賜珍珠旗，佩金虎符，爲闍里必。從攻塔塔兒、欽察、唐兀、只溫、契丹、女直、河西諸國，所俘生口萬計，悉以上獻，賜御用服器白金等物。命屯田於阿魯歡，立鎭海城戍守之。

壬申，從太祖謀定漢地，師次隆興，與金將忽察虎戰，矢中臆間，裹瘡而出者復數四，軍聲爲之大振。既破燕，太祖命於城中環射四箭，凡箭所至園池邸舍之處，悉以賜之。尋拜中書右丞相。

己丑，太宗卽位，扈從至西京，攻河中、河南、（均）〔鈞〕州。〔七〕癸巳，攻蔡州。以功賜恩州一千戶。先是，收天下童男童女及工匠，置局弘州。既而得西域織金綺紋工三百餘戶，及汴京織毛褐工三百戶，皆分隸弘州，命鎭海世掌焉。定宗卽位，以鎭海爲先朝舊臣，仍拜中書右丞相。薨，年八十四。

子十人，〔八〕勃古思繼食其封邑。從世祖征花馬大理，率兵千人，結浮橋于金沙江以濟師。中統初，論功授益（州）〔都〕等路宣撫使，〔九〕賜金虎符、玉帶。三年，改東平路副達魯花赤，討平叛寇。尋遷濟南等路宣慰。至元二年，遷南京路達魯花赤。四年，討平蘄縣叛民。以病乞謝事，特授保定路達魯花赤，賜錢一萬貫，歸老于家，卒年八十一。

肖乃台〔抹兀答兒　兀魯台〕〔一〇〕

肖乃台，禿伯怯烈氏，以忠勇侍太祖。時木華黎、博兒朮既立爲左右萬戶，帝從容謂肖乃台曰：「汝願屬誰麾下爲我宣力？」對曰：「願屬木華黎。」卽日命佩金符，領蒙古軍，從太師國王爲先鋒。

兵至河北，史天澤之父率老幼數千詣軍門降。國王承制，授天澤兄天倪河北西路都元帥，領眞定。乙酉，天澤送母還白霫，副帥武仙殺天倪，以眞定叛。經歷王縉追天澤至燕，請攝主帥。遣監軍李伯祐詣國王軍前言狀，且請援兵。國王命肖乃台率精甲三千，與天澤合兵進圍中山。仙遣其將葛鐵槍來援，肖乃台撤圍迎之，遇諸新樂，奮擊敗之。會日暮，阻水爲營。肖乃台料其氣索必宵遁，乘勝復進擊，大敗之，擒鐵槍。中山守將亦宵遁，遂克中山，取無極，拔趙州。仙棄眞定，奔西山抱犢寨。肖乃台與天澤入城，撫定其民。未幾，仙潛結水軍爲內應，夜開南門納仙，復據其城。肖乃台倉卒以步兵七十踰城奔藁城。遲明，部曲稍來集，兵威復振，襲取眞定。仙棄城遁。將士怒民之反覆，驅萬人出，將屠之。肖乃台曰：「金氏慕國威信，徯我來蘇，此民爲賊所驅脅，有何罪焉？若不勝一朝之忿，非惟自屈其力，且堅他城不降之心。」乃皆釋之。

初，仙之叛也，其弟質國王軍中，聞之遁去。肖乃台遣弟撒寒追及於紫荆關，斬之，俘其妻子而還。乃整兵前進，下太原，略太行，拔長勝寨，斬仙守將盧治中，圍仙於雙門寨，仙遁去。引兵出太行山東，遇宋將彭義斌，與戰，敗之，追至火炎山，破其營，擒義斌斬之。至大（明）〔名〕，〔一〕守將蘇元帥以城降，遂引兵臨東平，敗安撫王立剛于陽穀，〔二〕圍東平。立剛走（連）〔漣〕水，〔三〕金守將棄城遁，他將邀擊敗之，遂定東平。又與蒙古不花徇河北、懷、孟、衛，從國王定益都。

壬辰，度河，略汴京，徇睢州，遇金將完顏慶山奴，與戰，敗之，追斬慶山奴。金主入蔡，諸軍圍之。肖乃台、史天澤攻城北面，汝水阻其前，結筏潛渡，血戰連日。金亡，朝廷以肖乃台功多，命併將史氏三萬戶軍以圖南征，賜東平戶三百，俾食其賦，命嚴實為治第宅，分撥牧馬草地，日膳供二羊及衣糧等。以老病卒于東平，歸葬漠北。子七人，抹兀答兒、兀魯台知名。

抹兀答兒，歲戊戌，從國王忽林赤行省于襄陽，略地兩淮。己未，從渡江，攻鄂州，以功賞銀五十兩。中統元年，追阿藍答兒、渾都海，預有戰功。二年，從北征，敗阿里不哥於失木禿之地。三年，又與李璮戰，有功。國王忽林赤上其功，奉旨賞銀五十兩，授提舉本投下諸色匠戶達魯花赤。卒。子四人，火你赤，江南行臺御史大夫。

兀魯台，中統三年，從石高山奉旨拘集探馬赤軍，授本軍千戶。至元八年，授武略將軍，佩銀符。十年，攻樊城有功，換金符，武德將軍。十一年，渡江有功，賞銀三百兩，改武節將軍。十二年四月，軍至建安，〔一四〕卒于軍。

子脫落合察兒襲職，從參政阿剌罕攻獨松關有功，陞宣武將軍。尋命管領侍衛軍。樞密院錄其渡江以來累次戰功，十八年，陞懷遠大將軍。二十年，江西行省命討武寧叛賊董琦，平之，改授虎符、江州萬戶府達魯花赤。二十四年，移鎭潮州，値賊張文惠、羅半天等嘯聚江西，行樞密院檄討之，領兵破賊寨，斬賊首羅大老、李尊長等，獲其僞銀印三。卒于軍。

吾也而

吾也而，珊竹氏，狀貌甚偉，腰大十圍。父曰圖魯華察，以武勇稱。太祖五年，吾也而與折不那演克金東京，有功。〔一五〕九年，從太師木華黎取北京，〔一六〕領兵爲先驅，下之。捷聞，授金紫光祿大夫、北京總管都元帥。留撫其人，綏懷有方，自京以南，相繼來降。

時金將撻魯，以惠州漁河口爲隘，有衆數萬，圖復北疆。吾也而以銳兵千人擊摧其鋒，殺數千人，獲其旗鼓羊馬，斬撻魯於軍中。有趙守玉者，據興州，吾也而討平之。十一年，張致以錦州叛，又攻破之。木華黎大喜，以馬十匹、甲五事，賞其功。十二年，興州監軍重兒以兵叛，吾也而往征之，賊軍射殺所乘馬，軍士憤怒，奮戈衝擊，大破賊軍。十五年，從征山東，大戰東平，馳赴陷陣，生挾二將以還。木華黎壯之，以功上聞。十六年，從征延安，矢中右股，力戰破之。俄又取葭、鄜二州，擒金梟將（金）〔張〕鐵槍以獻。〔一七〕十七年，克鳳翔及所屬州郡。十八年，從帝親征河西，明年下之。詔賜吾也而馬五匹、甲一事。二十年，從木華黎圍益都。〔一八〕越二年，下三十餘城。

太宗元年，入覲。命與撒里答火兒赤征遼東，下之。三年，又與撒里答征高麗，下受、開、龍、宣、泰、葭等十餘城。〔一九〕高麗懼，請和。吾也而諭之曰：「若能以子爲質，當休兵。」十三年，遣其子綧從吾也而來朝。帝大悅，厚加賜予，俾充北京東京廣寧蓋州平州泰州開元府七路征行兵馬都元帥，佩虎符。

憲宗元年，召問東夷事，對曰：「臣雖老，倘藉威靈，指麾三軍，敵國猶可克，況東夷小醜乎？」帝壯其言，問飲酒幾何？對曰「唯所賜」。時有一駙馬都尉在側，素以酒稱，命與之角飲，帝大笑，賜錦衣名馬。俄謝病歸。七年，復來朝，帝憫其老，謂曰：「自太祖時效勞至今者，獨卿無忝。」賜賚甚厚，以都元帥授其中子阿海。八年，秋九月辛亥，夜中，星隕帳前，光數丈，有聲。吾也而曰：「吾死矣。」明日卒。年九十六。子四人，訔禮最有名，太宗時授北京等路達魯花赤。至元七年，改授昭勇大將軍、河間路總管。

曷思麥里

曷思麥里，西域谷則斡兒朶人。初爲西遼闊兒罕近侍，後爲谷則斡兒朶所屬可散八思哈長官。太祖西征，曷思麥里率可散等城酋長迎降，大將哲伯以聞。帝命曷思麥里從哲伯爲先鋒，攻乃蠻，克之，斬其主曲出律。哲伯令曷思麥里持曲出律首往徇其地，若可失哈兒、押兒牽、斡端諸城，皆望風降附。

又從征你沙不兒城，諭下之。帝親征至薛迷思干，與其主扎剌丁合戰于月(亦心)〔戀〕揭赤之地，〔三〇〕敗之。追襲扎剌丁等於阿剌黑城，戰于禿馬溫山，又敗之。追至憨顏城西寨，又敗之。扎剌丁逃入于海。曷思麥里收其珍寶以還。取玉兒谷、德痕兩城。繼而憨顏城亦下。

帝遣使趣哲伯疾馳以討欽察。命曷思麥里招諭曲兒忒、失兒灣沙等城，悉降。至谷兒只部及阿速部，以兵拒敵，皆戰敗而降。又招降黑林城，進擊斡羅思於鐵兒山，克之，獲其國主密只思臘，哲伯命曷思麥里獻諸朮赤太子，誅之。尋征康里，至孛子八里城，與其主霍脫思罕戰，又敗其軍，進至欽察亦平之。軍還，哲伯卒。

會帝親征河西，曷思麥里持所獲珍寶及七寶繖迎見于阿剌思不剌思，帝顧羣臣曰：「哲伯常稱曷思麥里之功，其軀幹雖小，而聲聞甚大。」就以所進金寶，命隨其力所勝，悉賜之。仍命與薛徹兀兒爲必闍赤。未幾，曷思麥里奏，往者嘗招安到士卒留亦八里城，宜令扈從征河西，許之，命常居左右。至也吉里海牙，又討平失的兒威。

從太祖征汴，〔三〕至懷孟，令領奥魯事。帝由白坡渡黄河，會睿宗兵攻金將合達，敗之，回駐金蓮川。壬辰，授懷孟州達魯花赤，佩金符。癸巳，金將强元帥圍懷州，曷思麥里率其衆及昔里吉思、鎖剌海等力戰，金兵退。又遣蒲察寒奴、乞失烈札魯招諭金總帥范真率其麾下軍民萬餘人來降。

己亥六月，帝以曷思麥里從軍西域，宣力居多，命其長子捏只必襲爲懷孟達魯花赤，次子密里吉襲爲必闍赤，令曷思麥里爲扎魯火赤，歸西域。大帥察罕、行省帖木迭兒奏留之，帝允其請。庚子，進懷孟河南二十八處都達魯花赤，所隸州郡不從命者，制令籍其家。乙卯五月卒。

子密里吉復爲懷孟達魯花赤。中統三年，從攻淮西，與宋戰死。

校勘記

〔一〕湖廣行省左丞　道園類稿卷四二立只理威神道碑「左丞」作「右丞」。按碑文，前有「八年，進左丞」，于此復云「進拜」，疑作「右丞」是。

〔二〕崑(崙)〔嵛〕山　本書二〇二釋老傳有「自崑嵛歷四載而始達雪山」，據改。按崑嵛山在今山東。

〔三〕怯列亦哈剌哈真沙陀等帥衆來侵兵戰不利　此句不文，史文倒舛。按怯列亦爲部名，哈剌哈真沙陀爲地名。參以本書卷一太祖紀癸(丑)〔亥〕歲條、聖武親征錄、拉施特史集及元朝祕史，當讀作「怯列亦等帥衆來侵，兵戰哈剌哈真沙陀，不利」。蒙史已校。

〔四〕(木)〔亦〕八哈別吉　按元朝祕史作「亦巴合別乞」，拉施特史集譯音同，據改。新編已校。

〔五〕亦剌哈〔台〕　據上文補。本書卷一二二昔兒吉思傳作「亦來哈觧」。

〔六〕曲出　疑此卽本卷曷思麥里傳及聖武親征錄等書所見「曲出律」。按曲出律係人名，本書卷一二一抄思傳作「曲書律」，卷一太祖紀元年、三年條及遼史天祚帝紀附西遼天禧作「屈出律」，元朝祕史作「古出魯克」。

〔七〕攻河中河南(均)〔鈞〕州　從道光本改。按均州當時屬宋，此敍鎭海從元太宗攻金河南事，地望不符。本書卷二太宗紀四年正月壬寅條有「攻鈞州，克之」。

〔八〕子十人　按圭塘小藁卷一〇鎮海神道碑作「子男一十二人」，疑此處脫「二」字。

〔九〕授益（州）〔都〕等路宣撫使　據圭塘小藁卷一〇鎮海神道碑改。元書已校。

〔一〇〕〔抹兀答兒兀魯台〕　據本書原目錄補。

〔一一〕至大（明）〔名〕　道光本與本書卷一五一王玉傳、趙天錫傳、卷一五二王珍傳合，從改。

〔一二〕安撫王立剛　按此人卽金史卷一〇二之蒙古綱，其傳云「本名胡里綱」。本書卷一四八嚴實傳作「和立剛」，遺山集卷二六嚴實神道碑作「何立剛」。疑此處「王」字誤。

〔一三〕（連）〔漣〕水　據金史卷二五地理志改。蒙史已校。

〔一四〕軍至建安　按本書卷八世祖紀與卷一二七伯顏傳，至元十二年二月元師次建康。十一月乙亥，參政阿剌罕等爲右軍自建康趨獨松嶺。元書改「安」爲「康」，疑是。

〔一五〕太祖五年吾也而與折不那演克金東京有功　本書卷一二二槊直腯魯華傳及聖武親征錄、元朝祕史、金史卷一三衛紹王紀、卷九九徒單鎰傳此事皆繫六年辛未，此處作「五年」，誤。元書已校。

〔一六〕九年從太師木華黎取北京　按本書卷一太祖紀十年乙亥二月條、卷一一九木華黎傳、卷一四七史天祥傳，事在元太祖十年。元書改「九」爲「十」，是。

〔一七〕擒金梟將（金）〔張〕鐵槍　道光本與本書卷一一九木華黎傳、卷一四七史天倪傳附史樞傳合，從改。按張鐵槍卽張資祿。

〔一八〕二十年從木華黎圍益都　按本書卷一太祖紀二十一年丙戌九月條、卷一一九木華黎傳附孛魯傳、卷一四七張柔傳，圍益都在元太祖二十一年，蒙史補「一」字，是。又，時木華黎已死，其子孛魯嗣國王，當是修傳者誤改「從國王」爲「從木華黎」。

〔一九〕下受開龍宣泰葭等十餘城　高麗無「受州」。按高麗史卷二三高宗世家辛卯十八年十月癸酉條，高麗軍與蒙古兵戰于安北，大敗，城隨陷。安北稱大都護府，領宣、龍、嘉、泰等防禦郡二十五，後置安州萬戶府。此處「受」疑爲「安」之誤。又高麗無「葭州」，疑「葭」爲「嘉」音同之誤。

〔二〇〕戰于月（亦心）〔戀〕揭赤之地　蒙史云：「月亦心揭赤上三字爲『月戀』之誤，卽烏龍傑赤異譯。」從改。

〔二一〕從太祖征汴　按本書卷二太宗紀，此處實記元太宗朝事，「祖」當作「宗」。新編已校。

元史卷一百二十一

列傳第八

速不台〔兀良合台〕〔一〕

速不台，蒙古兀良合人。其先世獵於斡難河上，遇敦必乃皇帝，因相結納，至太祖時，已五世矣。捏里必者生孛忽都，衆目爲折里麻。折里麻者，漢言有謀略人也。三世孫合赤溫，生哈班。哈班二子，長忽魯渾，次速不台，俱驍勇善騎射。太祖在班朱尼河時，哈班嘗驅羣羊以進，遇盜，被執。忽魯渾與速不台繼至，以槍刺之，人馬皆倒，餘黨逸去，遂免父難，羊得達於行在所。忽魯渾以百戶從帝與乃蠻部主戰於長城之南，忽魯渾射却之，其衆奔闊赤檀山而潰。〔二〕

速不台以質子事帝，爲百戶。歲壬申，攻金桓州，先登，拔其城。帝命賜金帛一車。滅里吉部强盛不附。丙子，帝會諸將於禿兀剌河之黑林，問：「誰能爲我征滅里吉者？」速不台請行，帝壯而許之。乃選裨將阿里出領百人先行，覘其虛實。速不台繼進。速不台戒阿里出曰：「汝止宿必載嬰兒具以行，去則遺之，使若挈家而逃者。」滅里吉見之，果以爲逃者，遂不爲備。己卯，大軍至蟾河，與滅里吉遇，一戰而獲其二將，盡降其衆。其部主霍都奔欽察，速不台追之，與欽察戰于玉峪，敗之。

壬午，帝征回回國，其主滅里委國而去。命速不台與只別追之，及于灰里河，只別戰不利，速不台駐軍河東，戒其衆人爇三炬以張軍勢，其王夜遁。復命統兵萬人由不罕川必里罕城追之，凡所經歷皆無水之地。既度川，先發千人爲游騎，繼以大軍晝夜兼行。比至，滅里逃入海，不月餘，病死，盡獲其所棄珍寶以獻。帝曰：「速不台枕干血戰，爲我家宣勞，朕甚嘉之。」賜以大珠、銀罌。

癸未，速不台上奏，請討欽察。許之。遂引兵繞寬定吉思海，展轉至太和嶺，鑿石開道，出其不意。至則遇其酋長玉里吉及塔塔哈兒方聚於不租河，縱兵奮擊，其衆潰走。矢及玉里吉之子，逃於林間，其奴來告而執之，餘衆悉降，遂收其境。又至阿里吉河，與斡羅思部大、小密赤思老遇，一戰降之，略阿速部而還。欽察之奴來告其主者，速不台縱爲民。還，以聞。帝曰：「奴不忠其主，肯忠他人乎？」遂戮之。又奏以滅里吉、乃蠻、怯烈、杭斤、欽察諸部千戶，通立一軍，從之。略也迷里霍只部，獲馬萬匹以獻。

帝欲征河西，以速不台比年在外，恐父母思之，遣令歸省。速不台奏，願從西征。帝命度大磧以往。丙戌，攻下撒里畏吾、特(勒)〔勤〕、〔三〕赤閔等部，及德順、鎮戎、蘭、會、洮、河諸州，得牝馬五千匹，悉獻於朝。丁亥，聞太祖崩，乃還。

己丑，太宗卽位，以禿滅干公主妻之。從攻潼關，軍失利，帝責之。睿宗時在藩邸，言兵家勝負不常，請令立功自效。遂命引兵從睿宗經理河南，道出牛頭關，遇金將合達帥步騎數十萬待戰。睿宗問以方略，速不台曰：「城居之人不耐勞苦，數挑以勞之，戰乃可勝也。」師集三峯山，金兵圍之數匝。會風雪大作，其士卒僵仆，師乘之，殺戮殆盡。自是金軍不能復振。壬辰夏，睿宗還駐官山，留速不台統諸道兵圍汴。癸巳，金主渡河北走，追敗之於黃龍岡，斬首萬餘級。金主復南走歸德府，未幾，復走蔡州。汴降，俘其后妃及寶器以獻，進圍蔡州。甲午，蔡州破，金主自焚死。時汴梁受兵日久，歲饑人相食，速不台下令縱其民北渡以就食。

乙未，太宗命諸王拔都西征八赤蠻，且曰：「聞八赤蠻有膽勇，速不台亦有膽勇，可以勝之。」遂命爲先鋒，與八赤蠻戰，繼又令統大軍，遂虜八赤蠻妻子於寬田吉思海。八赤蠻聞速不台至，大懼，逃入海中。

辛丑，太宗命諸王拔都等討兀魯思部主也烈班，爲其所敗，圍禿里思哥城，不克。拔都奏遣速不台督戰，速不台選哈必赤軍怯憐口等五十人赴之，一戰獲也烈班。進攻禿里思哥城，三日克之，盡取兀魯思所部而還。經哈咂里山，攻馬札兒部主怯憐。速不台爲先鋒，與諸王拔都、吁里兀、昔班、哈丹五道分進。衆曰：「怯憐軍勢盛，未可輕進。」速不台出奇計，誘其軍至漷寧河。諸王軍於上流，水淺，馬可涉，中復有橋。下流水深，速不台欲結栰潛渡，繞出敵後。未渡，諸王先涉河與戰。拔都軍爭橋，反爲所乘，沒甲士三十人，幷亡其麾下將八哈禿。既渡，諸王以敵尙衆，欲要速不台還，徐圖之。速不台曰：「王欲歸自歸，我不至禿納河馬茶城，不還也。」及馳至馬茶城，諸王亦至，遂攻拔之而還。諸王來會，拔都曰：「漷寧河戰時，速不台救遲，殺我八哈禿。」速不台曰：「諸王惟知上流水淺，且有橋，遂渡而與戰，不知我於下流，結栰未成，今但言我遲，當思其故。」於是拔都亦悟。後大會，飮以馬乳及蒲萄酒。言征怯憐時事，曰：「當時所獲皆速不台功也。」壬寅，太宗崩。〔四〕癸卯，諸王大會，拔都欲不往。速不台曰：「大王於族屬爲兄，安得不往？」甲辰，遂會於也只里河。丙午，定宗卽位，旣朝會，還家于禿剌河上。戊申卒，年七十三。贈效忠宣力佐命功臣、開府儀同三司、上柱國，追封河南王，謚忠定。子兀良合台。

兀良合台，初事太祖。時憲宗爲皇孫，尙幼，以兀良合台世爲功臣家，使護育之。憲宗在潛邸，遂分掌宿衞。歲〔乙〕〔癸〕巳，〔五〕領兵從定宗征女眞國，破萬奴於遼東。繼從諸王拔都征欽察、兀魯思、阿〔速〕、孛烈兒諸部。〔六〕丙午，又從拔都討孛烈兒乃、捏迷思部，平之。己酉，定宗崩。拔都與宗室大臣議立憲宗，事久未決。四月，諸王大會，〔七〕定宗皇后問所宜立，皆惶惑，莫敢對。兀良合台對曰：「此議已先定矣，不可復變。」拔都曰：「兀良合台言是也。」議遂定。

憲宗卽位之明年，世祖以皇弟總兵討西南夷烏蠻、白蠻、鬼蠻諸國，以兀良合台總督軍事。其鬼蠻，卽赤禿哥國也。癸丑秋，大軍自旦當嶺入雲南境。摩些二部酋長唆火脫因、塔裏馬來迎降，遂至金沙江。兀良合台分兵入察罕章，蓋白蠻也，所在寨栅，以次攻下之。獨阿塔剌所居半空和寨，依山枕江，牢不可拔。使人覘之，言當先絕其汲道。兀良合台率精銳立砲攻之。阿塔剌遣人來拒，兀良合台遣其子阿朮迎擊之，寨兵退走。遂幷其弟阿叔城俱拔之。進師取龍首關，翊世祖入大理國城。

甲寅秋，復分兵取附都善闡，轉攻合剌章水城，屠之。合剌章，蓋烏蠻也。前次羅部府，大酋高昇集諸部兵拒戰，大破之於洟可浪山下，遂進至烏蠻所都押赤城。城際滇池，三面皆水，旣險且堅，選驍勇以砲摧其北門，縱火攻之，皆不克。乃大震鼓鉦，進而作，作而止，使不知所爲，如是者七日，伺其困乏，夜五鼓，遣其子阿朮潛師躍入，亂斫之，遂大潰。至昆澤，擒其國王段（智興）〔興智〕及其渠帥馬合剌昔以獻。〔八〕餘衆依阻山谷者，分命裨將也里、脫伯、押眞掩其右，合台護尉掩其左，約三日捲而內向。及圍合，與阿朮引善射者二百騎，期以三日，四面進擊。兀良合台陷陣鏖戰，又攻纖寨，拔之。至乾德哥城，兀良合台病，委軍事於阿朮。環城立砲，以草塡塹，衆軍始集，阿朮已率所部搏戰城上，城遂破。

乙卯，攻不花合因、阿合阿因等城，阿朮先登，取其三城。又攻赤禿哥山寨，阿朮緣嶺而戰，遂拔之。乘勝擊破魯〔魯〕厮國塔渾城，〔九〕又取忽蘭城。魯魯厮國大懼，請降。阿伯國有兵四萬，不降。阿朮攻之，入其城，舉國請降。復攻阿魯山寨，進攻阿魯城，克之。乃搜捕未降者，遇赤禿哥軍於合打台山，追赴臨崖，盡殺之。自出師至此，凡二年，平大理五城八府四郡，洎烏、白等蠻三十七部。兵威所加，無不款附。

丙辰，征白蠻國、波麗國，阿朮生擒其驍將，獻俘闕下。詔以便宜取道，與鐵哥帶兒兵合，遂出烏蒙，趨瀘江，刬禿剌蠻三城，却宋將張都統兵三萬，奪其船二百艘於馬湖江，斬獲不可勝計。遂通道於嘉定、重慶，抵合州，濟蜀江，與鐵哥帶兒會。

丁巳，以雲南平，遣使獻捷於朝，且請依漢故事，以西南夷悉爲郡縣，從之。賜其軍銀五千兩、綵幣二萬四千匹，授銀印，加大元帥。還鎭大理，遂經六盤山至臨洮府，與大營合。月餘，復西征烏蠻。

秋九月，遣使招降交趾，不報。冬十月，進兵壓境。其國主陳日煚，隔江列象騎、步卒甚盛。兀良合台分軍爲三隊濟江，徹徹都從下流先濟，大(師)〔帥〕居中，〔一〇〕駙馬懷都與阿朮在後。仍授徹徹都方略曰：「汝軍既濟，勿與之戰，彼必來逆我，駙馬隨斷其後，汝伺便奪其船。蠻若潰走，至江無船，必爲我擒矣。」師既登岸，卽縱與戰，徹徹都違命，蠻雖大敗，得駕舟逸去。兀良合台怒曰：「先鋒違我節度，軍有常刑。」徹徹都懼，飲藥死。兀良合台入交趾，爲久駐計，軍令嚴肅，秋毫無犯。越七日，日煚請內附，於是置酒大饗軍士。還軍柙赤城。

戊午，引兵入宋境，其地炎瘴，軍士皆病，遇敵少卻，亡軍士四人。阿朮還戰，擒其卒十二人，其援復至，阿朮以三十騎，阿馬禿繼以五十騎擊走之。時兀良合台亦病，將旋師，阿朮戰馬五十匹，夜爲禿刺蠻所掠，入告兀良合台曰：「吾馬盡爲盜掠去，將何以行？」卽分軍搜訪，知有三寨藏馬山巔。阿朮親率將士攀崖而上，破其諸寨，生擒賊酋，盡得前後所盜馬千七百匹，乃屠柙赤城。

憲宗遣使諭旨，約明年正月會軍長沙，乃率四王騎兵三千，蠻、僰萬人，破橫山寨，闢老蒼關，徇宋內地。宋陳兵六萬以俟。遣阿朮與四王潛自間道衝其中堅，大敗之，盡殺其衆。乘勝擊逐，蹴貴州，蹂象州，入静江府，連破辰、沅二州，直抵潭州城下。潭州出兵二十萬，斷我歸路。兀良合台遣阿朮與大納、玉龍帖木兒軍其前，而自與四王軍其後，夾擊破之。其州兵自入敵境，轉鬬千里，未嘗敗北。大小十三戰，殺宋兵四十餘萬，擒其將大小三人。其州又遣兵來攻，追至門濠，掩溺殆盡，乃不敢復出。壁城下月餘。時世祖已渡江駐鄂州，遣也里蒙古領兵二千人來援，且加勞問。遂自鄂州之滸黃洲北渡，與大軍合。

庚申，世祖卽位。夏四月，兀良合台至上都。後十二年卒，年七十二。子阿朮自有傳。

按竺邇

按竺邇，雍古氏。其先居雲中塞上，父黜公爲金羣牧使。歲辛未，驅所牧馬來歸太祖，終其官。

按竺邇幼鞠于外祖朮要甲家，訛言爲趙家，因姓趙氏。年十四，隸皇子察合台部。嘗從大獵，射獲數麋，有二虎突出，射之皆死。由是以善射名，皇子深器愛之。

甲戌，太祖西征尋思干、阿里麻里等國，〔二〕以功爲千戶。丁亥，從征積石州，先登，拔其城。圍河州，斬首四十級。破臨洮，攻德順，斬首百餘級。攻鞏昌，駐兵秦州。

太宗卽位，尊察合台爲皇兄，以按竺邇爲元帥。戊子，鎭删丹州，自燉煌置驛抵玉關，通西域，從定關隴。辛卯，從圍鳳翔，按竺邇分兵攻西南隅，城上礌石亂下，選死士先登，拔其城，斬金將劉興哥。分兵攻西和州，宋將彊俊領衆數萬，堅壁淸野，以老我師。按竺邇率死士罵城下，挑戰。俊怒，悉衆出陣，按竺邇佯走，俊追之，因以奇兵奪其城，伏兵要其歸，轉戰數十里，斬首數千級，擒俊。餘衆退保仇池，進擊拔之，從拔平涼。慶陽、邠、原、寧皆降。涇州復叛，殺守將郭元恕，衆議屠之。按竺邇但誅首惡，師還原州，降民棄老幼，夜亡走。衆曰：「此必反也，宜誅之以警其餘。」按竺邇曰：「此輩懼吾驅之北徙耳。」遣人諭之曰：「汝等若走，以軍法治罪，父母妻子併誅矣。汝歸，保無他。明年草青，具牛酒迎師於此州。」民皆復歸。豪民陳苟集數千人潛新寨諸洞，衆議以火攻之。按竺邇曰：「招諭不出，攻之未晚。」遂偕數騎抵寨，縱馬解弓矢，召苟遙語，折矢與爲誓。苟卽相呼羅拜，謝更生之恩，皆降。

金人守潼關，攻之，戰於扇車回，不克。睿宗分兵由山南入金境，按竺邇爲先鋒，趣散關。宋人已燒絕棧道，復由兩當縣出魚關，軍沔州。宋制置使桂如淵守興元。按竺邇假道於如淵曰：「宋讎金久矣，何不從我兵鋒，一洗國耻。今欲假道南鄭，由金、洋達唐、鄧，會大兵以滅金，豈獨爲吾之利？亦宋之利也。」如淵度我軍壓境，勢不徒還，遂遣人導我師由武休關東抵鄧州，西破小關，金人大駭，謂我軍自天而下。其平章完顏合達、樞密使移剌蒲阿帥十七都尉，兵數十萬，相拒于鄧。我師不與戰，直趣鈞州，與親王按赤台等兵合，陣三峯山下。會天大雪，金兵成列。按竺邇先率所部精兵，迎擊於前，諸軍乘之，金師敗績。癸巳，金主奔蔡。十二月從圍蔡。甲午，金亡。

初，金將郭斌自鳳翔突圍出，保金、蘭、定、會四州。至是命按竺邇往取之，圍斌于會州。食盡將走，敗之于城門。兵入城巷戰，死傷甚衆。斌手劍驅其妻子聚一室，焚之。已而自投火中。有女奴自火中抱兒出，泣授人曰：「將軍盡忠，忍使絕嗣，此其兒也，幸哀而收之。」言畢，復赴火死。按竺邇聞之惻然，命保其孤。遂定四州。金將汪世顯守鞏州，皇子闊端圍之，未下。遣按竺邇等往招之，世顯率衆來降。皇兄嘉其材勇，賞賚甚厚，賜名拔都，拜征行大元帥。

丙申，大軍伐蜀，皇子出大散關，分兵令宗王穆直等出陰平郡，期會于成都。按竺邇領砲手兵爲先鋒，破宕昌，殘階州。攻文州，守將劉禄，數月不下，諜知城中無井，乃奪其汲道，率勇士梯城先登，殺守陴者數十人，遂拔其城，禄死之。因招徠吐蕃酋長勘陁孟迦等十族，皆賜以銀符。略定龍州。遂與大散軍合，進克（城）〔成〕都。〔三〕師還，而成都復叛。

丁酉，按竺邇言於宗王曰：「隴州縣方平，人心猶貳，西漢陽當隴、蜀之衝，宋及吐蕃利於入寇，宜得良將以鎮之。」宗王曰：「安反側，制寇賊，此上策也，然無以易汝。」遂分蒙古千戶五人，隸麾下以往。按竺邇命侯和尚南戍沔州之石門，朮魯西戍階州之兩水，謹斥堠，嚴巡邏，西南諸州不敢犯之。

戊戌，從元帥塔海率諸翼兵伐蜀，克隆慶。己亥，攻重慶。庚子，圖萬州。宋人將舟師數百艘遡流迎戰。按竺邇順流率勁兵，乘巨筏，浮革舟於其間，弓弩兩射，宋人不能敵，敗諸夔門。辛丑，伐西川，破二十餘城。成都守將田顯開北門以納師。宋制置使陳隆之出奔，追獲之，縛至漢州，令誘降守將王夔。夔不降，進兵攻之。夔夜驅火牛，突圍出奔，遂斬隆之。壬寅，會大軍破遂寧、瀘、敍等州。癸(亥)〔卯〕，〔一三〕破資州。庚戌，按竺邇安輯涇、邠二州。宋制置使余玠攻興元，文州降將王德新乘隙自階州叛，執扈、牛二鎭將，領衆千餘走江油。憲宗召按竺邇還舊鎭。按竺邇遣將直擣江油，奪扈、牛以歸。

中統元年，世祖卽位，親王有異謀者，其將阿藍答兒、渾都海圖據關隴。時按竺邇以老，委軍於其子。帝遣宗王哈丹、哈必赤、阿曷馬西討。按竺邇曰：「今內難方殷，浸亂關隴，豈臣子安臥之時耶？吾雖老，尙能破賊。」遂引兵出删丹之耀碑谷，從阿曷馬，與之合戰。會大風，晝晦，戰至晡，大敗之，斬馘無算。按竺邇與總帥汪良臣獲阿藍答兒、渾都海等。捷聞，帝錫璽書襃美，賜弓矢錦衣。四年，卒，年六十九。延祐元年，贈推忠佐運功臣、太保、儀同三司、上柱國，封秦國公，謚武宣。

子十人，徹理、國寶最知名。徹理襲職爲元帥。丁巳，從父攻瀘州，降宋將劉整。〔一四〕

宋將姚德壁雲頂山，戊午，大軍圍之。徹理率部兵由水門先登，破其壁，德降。後以病廢，卒。

國寶一名黑梓，少擊劍學書，倜儻好義，有謀略。父為元帥，軍務悉以委之，故所至多捷。從攻重慶，降宋都統張實，併掠合州以歸。

中統元年，從攻阿藍答兒有功。阿藍答兒叛將火都據吐蕃之點西嶺。國寶攝帥事，討之，衆欲速戰。國寶曰：「此窮寇也，宜少緩，以計破之。」遂以精兵襲其後。火都欲西走，國寶據險要之。挑戰則斂兵自固。相持兩月，潛兵出其不意，擒殺之。捷聞，賜弓矢、金綺。

初，按竺邇之告老，制命徹理襲征行元帥。徹理以病不視事。國寶乃謂諸弟曰：「昔我先人，耀兵西陲，大功既集，隴雖寧，而西戎未靖，此吾輩立功之秋也。」乃遣謝鼎與弟國能，持金帛說降吐蕃，酋長勘陁孟迦從國寶入覲。國寶奏曰：「文州山川險阨，控庸蜀，拒吐蕃，宜城文州，屯兵鎮之。」從之，授國寶三品印，為蒙古漢軍元帥，兼文州吐蕃萬戶府達魯花赤，與勘陁孟迦皆賜金符。

時扶州諸羌未附，國寶宣上威德，於是呵哩禪波哩揭諸酋長皆歸款，從國寶入覲。國寶圖山川形勢以獻，詔授呵哩禪波哩揭為萬戶，賜金虎符，諸酋長為千戶，皆賜金符。賜國寶金幣。國寶治文州有善政。至元四年卒。延祐元年，贈推誠佐理功臣、光祿大夫、平章政事、柱國，封梁國公，謚忠定。

子世榮、世延。初，國寶將卒，以世榮幼，命弟國安襲其職。國安旣襲蒙古漢軍元帥，兼文州吐蕃萬戶府達魯花赤，後以其兄國寶安邊功，賜金虎符，進昭勇大將軍。十五年，討叛王吐魯于六盤，獲之，請解職授世榮。帝曰：「人爭而汝讓，可以敦薄俗。」錄其六盤功，進昭毅大將軍、招討使。世榮，襲懷遠大將軍、蒙古漢軍元帥，兼文州吐蕃萬戶府達魯花赤。後以功進安遠大將軍、吐蕃宣慰使議事都元帥，佩三珠虎符。世延，中書平章政事。

畏答兒

畏答兒，忙兀人。其先剌眞八都兒，有二子，次名忙兀兒，始別爲忙兀氏。畏答兒其六世孫也。與兄畏翼俱事太祖。時大曘强盛，畏翼率其屬歸之，畏答兒力止之，不聽，追之，又不肯還，畏答兒乃還事太祖。太祖曰：「汝兄旣去，汝獨留此何爲？」畏答兒無以自明，取矢折而誓曰：「所不終事主者，有如此矢。」太祖察其誠，更名爲薛禪，約爲按達。薛禪者，聰明之謂也；按達者，定交不易之謂也。

太祖與克烈王罕對陣於哈剌眞，師少不敵。帝命兀魯一軍先發，其將朮徹台，橫鞭馬鬣不應。畏答兒奮然曰：「我猶鑿也，諸君斧也，鑿匪斧不入，我請先入，諸軍繼之，萬一不還，有三黃頭兒在，唯上念之。」遂先出陷陣，大敗之，至晡時，猶追逐不已，敕使止之，乃還。腦中流矢，創甚，帝親傅以善藥，留處帳中，月餘卒，帝深惜之。

及王罕滅，帝以其將只里吉實抗畏答兒，乃分只里吉（實）民百戶隸其子，〔一五〕且使世世歲賜不絕。仍令收完忙兀人民之散亡者。太宗思其功，復以北方萬戶封其子忙哥爲郡王。歲丙申，忽都忽大料漢民，分城邑以封功臣，授忙哥泰安州民萬戶。帝訝其少，忽都忽對曰：「臣今差次，惟視舊數多寡，忙哥舊纔八百戶。」帝曰：「不然，畏答兒封戶雖少，戰功則多，其增封爲二萬戶，與十功臣同。爲諸侯者，封戶皆異其籍。」兀魯爭曰：「忙哥舊兵不及臣之半，今封顧多於臣。」帝曰：「汝忘而先橫鞭馬鬣時耶？」兀魯遂不敢言。

忙哥卒，孫只里瓦䚟、乞答䚟，曾孫忽都忽、兀乃忽里、哈赤，俱襲封爲郡王。

博羅歡　伯都

博羅歡，畏答兒幼子蘸木曷之孫，瑣魯火都之子也。時諸侯王及十功臣各有斷事官，博羅歡年十六，爲本部斷事官。從世祖討阿里不哥，數有功，帝喜而賜馬四十匹，金幣稱之。

中統三年，李壇叛。命帥忙兀一軍圍濟南，分兵掠益都、萊州，悉平之。詔錄燕南獄，讞決明允，賜衣一襲。皇子雲南王（愛）〔忽〕哥赤爲其省臣寶合丁毒死，〔一六〕事覺，中書擇可治其獄者四人，奏上，皆不稱旨。丞相綫眞以博羅歡聞，帝可其奏。博羅歡辭曰：「臣不敢愛死，第年少不知書，恐誤事耳。」帝乃以吏部尚書別帖木兒輔其行。未至雲南，寶合丁密以金六篋迎餽，祈勿究其事。博羅歡慮其握兵徼外，拒之恐致變。陽諾曰：「吾橐不能容，可且持歸，待我取之。」博羅歡至，則竟其獄，誅毒王者，而歸其金于省。陛見，帝顧謂綫眞曰：「卿舉得其人矣。」賜黃金五十兩，詔忙兀事無大小，悉統於博羅歡。授昭勇大將軍、右衞親軍都指揮使，大都則專右衞，上都則兼三衞。

會伐宋，授金吾衞上將軍、中書右丞。詔分大軍爲二，右軍受伯顏、阿朮節度，左軍受博羅歡節度。俄兼淮東都元帥，罷山東經略司，而以其軍悉隸焉。遂軍于下邳，召將佐謀曰：「清河城小而固，與昭信、淮安、泗州爲掎角，猝未易拔。海州、東海、石秋，遠在數百里之外，必不嚴備。吾頓大兵爲疑兵，以輕騎倍道襲之，其守將可擒也。」師至，三城果皆下，清河亦降。宋主以國內附，而淮東諸城猶爲之守。詔博羅歡進軍，拔淮安南堡，戰白馬湖及寶應，掠高郵，自西小河入漕河，（撥）〔據〕灣頭，斷通、泰援兵，〔一七〕遂下揚州，淮東平。益封桂陽、德慶二萬一千戶。

十四年，討叛臣只里斡台於（德）〔應〕昌，〔一八〕平之。賜玉帶文綺，與博羅同署樞密院事，拜中書右丞，行省北京。未幾，召還。

時江南新附，尙多反側，詔募民能從大軍進討者，使自爲一軍，聽節度於其長，而毋役於他軍，制命符節，皆與正同。會博羅歡寢疾，乃附樞密董文忠奏曰：「今疆土寖廣，勝兵百萬，指揮可集，何假此無藉之徒。彼一踐南土，則掠人貨財，俘人妻孥，仇怨益滋，而叛者將愈衆矣。」奏上，召輿疾賜坐，與語，帝大悟，遂可其奏。而常德入訴唐兀一軍殘暴其境內，敕斬以徇。凡所募軍皆罷。

十六年，以哈剌斯、博羅思、斡羅罕諸部不相統，命博羅歡監之。十八年，以中書右丞行省甘肅。二十年，拜御史大夫，行御史臺事，以疾歸。

諸王乃顏叛，帝將親征。博羅歡諫曰：「昔太祖分封東諸侯，其地與戶，臣皆知之，以二十爲率，乃顏得其九，忙兀、兀魯、扎剌兒、弘吉剌、亦其烈思五諸侯得其十一，惟徵五諸侯兵，自足當之，何至上煩乘輿哉？臣疾且愈，請事東征。」帝乃賜鎧甲弓矢鞍勒，命督五諸侯兵，與乃顏戰，敗之。其黨塔不帶以兵來拒，會久雨，軍乏食，諸將欲退。博羅歡曰：「今兩陣相對，豈容先動。」俄塔不帶引兵退。博羅歡以其師乘之，轉戰二日，身中三矢，大破之，斬其駙馬忽倫。適太師月魯那演大軍來會，遂平乃顏，擒塔不帶。既而其黨哈丹復叛，詔與諸侯王乃馬帶討之。哈丹游騎猝至，博羅歡從三騎返走，抵絕澗，可二丈許，追騎垂及，博羅歡策其馬一躍而過，三從騎皆沒，人以爲有神助云。哈丹死，斬其子老的於陣。往返凡四歲。凱旋，俘哈丹二妃以獻，敕以一賜乃馬帶，一賜博羅歡。陳其金銀器於延春閣，上召諸侯王將帥分賜之。博羅歡辭，帝曰：「卿可謂能讓。」乃賜金銀器五百兩以旌之。

河南宣慰改行中書省，拜平章政事，有詔括馬毋及勳臣之家。博羅歡曰：「吾馬成羣，所治地方三千里，不先出馬，何以爲吏民之倡。」乃先入善馬十有八。汴南諸州，（莽）〔漭〕爲巨浸，〔一九〕博羅歡躬行決口，督有司繕完之。

三十一年，成宗立，遷陝西行中書省平章政事。未行，留鎭河南。入朝，請以泰安州所入五戶絲四千斤，易內庫繒帛，分給忙兀一軍。帝爲敕遞車送軍中，賜以銀百五十兩。陛辭，帝諭之曰：「卿今白鬢，世祖德言，實多聞之，宜加愼護。」因以世祖所佩弓矢鞶帶賜之。有頃，近臣奏：「伐宋時，右軍分屬伯顏、阿朮，左軍分屬博羅歡。今伯顏、阿朮皆受分地，而博羅歡未及，惟帝裁之。」帝曰：「何久不言，豈彼恥自請耶？」乃益封高郵五百戶。

大德元年，叛王藥木忽兒、兀魯速不花來歸。博羅歡聞之，遣使馳奏曰：「諸王之叛，皆由其父，此輩幼弱，無所與知。今茲來歸，宜棄其前惡，以勸未至。」帝深以爲然，賜金鞍勒，命以平章政事行省湖廣。會幷福建行省入江浙，拜光祿大夫、上柱國、江浙等處行中書省平章政事。居歲餘，卒，年六十三。

博羅歡勇有智略，戰常以身先之，所獲財物悉與將士，故得其死力。平居常以國事爲憂，聞變卽請行，至終其事乃止。其忠義蓋天性然也。累贈推忠宣力贊運功臣、太師、開府儀同三司、上柱國，加封(奉)〔泰〕安王，〔二〇〕謚武穆。

子渾都、伯都、埜先帖木兒、博羅。渾都，山東宣慰使，遙授中書平章政事。埜先帖木兒，河南江北等處行中書省左丞相。卒官開府儀同三司、翰林學士承旨。博羅，陝西等處行中書省平章政事。埜先帖木兒子：尼摩星吉，襲郡王；亦思剌瓦性吉，中政使。

伯都幼穎異，不以家世自矜，長嗜書史。大德五年，擢江東道廉訪副使，拜江南行臺侍御史。未幾，召入僉樞密院事，領舍兒別赤。至大二年，出爲江南行臺御史中丞，遷陝西行臺御史大夫。

延祐元年，拜甘肅行省平章政事。時米價騰湧，陸輓一石，費二百緡，乃爲經畫計，所省至四百餘萬緡，自是諸倉俱充溢。甘州氣寒地瘠，少稔歲。民饑，則發粟賑之，春闕種，則貸之。於是兵饟既足，民食亦給。詔賜名鷹、甲冑、弓矢及鈔五千緡以勞焉。四年移江浙行省平章政事，入爲太子賓客。上書陳古先聖王正心修身之道，帝嘉納之。遷江南行臺御史大夫。皇太后謂東宮官不宜使外，止其行。遂以疾辭去，寓居高郵。

英宗卽位，復命爲江南行臺御史大夫。陛見，以疾固辭。帝慰諭久之，命以平章之祿歸養于家，復賜鈔十萬緡。所服藥須空青，詔遣使江南訪求之。伯都辭謝曰：「臣曩膺重寄，深懼弗稱，今已病廢，況敢叨濫厚祿以受重賜乎？」併以所給平章政事祿歸有司。

泰定元年，還京師，卒。朝廷知其貧，賻鈔二萬五千貫。御史臺奏賻三萬五千貫，仍還所辭祿，妻弘吉剌氏弗受，曰：「始伯都仕于朝，不敢虛受廩祿。今歿矣，苟受是祿，非其意也。」卒辭之。子篤爾只，將作院判官。

抄思〔別的因〕〔二〕

抄思，乃蠻部人。又號曰答祿。其先泰陽，爲乃蠻部主。祖曲書律。父敞溫。太祖舉兵討不庭，曲書律失其部落，敞溫奔契丹卒。抄思尙幼，與其母跋涉間行，歸太祖，奉中宮旨侍宮掖。

抄思年二十五，卽從征伐，破代、石二州，不避矢石，每先登焉。雁門之戰屢捷。會太宗命睿宗平金，抄思執銳以從，與金兵戰，所向無前。壬辰，兵次鈞州，金兵壘于三峯山，抄思察其營壁不堅，夜領精騎襲之，金兵驚擾，遂乘擊之，拔三峯山。睿宗以抄思功聞于朝，有旨以湯陰縣黃招撫等一百一十七戶賜之。抄思力辭不受。復賜以男女五十口，宅一區，黄金鞶帶、酒壺、盃盂各一。辭弗許，迺受之。制授萬戶，與內侍胡都虎、留乞簽起西京等處軍人征行及鎮守隨州。招集民戶，每千人以官一員領之。丁酉秋七月，奉旨調軍，得西京、大名、濱、棣、懷、孟、眞定、河間、邢、洺、磁、威、新、衞、保等府州軍四千六十餘人，統之。後移鎮潁，以疾歸大名。歲戊申正月卒，年四十四。子別的因。

別的因在襁褓時，父抄思方領兵平金，與其祖母康里氏在三皇后宮庭。戊申，父抄思卒，母張氏迎別的因以歸。祖母康里氏卒。張嘗從容訓之曰：「人有三成人，知畏懼成人，知羞恥成人，知艱難成人。否則禽獸而已。」別的因受敎唯謹。

甲寅，世祖以宗王鎭黑水，有旨諭察罕那顏，命別的因襲抄思職，爲副萬戶，鎭守隨、潁等處。丙辰冬十有二月，世祖復諭征鎭軍士悉聽別的因等號令。別的因身長七尺餘，肩豐多力，善刀舞，尤精騎射，士卒咸畏服之。

明年，庚申，〔三〕世祖卽位，委任尤專。癸亥正月，召赴行在所。冬十一月，謁見世祖於行在所，世祖賜金符，以別的因爲壽潁二州屯田府達魯花赤。時二州地多荒蕪，有虎食民妻，其夫來告，別的因默然良久，曰：「此易治耳。」迺立檻設機，縛羔羊檻中以誘虎。夜半，虎果至，機發，虎墮檻中，因取射之，虎遂死。自是虎害頓息。

至元十三年，授明威將軍、信陽府達魯花赤，佩金符。時信陽亦多虎，別的因至，未久，一日以馬裼置鞍上出獵，命左右燔山，虎出走，別的因以裼擲虎，虎搏裼，據地而吼，別的因旋馬視虎射之，虎立死。

十六年，進宣威將軍、常德路副達魯花赤，會同知李明秀作亂，別的因請以單騎往招之，直抵賊壘，賊輕之，不設備。別的因諭以朝廷恩德，使爲自新計，明秀素畏服，遂與俱來。別的因聞于朝，明秀伏誅，賊遂平。

三十一年，進懷遠大將軍，遷池州路達魯花赤。之官，道經潁上。潁近荆山，有野豕時出害民禾稼，民莫能制。聞別的因至，迎拜境上，告以其故。別的因曰：「毋慮也。」遂至荆山，以狼牙箭射之，豕走數里。大德十三年，〔二〕進昭勇大將軍、台州路達魯花赤。卒，年八十一。

子不花，僉嶺南廣西道肅政廉訪司事；文圭，有隱德，贈祕書監著作郎；延壽，湯陰縣達魯花赤。孫守恭，曾孫與權，皆讀書登進士科，人多稱之。

校勘記

〔一〕〔兀良合台〕據本書原目錄補。

〔二〕闊赤檀山　按元朝祕史有「闊亦田地面」，親征錄作「闕亦壇之野」。此名蒙語，義爲「寒」。新元史改「赤」爲「亦」，疑是。

〔三〕撒里畏吾特（勤）〔勤〕　據本書卷一二二雪不台傳改。秋澗集卷五〇兀良氏先廟碑「特勤」作「的斤」。

〔四〕壬寅太宗崩　考異云：「案本紀，太宗崩在辛丑年。」此處「壬寅」二字誤衍。

〔五〕歲（乙）〔癸〕巳　道光本與本書太宗紀五年癸巳二月、九月條合，從改。按癸巳年爲元太宗五年，乙巳係乃馬眞后稱制第四年。

〔六〕欽察兀魯思阿〔速〕孛烈兒諸部　按此處所列諸部，欽察本書多見，兀魯思卽斡羅思，孛烈兒又見下文。「阿」下顯有脫文，今據本書卷二定宗紀、卷六三地理志、卷一二二昔里鈐部傳、卷一二二四忙哥撒兒傳、卷一二九紐璘傳、卷一三二麥里傳所見補。

〔七〕己酉定宗崩至四月諸王大會　按本書卷二定宗紀，定宗死於戊申年。道光本改「己酉」爲「戊申」，是。諸王大會則爲己酉年四月事。

〔八〕段（智興）〔興智〕　據本書卷一六六信苴日傳及元文類卷二三程鉅夫平雲南碑改正。類編已校。

〔九〕魯〔魯〕斯國　據下文及秋澗集卷五〇兀良氏先廟碑補。按此卽本書多見之羅羅斯。蒙史已校。

〔一〇〕大（師）〔帥〕居中　道光本與秋澗集卷五〇兀良氏先廟碑合，從改。

〔一一〕甲戌太祖西征尋思干阿里麻里等國　本證云：「案太祖紀，西征始于己卯，克尋思干在庚辰，此誤。」

〔一二〕（城）〔成〕都　從北監本改。

〔一三〕癸（亥）〔卯〕　道光本與永樂大典卷一〇八八九元明善按竺邇神道碑合，從改。

〔一四〕丁巳從父攻瀘州降宋將劉整　蒙史云：「按整本傳及世祖紀，整以中統二年辛酉降，而云丁巳者必誤也。」

〔一五〕帝以其將只里吉實抗畏答兒乃分只里吉（實）民百戶隸其子　據元文類卷五九姚燧博羅驩神道碑删。按只里吉，部名，元朝祕史作「只兒斤」。

〔一六〕雲南王（愛）〔忽〕哥赤　據本書卷一〇八諸王表、卷一六七張立道傳改。類編已校。

〔一七〕（援）〔據〕灣頭斷通泰援　元文類卷五九姚燧博羅驩神道碑作「據灣頭堡，斷通、泰援」，據改。新元史已校。

〔一八〕討叛臣只里斡台於（德）〔應〕昌　據元文類卷五九姚燧博羅驩神道碑改。本書卷一二八土土哈傳、卷一四九移剌涅兒傳附移剌元臣傳皆作「應昌」。本證已校。

〔一九〕（莽）〔漭〕爲巨浸　據元文類卷五九姚燧博羅驩神道碑改。

〔二〇〕(奉)〔泰〕安王 據山左金石志卷二三姚燧博羅驩神道碑改。新編已校。

〔二一〕〔別的因〕 據本書原目錄補。

〔二二〕明年庚申 按上文有「丙辰」，「明年」二字顯係衍文。

〔二三〕大德十三年 大德無十三年，此誤。按黃金華集卷二八答祿乃蠻氏先塋碑有「大德某年，公始至台州」，「至大二年六月十日卒」。至大二年係大德十一年後二年。

元史卷一百二十二

列傳第九

巴而朮阿而忒的斤

巴而朮阿而忒的斤亦都護，亦都護者，高昌國主號也。先世居畏兀兒之地，有和林山，二水出焉，曰禿忽剌，曰薛靈哥。一夕，有神光降于樹，在兩河之間，人卽其所而候之，樹乃生癭，若懷妊狀，自是光常見。越九月又十日而樹癭裂，得嬰兒者五，土人收養之。其最稚者曰不〔古〕可罕。〔一〕既壯，遂能有其民人土田，而爲之君長。傳三十餘君，是爲玉倫的斤，數與唐人相攻戰，久之議和親，以息民罷兵。於是唐以金蓮公主妻的斤之子葛勵的斤，居和林別力跛力答，言婦所居山也。又有山曰天哥里于答哈，言天靈山也。南有石山曰胡力答哈，言福山也。唐使與相地者至其國，曰：「和林之盛强，以有此山也。盍壞其山，以弱其國。」乃告諸的斤曰：「既爲婚姻，將有求於爾，其與之乎？福山之石，於上國無所用，而唐人顧見。」的斤遂與之石，大不能動，唐人以烈火焚之，沃以醲醋，其石碎，乃輦而去。國中鳥獸爲之悲號。後七日，玉倫的斤卒，災異屢見，民弗安居，傳位者又數亡，乃遷於交州。交州卽火州也。統別失八里之地，北至阿朮河，南接酒泉，東至兀敦、甲石哈，西臨西蕃。居是者凡百七十餘載，而至巴而朮阿而忒的斤，臣於契丹。

歲己巳，聞太祖興朔方，遂殺契丹所置監國等官，欲來附。未行，帝遣使使其國。亦都護大喜，卽遣使入奏曰：「臣聞皇帝威德，卽棄契丹舊好，方將通誠，不自意天使降臨下國，自今而後，願率部衆爲臣僕。」是時帝征大陽可汗，射其子脫脫殺之。脫脫之子（大）〔火〕都、〔二〕赤剌溫、馬札兒、禿薛干四人，以不能歸全屍，遂取其頭涉也兒的石河，將奔亦都護，先遣使往，亦都護殺之。四人者至，與大戰於襜河。亦都護遣其國相來報，帝復遣使還諭亦都護，遂以金寶入貢。

辛未，朝帝于怯綠連河，奏曰：「陛下若恩顧臣，使臣得與陛下四子之末，庶幾竭其犬馬之力。」帝感其言，使尚公主也立安敦，且得序於諸子。與者必那演征罕勉力、鎖潭回回諸國，將部曲萬人以先。紀律嚴明，所向克捷。又從帝征你沙卜里，征河西，皆有大功。旣卒，而次子玉古倫赤的斤嗣。

玉古倫赤的斤卒，子馬木剌的斤嗣。將探馬軍萬人，從憲宗伐宋合州，攻釣魚山有功，還火州卒。

至元三年，世祖命其子火赤哈兒的斤嗣爲亦都護。海都、帖木迭兒之亂，畏兀兒之民遭亂解散，於是有旨命亦都護收而撫之，其民人在宗王近戚之境者，悉遣還其部，畏兀兒之衆復輯。

十二年，都哇、卜思巴等率兵十二萬圍火州，聲言曰：「阿只吉、奧魯只諸王以三十萬之衆，猶不能抗我而自潰，爾敢以孤城當吾鋒乎？」亦都護曰：「吾聞忠臣不事二主，吾生以此城爲家，死以此城爲墓，終不能從爾也。」受圍凡六月，不解。都哇以書繫矢射城中曰：「我亦太祖皇帝諸孫，何以不附我？且爾祖嘗尙公主矣。爾能以女與我，我則休兵；不然則急攻爾。」其民相與言曰：「城中食且盡，力已困，都哇攻不止，則相與俱亡矣。」亦都護曰：「吾豈惜一女而不以救民命乎！然吾終不能與之相見。」以其女也立亦黑迷失別吉，厚載以茵，引繩縋城下而與之，都哇解去。其後入朝，帝嘉其功，錫以重賞，妻以公主曰巴巴哈兒，定宗之女也。又賜鈔十萬錠以賑其民。還鎭火州，屯於州南哈密力之地，兵力尙寡，北方軍忽至其地，大戰力盡，遂死之。

子紐林的斤，尙幼，詣闕請兵北征，以復父讎。帝壯其志，賜金幣巨萬，妻以公主曰不魯罕，太宗之孫女也。公主薨，又尙其妹曰八卜叉。有旨師出河西，俟北征諸軍齊發，遂留永昌。會吐蕃脫思麻作亂，詔以榮祿大夫平章政事，領本部探馬等軍萬人鎭吐蕃宣慰司。威德明信，賊用斂迹，其民賴以安。武宗召還，嗣爲亦都護，賜之金印，復署其部押西護司之官。仁宗始稽故實，封爲高昌王，別以金印賜之，設王傅之官。其王印行諸內郡，亦都護印行諸畏兀兒之境。八卜叉公主薨，復尙公主曰兀剌眞，安西王之女也。領兵火州，復立畏兀兒城池。延祐五年薨。子二人，長曰帖木兒補化，次曰籛吉，皆八卜叉公主所生也。

帖木兒補化，大德中，尙公主曰朶兒只思蠻，闊端太子孫女也。至大中，從父入覲，備宿衞。又事皇太后於東朝，拜中奉大夫，領大都護事。又以資善大夫出爲鞏昌等處都總帥達魯花赤。奔父喪於永昌，請以王爵讓其叔父欽察台，叔父力辭，乃嗣爲亦都護高昌王。至治中，領甘肅諸軍，仍治其部。泰定中召還，與威順王寬徹不花、宣靖王買奴、靖安王闊不花分鎭襄陽。俄拜開府儀同三司、湖廣行省平章政事。文宗召至京師，佐平大難。時湖廣左丞有以忌嫉害政者，詔命誅之。帖木兒補化乃爲申請曰：「是誠有罪，然不至死。」人服其雅量。天曆元年，拜開府儀同三司、上柱國、錄軍國重事、知樞密院事。明年正月，以舊官勳封拜中書左丞相。三月，加太子詹事；十月，拜御史大夫。其弟籛吉乃以讓嗣爲亦都護高昌王。

鐵邁赤 虎都鐵木祿 塔海

鐵邁赤，合魯氏。善騎射，初事忽蘭皇后帳前，嘗命為掆馬官。從太祖定西夏。又從皇子闊出、忽都〔禿〕、〔三〕行省鐵木答兒定河南，累有戰功。憲宗之伐宋也，世祖以皇弟受命攻鄂。大駕征西川，遣元帥兀良哈台自交趾擣宋，與諸軍合。歲己未，皇弟駐兵鄂渚，聞兀良哈台由廣西至長沙，遣鐵邁赤將練卒千人、鐵騎三千迎兀良哈台于岳州。兀良哈台得援，抵江夏，北涉黃州，鐵邁赤與有力焉。世祖卽位，命從征叛王于失木土之地，勞績益著。至元七年，授蒙古諸萬戶府奧魯總管。十九年以疾卒。子八人，虎都鐵木祿最顯。

虎都鐵木祿好讀書，與學士大夫遊，字之曰漢卿。仁宗嘗顧左右曰：「虎都鐵木祿字漢卿，漢名卿不讓也，汝等以漢卿名之宜矣。」其母姓劉氏，故人又稱之曰劉漢卿云。至元十一年，從丞相伯顏渡江。旣取宋，遣視宋故宮室，護帑藏。諭下明、越等州。從平章奧魯入覲，授忠顯校尉總把，再轉昭信校尉。二十二年，授奉訓大夫，荆湖占城等處行中書省理問官。時行省之名曰荆湖占城，曰荆湖，曰湖廣，凡三改。理問一日以軍事入奏，敷陳辨白有指趣。世祖大悅，若曰：「辭簡意明，令人樂於聽受，昔以其兄阿里警敏捷給，令侍左右，斯人顧不勝耶？」敕都護脫因納志之。

平章政事程鵬飛建議征日本，奏漢卿爲征東省郎中。帝顧脫因納，若曰：「鵬飛南士也，猶知其能。姑聽之，候還，朕自錄任。」征東省罷，徵漢卿還。丞相阿里海牙以湖廣行省機密事重，舍漢卿無可用者，遣郎中岳洛也奴奏留，從之。

二十一年，〔四〕從皇子鎭南王征交趾。比還鄂時，權臣方擅威福，遂退處于家。二十八年，詔太傅、右丞相順德王答剌罕擒權姦于鄂。答剌罕遂拜湖廣行中書省平章政事，詢舊人知方面之務者，衆薦漢卿，遣使卽南陽家居驛致武昌，奏事京師，帝嘉之，擢給事中。居再歲，提刑按察司改肅政廉訪司，臺臣奏授奉議大夫、廣西海北道副使，陛辭，留之仍舊職。既而湖廣行省平章政事劉〔國〕傑奏伐交趾，〔五〕造戰船五百于廣東，帝曰：「此重事也，須才幹臣乃濟用。」以漢卿督匠南方，敕曰：「汝還，當顯汝于衆。」因頓首謝。事旣集，帝崩，遷福建行省郎中，朝列大夫、漢陽監府，中順大夫、湖南宣慰副使。

峒酋岑雄叛，奉詔開諭，頑獷怗服。改太中大夫、河南行中書省郎中，通議大夫、同僉樞密院事，拜禮部尚書。大臣奏覈實江南民田，漢卿奉詔使江西，以田額舊定，重擾民不便，置不問。止奏茶、漕置局十有七所，以七品印章敕授局官五十一員，增中統課緡五十萬。轉正議大夫、兵部尚書。未幾命爲中奉大夫、荆湖北道宣慰使，已命復留之。延祐三年，大臣以浙東倭奴商舶貿易致亂，奏遣漢卿宣慰閩、浙，撫戢兵民，海陸爲之静謐云。從子塔海。

塔海，漢卿兄子也。世祖時，從土土哈充哈剌赤。至元二十四年，扈駕征乃顔。二十六年，入覲，帝命充寶兒赤，扈駕至和林，賜只孫冠服。大德四年，授中書直省舍人。遷中書客省副使。武宗卽位，賜中統鈔五百錠，以旌其能。尋進和林行省理問所官，改通政僉院。歷和寧路總管，改汴梁。

先是，朝廷令民自實田土，有司繩以峻法，民多虚報以塞命，其後差税無所於徵，民多逃竄流移者。塔海以其弊言于朝。由是省民間虚糧二十二萬，民賴以安。後改任廬州，時有飛蝗北來，民患之，塔海禱于天，蝗乃引去，亦有墮水死者，人皆以爲異。民乏食，開廪減直，俾民糴之，所活甚衆。

天曆元年冬十月，樞密院臣奏以塔海充樞密僉院，守潼關及河中府。帝遣人馳賜白金鈔幣，宣授僉書樞密院事。未幾西軍犯南陽，督諸衛兵往平之。至其地，首率勇士與帖木哥等戰，摧其前鋒將，奪其旗鼓，西軍敗走。賜三珠虎符，進大都督，累官資善大夫。

按扎兒

按扎兒，拓跋氏，嘗扈從太祖南征。歲丙子，復從定諸部有功，命領蒙古軍爲前鋒，時木華黎暨博爾朮爲左右萬户長，各以其屬爲翊衞。太祖命木華黎爲太師國王都行省承制行事，兵臨燕、遼、營、青、齊、魯、趙、韓、魏，皆下。

歲己卯，河中府降，兵北還，以按扎兒領前鋒總帥，仍統所部兵屯平陽以備金，攝國王事。時金將乞石烈氏擁兵數爲邊患，然畏按扎兒威名，不敢輕犯其境。歲壬午，元帥石天應守河中府，屯中條山，金侯將軍率昆弟兵十餘萬夜襲河中，天應遣偏裨吴權府率五百兵出東門，伏兩谷（闕）〔間〕。〔六〕諭之曰：「俟其半過，卽翼擊之，俾腹背受敵，卽成禽矣。」吴醉，敵至，聲援弗繼，城遂陷，天應死焉，遂燔其城，屠其民。將趨中條，按扎兒進兵擊之，斬首數萬級，逃免者僅十數。

歲癸未春，至聞喜縣西下馬村，木華黎卒，詔以子孛魯襲其爵，時平陽重地，令按扎兒居守。歲庚寅，孛魯由雲中圍（緯）〔衞〕州，〔七〕金將武仙恐，退保潞東十餘里原上，孛魯馳至沁南，未立鼓，乞石烈引兵襲其後，孛魯戰失利，輜重人口皆陷没，按扎兒妻奴丹氏亦被獲，拘于大梁。金主聞按扎兒威名，召奴丹氏見，奴丹氏色莊言正，不爲動。金主因謂之曰：

「今縱爾還，能偕爾夫來，當厚賞爾。」奴丹氏佯諾之，遂得還。太宗聞而義之，召見，褒賚甚厚，遂詔預其夫前鋒事。

帝率從弟按只吉歹、〔八〕口温不花大王、皇弟四太子，暨國王孛魯征潞州、鳳翔。〔九〕至鈞州三峯山，金將完顏合達引兵十五萬來戰，俘其同僉移剌不花等，悉誅之。明年壬辰春，三月，帝班師北還，命偕都元帥唆伯台圍汴。城中識按扎兒旗幟，懼曰：「其妻猶勇且義，況其夫乎。」

歲甲午，金亡，詔封功臣，賜平陽户六百一十有四、驅户三十、獵户四。未幾，以疾卒。子忙漢、拙赤哥。

至元十五年，忙漢爲管軍千户。二十四年，從征乃顏。二十六年，從征海都。二十七年，宣授蒙古侍衞親軍千户，佩金符。元貞元年，有旨命領探馬赤軍，偕哈伯元帥從宗王出伯西征，改授昭信校尉、右都威衞千户。大德元年，召還。至大四年卒。子乃蠻襲。

拙赤哥入宿衞，從世祖征鄂漢，以功賜白金。至元三年，從征李璮，〔一〇〕戰死之。子闊闊朮爲御史臺都事。至元三十一年，國王速渾察之子拾得既没，〔一一〕其家有故璽，王將鬻之，命闊闊朮以示中丞崔彧、御史楊桓，辯其文曰：「受命于天，既壽永昌。」蓋秦璽也。或請獻之徽仁裕聖皇后，后以鈔二千五百貫賜拾得家，金織文段二賜闊闊朮。成宗卽位，近臣以其事聞，授闊闊朮漢中廉訪僉事，仕至湖南廉訪使。

雪不台〔二〕

雪不台，蒙古部兀良罕氏。遠祖揑里弼生孛忽都，雄勇有智略。曾孫合飭温生哈班、哈不里。哈班生二子：長虎魯渾，次雪不台。

太祖初建興都于班朱泥河，〔三〕今龍居河也。哈班驅羣羊入貢，遇盜見執，雪不台及兄虎魯渾隨至，刺盜殺之，衆潰去，哈班得以羊進帝所，由是父子兄弟以義勇稱。虎魯渾以百夫長西征，破乃蠻，立戰功。

雪不台以質子襲職，七年，攻桓州，先登，下其城，賜金幣凡一車。十一年，戰滅里吉衆于蟾河，追其部長玉峪，大破之，遂有其地。扈從征回鶻，其主棄國去，雪不台率衆追之，回鶻竟走死。其帑藏之積盡入內府，賜寶珠一銀罌。十八年，討定欽察，鏖戰斡羅思大、小密赤思老，降之，奏滅里吉、乃蠻、怯烈、〔杭〕斤、欽察部千户通立一軍。〔四〕十九年，獻馬萬匹。二十一年，取騮里畏吾、特勤、赤憫等部，德順、鎮戎、蘭、會、洮等州，獻牝馬三千匹。

太宗二年，大舉伐金，渡河而南，睿宗以太弟將兵渡漢水而北，會河南之三峯山。金大臣合（鞑鞑）〔達〕諸將步騎數十萬待戰，〔五〕雪不台從睿宗出牛頭關，謀曰：「城邑兵野戰不利，易破耳。」師集三峯，金圍之數匝，將士頗懼。俄而風雪大作，金卒僵踣，士氣遂奮，敵衆盡殪。河南諸州以次降破。四年夏，雪不台總諸道兵攻汴，金義宗走衞州，又走歸德，又走蔡州。癸巳秋，汴將以城降，〔一六〕其冬攻蔡。六年春，金亡。雪不台以汴民饑，縱使渡河就食，民德之。

是年詔宗王拔都西征，雪不台爲先鋒，戰大捷。十三年，討兀魯思部主野力班，禽之。攻馬剳部，與其酋怯憐戰漷寧河，遣偏師由下流擣其城，拔之。是時，北庭、西域、河南北、關隴皆底定，雪不台功力居多。

初，太祖征西夏，閔其久於行間，敕還省覲。〔一七〕雪不台對曰：「君勞臣佚，情所未安。」帝壯而聽之。又金帥合達見獲，以不屈死，猶問雪不台安在，請一識之。雪不台出謂曰：「汝須臾人耳，識我何爲？」曰：「人臣亦各爲其主，卿勇蓋諸將，天生英豪，其偶然邪。吾見卿甘心瞑目矣。」

定宗三年卒於篤列河之地，年七十有三。至大元年，贈效忠宣力佐命功臣、開府儀同三司、上柱國、河南王，謚忠定。

唵木海

唵木海，蒙古八剌忽解氏，與父孛合出俱事太祖，征伐有功。帝嘗問攻城略地，兵仗何先，對曰：「攻城以砲石爲先，力重而能及遠故也。」帝悅，卽命爲砲手。歲甲戌，太師國王木華黎南伐，帝諭之曰：「唵木海言，攻城用砲之策甚善，汝能任之，何城不破。」卽授金符，使爲隨路砲手達魯花赤。唵木海選五百餘人敎習之，後定諸國，多賴其力。

太宗卽位，留爲近侍，以講武藝。歲壬辰，從攻河南有功。壬子，憲宗特授虎符，陞都元帥。癸丑，從宗王旭烈兀征剌里西番、斜巨山、桃里寺、河西諸部，悉下之。卒，子忒木台兒以從戰功授金符，襲砲手總管。

至元十年，修立正陽東西二城，置砲二百餘座，與宋人戰，却之。十三年，從丞相伯顏伐宋，駐軍臨安之皐亭山，同忙古歹等八人，率甲三百入宋宮，取傳國寶。宋太后請解兵延見內殿，期明日奉寶乞降，至期，果遣賈餘慶等奉寶至軍前。以功授行省斷事官，復令其子忽都答兒襲砲手總管。

十四年，進昭勇大將軍砲手萬戶，佩元降虎符，鎭平江之常熟。有叛民擁衆自號太尉者，行省會諸軍討之，與忽都答兒父子自爲一軍，奮戈陷陣，斬賊酋戴太尉，擒朱太尉，帝嘉其功。十五年，兼平江路達魯花赤，尋遷徽州、湖州，卒。忽都答兒後陞砲手萬戶，改授達魯花赤，卒。

昔里鈐部〔愛魯〕〔一八〕

昔里鈐部，唐兀人，昔里氏。鈐部亦云甘卜，音相近而互用也。太祖時，西夏旣臣服，大軍西征，復懷貳心。帝聞之，旋師致討。命鈐部同忽都鐵穆兒招諭沙州，州將僞降，以牛酒犒師，而設伏兵以待之。首帥至，伏發馬躓，鈐部以所乘馬與首帥使奔，自乘所躓馬而殿後，擊敗之。他日，帝聞曰：「卿臨死地，而易馬與人，何也？」鈐部對曰：「小臣陣死，不足重輕，首帥乃陛下器使宿將，不可失也。」帝以爲忠。進兵圍肅州，守者乃鈐部之兄，懼城破害及其家，先以爲請。帝怒城久不下，有旨盡屠之，惟聽鈐部求其親族家人於死所，於是得免死者百有六戶，歸其田業。

歲乙未，定宗、憲宗皆以親王與速卜帶征西域，明年啓行，鈐部亦在中。又明年，至寬田吉思海，鈐部從諸王拔都征斡羅斯，至也里（替）〔贊〕城，〔一九〕大戰七日，拔之。己亥冬十有一月，至阿速滅怯思城，負固久不下。明年春正月，鈐部率敢死士十人，躡雲梯先登，俘十一人，大呼曰：「城破矣！」衆蟻附而上，遂拔之。賜西馬、西錦，錫名拔都。明年班師，授鈐部千戶，賜只孫爲四時宴服，尋遷斷事官。丙午，定宗卽位，進秩大名路達魯花赤。憲宗以卜只兒來蒞行臺，命鈐部同署，旣又別錫虎符，出監大名。己未，世祖南征，供給軍餉，未嘗乏絕。以疾輿歸，卒于家，年六十九。子愛魯。

愛魯襲爲大名路達魯花赤。至元五年，從雲南〔王〕征金齒諸部。〔一〇〕蠻兵萬人絕縹甸道，擊之，斬首千餘級，諸部震服。六年，再入，定其租賦，平火不麻等二十四寨，得七馴象以還。七年，改中慶路達魯花赤，兼管爨僰軍。

十年，平章賽典赤行省雲南，令愛魯疆理永昌，增田爲多。十一年，閱中慶版籍，得隱戶萬餘，以四千戶卽其地屯田。十三年，詔開烏蒙道，帥師至玉連等州，〔一一〕所過城寨，未附者盡擊下之，水陸皆置驛傳，由是大爲賽典赤信任。十四年，忙部、也可不薛叛，以兵二千討平之，遷廣南西道左右兩江宣撫使，兼招討使。十六年，遷雲南諸路宣慰使、副都元帥。十七年，復立雲南行省，拜參知政事。十八年，烏蒙羅佐山、白水江蠻殺萬戶阿忽以叛，復討平之。

十九年，召詣闕，進左丞。也可不薛復叛，詔與西川都元帥也速答兒、湖南行省脫里察會師進討，禽也可不薛送京師，仁普諸酋長皆降，得戶四千。諸王相吾〔答〕兒帥諸將征緬，〔三〕愛魯供餽餉，無乏絕。二十二年，烏蒙阿謀殺宣撫使以叛，與右丞拜答兒往征之，拜答兒以愛魯習知其山川道里，令諸軍悉聽指授，分道進擊，生擒阿蒙以歸。

二十四年，進右丞。朝廷立尚書省，復改行尚書右丞。鎮南王征交趾，詔愛魯將兵六千人從之。自羅羅至交趾境，交趾將昭文王以兵四萬守木兀門，愛魯與戰破之，擒其將黎石、何英。比三月，大小一十八戰，乃至其王城，與諸軍會戰又二十餘合，功爲多。二十五年，感瘴癘卒。贈平章政事，謚毅敏。

子教化，中書平章政事，請于朝，贈其祖昔里鈐部太師，謚貞獻，加贈愛魯太師，追封魏國公，改謚忠節。

槊直腯魯華

槊直腯魯華，蒙古克烈氏。初，以其部人二百，從太祖征乃蠻、西夏有功，命將萬人，爲太師國王木華黎前鋒。下金桓州，得其監馬幾百萬匹，分屬諸軍，軍勢大振。歲辛未，破遼東、西諸州，唯東京未下，獲金使，遣往諭之。槊直腯魯華曰：「東京，金舊都，備嚴而守固，攻之未易下，以計破之可也。請易服與其使偕往說之，彼將不疑，俟其門開，繼以大軍赴之，則可克矣。」卒如其計。徇地河北，攻大名，小大數十戰，城垂陷，中流矢而卒。武宗時，贈太傅，追封衞國公，謚武毅。

子撒吉思卜華，嗣將其軍。太宗元年己丑，錫金符，安輯河北、山東諸州。先是眞定同知武仙攻滅都元帥史天倪家，其弟天澤擊仙走，復眞定。以天澤爲眞定、河間、濟南、東平、大名五路萬戶。庚寅，命撒吉思卜華佩金虎符，以總師行省監其軍。

金宣宗之徙都于汴也，立河平軍於新衞以自固，恃爲北門。撒吉思卜華數攻之，不拔。壬(申)〔辰〕正月，〔二三〕太宗自白(波)〔坡〕濟河而南，〔二四〕睿宗由峭石灘涉漢而北。撒吉思卜華集西都水之舟，渡自河陰。至鄭，鄭守馬伯堅降。及金義宗勢力窮蹙出奔，帝命撒吉思卜華追躡之，會其節度斜捻阿卜棄衞入汴，撒吉思卜華遂據而有之。十二月，義宗自黃陵岡濟河，謀復衞。撒吉思卜華與其將白撒戰白公廟五日夜，俘斬萬計，餘衆盡潰。義宗竄歸德。撒吉思卜華追躡其後，薄北門而軍。左右皆水，其舟師日至。癸巳四月，其將官奴夜來斫營，腹背受敵，撒吉思卜華與一軍皆沒。

嗣國王塔思承制，以其弟明安答兒領其行營，尋有旨以爲蒙古漢軍萬戶。明安答兒善騎射，從征淮安，因糧於敵，未嘗匱乏，軍士免負擔之勞，咸樂爲用。癸丑，憲宗遣從昔烈門太子南伐，死于鈞州。五子，長脂虎，幼普闌溪。

脂虎從世祖北征叛王，挺戈出入其陣，帝壯之，賜號拔都，賞白金四百五十兩。及平李璮之亂，亦有戰功。普蘭溪，光祿大夫、徽政使。金亡，命大臣忽都虎料民分封功臣，撒吉思卜華妻楊氏自陳曰：「吾舅及夫皆死國事，而獨爾見遺。」事聞，帝曰：「彼家再世死難，宜賜新衞民二百戶。」撒吉思卜華贈太師，諡忠武。明安答兒贈太保，諡武毅，爵皆衞國公。

昔兒吉思

昔兒吉思，幼從太祖征回回、河西諸國，俱有戰功。太宗時，從睿宗西征，師次京兆府，會亦來哈觶率諸部兵作亂，昔兒吉思挺身斫賊陣，下馬搏戰，賊衆莫不披靡，俄失所乘馬，步走至睿宗軍中。賊退，睿宗嘉其勤勞，妻以侍女唆火台。世祖尤愛之，軍旅田獵，未嘗不在左右。初，昔兒吉思之妻爲皇子乳母，於是皇太后待以家人之禮，得同飲白馬湩。時朝廷舊典，白馬湩非宗戚貴冑不得飲也。

昔兒吉思子塔出，爲寶兒赤、迭只斡耳朶千戶。塔出子千家奴、撒里蠻。千家奴從征乃顏，力戰而死，帝命籍乃顏人口、財物以賜之。撒里蠻年十六，從世祖討阿里不哥，戰於失門禿，有功，賜號拔都兒，賞賚尤厚，授光祿少卿，仍襲爲迭只斡耳朶千戶，改同僉宣徽院，進僉院事。以管軍千戶，從征乃顏有功，賞金盞二、金五十兩，復入爲同知宣徽院事。成宗時，拜宣徽使，加大司徒，卒。子帖木迭兒襲爲迭只斡耳朵千戶，累遷宣徽院使，遙授左丞相。

哈散納

哈散納，怯烈亦氏。太祖時，從征王罕有功，命同飲班朱尼河之水，且曰：「與我共飲此水者，世爲我用。」後管領阿兒渾軍，從太祖征西域，下薛迷則（于）〔干〕、〔二五〕不花剌等城。至太宗時，仍命領阿兒渾軍，併回回人匠三千戶駐于蕁麻林。尋授平陽、太原兩路達魯花赤，兼管諸色人匠，後以疾卒。

子捏古伯襲，從憲宗攻釣魚山，有功，以疾卒。子撒的迷失襲。撒的迷失卒，子木八剌襲，充貴赤千戶，遷西域親軍副都指揮使，大德元年卒。弟禿滿答襲，禿滿答卒，子哈剌章襲。

校勘記

〔一〕不〔古〕可罕　元文類卷二六虞集高昌王世勳碑作「卜古可罕」，譯音與新疆出土摩尼教經卷合，據補。

〔二〕(大)〔火〕都　考異云：「當作火都。」「土土哈傳，太祖征蔑里乞，其主火都奔欽察。速不台傳，大軍至蟾河，與滅里吉遇，一戰而獲其二將，盡降其衆，其主霍都奔欽察。霍都即火都也。」考異是，從改。

〔三〕皇子闊出忽都〔禿〕　據本書卷一二〇察罕傳、卷一二九阿剌罕傳、卷一三三脫歡傳所見「皇子闊出、忽都禿」補。本書卷一〇七宗室世系表作「忽覩都」，係拖雷次子。

〔四〕二十一年　按此「二十一年」在「二十二年」後、「二十八年」前，「一」字有誤。本書卷一三一奧魯赤傳有「二十三年」，「命佐鎭南王征交趾」。本證謂「一當作三」，疑是。

〔五〕劉〔國〕傑　據本書卷一六二劉國傑傳補。本證已校。

〔六〕伏兩谷(闊)〔間〕　從道光本改。按本書卷一一九木華黎傳作「伏兩谷間」。

〔七〕歲庚寅孛魯由雲中圍(緯)〔衛〕州　考異云：「案孛魯卒于戊子歲。庚寅領兵者，孛魯之子塔思也。孛魯當作塔思。」考異是，事見本書卷一一九木華黎傳附孛魯、塔思傳。又本證云：「繼培案，緯當作衛。」按元無「緯州」，據本書卷一五五史天澤傳及金史卷一一八武仙傳改。

〔八〕按只吉歹　應作按只歹。見卷一〇七校勘記〔一四〕。

〔九〕國王孛魯征潞州鳳翔　考異云：「孛魯亦塔思之誤。」參見本卷校勘記〔七〕。

〔一〇〕至元三年從征李壇　按李壇叛元至敗死，俱在中統三年，此處「至元」係「中統」之誤。

〔一一〕國王速渾察之子拾得　考異云：「案木華黎傳，速渾察子四人，忽林池、乃燕、相威、撒蠻，別無名拾得者。惟乃燕子名碩德，當卽拾得。若然，則爲速渾察之孫，非其子矣。」

〔一二〕雪不台　殿本考證云：「祖庚按，一百二十一卷已載速不台傳，此傳詳略不同，實則一傳。」

〔一三〕太祖初建興都于班朱泥河　此句不可解。成吉思汗敗抵班朱泥，無「建興都」等事。此處史文當有舛訛。

〔一四〕滅里吉乃蠻怯烈〔杭〕斤欽察　本證云：「案速不台傳作怯烈、杭斤，此脫杭字。」從補。杭斤，卽康里之異譯。

〔一五〕金大臣合(韃韃)〔達〕　據下文改。本書卷一二一速不台傳、卷一三四和尚傳、卷一四九劉柏林傳附劉黑馬傳均作「合達」，金史卷一一二有完顏合達傳，元朝祕史作「合答」。

〔一六〕癸巳秋汴將以城降　金西面元帥崔立以汴京降，本書卷二太宗紀與金史卷一八哀宗紀皆繫癸巳年正月戊辰，此處「秋」當爲「春」之誤。

〔一七〕敕還省覲　新編改作「敕還省親」，疑是。

〔一八〕〔愛魯〕　據本書體例補。

〔一九〕也里(替)〔贊〕　從北監本改。本書卷六三地理志作「也列贊」。

〔二〇〕從雲南〔王〕征金齒諸部　據雪樓集卷二五魏國公先世述補。

〔二一〕玉連等州　按「玉連州」于史無徵。本書卷一〇世祖紀至元十六年六月癸巳條、卷六〇地理志皆有鉤連州立站置驛記載，疑「玉」爲「鉤」之誤。

〔二二〕諸王相吾〔答〕兒帥諸將征緬　按本書卷一二、一三世祖紀至元二十年五月乙卯、二十一年正月丁卯條，卷一三三怯烈傳、卷二一〇緬國傳均有相吾答兒征緬事，據補「答」字。

〔二三〕壬（申）〔辰〕　按壬申爲元太祖七年，壬辰爲元太宗四年。「申」誤，今從道光本改。

〔二四〕白（波）〔坡〕　道光本與本書卷二太宗紀四年正月戊子條、卷一一九博爾忽傳附塔察兒傳、卷一二〇曷思麥里傳合，從改。

〔二五〕薛迷則（于）〔干〕　本書卷一太祖紀十六年辛巳春條作「薛迷思干」，據改。此名突厥語，義爲「肥城」。

元史卷一百二十三

列傳第十

布智兒

布智兒，蒙古脫脫里台氏。父紐兒傑，身長八尺，有勇力，善騎射，能造弓矢。嘗道逢太祖前驅騎士別那顏，邀與俱見太祖，視其所挾弓矢甚佳，問誰爲造者，對曰：「臣自爲之。」適有野彘翔于前，射之，獲其二，幷以二矢獻而退。別那顏隨之，至所居，布智兒出見，別那顏奇之，許以女妻之，父子遂俱事太祖。嘗從征討，賜紐兒傑拔都名。從征回回、斡羅思等國，每臨陣，布智兒奮身力戰。身中數矢，太祖親視之，令人拔其矢，血流滿體，悶仆幾絕。太祖命取一牛，剖其腹，納布智兒于牛腹，浸熱血中，移時遂甦。紐兒傑卒，憲宗以布智兒爲大都行天下諸路也可扎魯忽赤，印造寶鈔。賜七寶金帶燕衣十襲，又賜蔚州、定安爲食邑。

布智兒卒，有子四人。長好禮，事世祖，備宿衞。會丞相伯顏伐宋，奏好禮督水軍攻襄樊，從渡江入臨安，以功授昭毅大將軍、水軍翼萬戶府達魯花赤。別帖木兒，吏部尚書。補兒答思，雲南宣慰使。不蘭奚，襲父職，爲水軍翼萬戶招討使，鎭守江陰，移通州。子完者不花，遼陽省理問。

召烈台抄兀兒

召烈台抄兀兒，初事太祖，時有哈剌赤、〔一〕散只（兒）〔兀〕、〔二〕朶魯班、塔塔兒、弘吉剌、亦乞列思等，居堅河之濱忽蘭也兒吉之地，謀奉扎木合爲帝，將不利於太祖。抄兀兒知其謀，馳以告太祖，遂以兵收海剌兒阿帶亦兒渾之地，盡誅扎木合等。惟弘吉剌入降。太祖賜以答剌罕之名。

其子那眞，事世祖，爲也可扎魯花赤。那眞歿，子伴撒襲其職。伴撒卒，子火魯忽台襲。致和元年八月，執倒剌沙起軍之使察罕不花，幷其金字圓牌以獻。天曆元年十一月，帝賜金帶，仍復其職。嘗奏言：「有犯法者治之，當自貴人始；窮乏不給者救之，當自下始。如此則可得衆心矣。」其言良切於事弊云。

闊闊不花

闊闊不花者，按攤脫脫里氏，爲人魁岸，有膂力，以善射知名。歲庚寅，〔三〕太祖命太師木華黎伐金，分探馬赤爲五部，各置將一人，闊闊不花爲五部前鋒都元帥，所向莫能支。然不嗜殺，惟欲以威信懷附，故所至無殘破。略定濱、棣諸州，俘獲焦林諸處民四百餘，但籍其姓名，遣歸鄉里。徇益都，守將降，得其財物馬畜，悉以分賜士卒。

歲壬辰，從太宗渡河，攻汴梁、歸德，分兵渡淮，攻壽州，守將無降意，射書城中諭之，城中人感泣，以綵輿奉金公主開門送款，闊闊不花下令軍中，輒入城虜掠者死，城中帖然。公主，義宗之姑也。

歲丙申，太宗命五部將分鎮中原，闊闊不花鎮益都、濟南，按察兒鎮平陽、太原，孛羅鎮眞定，肖乃台鎮大名，怯烈台鎮東平，括其民匠，得七十二萬戶，以三千戶賜五部將。闊闊不花得分戶六百，立官治其賦，得薦置長吏，歲從官給其所得五戶絲，以疾卒官。

子黃頭代領探馬赤爲元帥，從丞相伯顏取宋道死。子東哥馬襲其職，累遷右都威衞千戶，卒。

拜延八都魯

拜延八都魯，蒙古扎剌台氏，幼事太祖，賜名八都魯。歲乙未，太宗命領扎剌軍一千六百人，與塔海紺卜同征關西，有功。

癸丑，憲宗命與阿脫、總帥汪世顯創立利州城。〔四〕甲寅，領兵紫金山，破宋軍鹿角寨，奪其軍餉器械。丁巳，從都元帥紐鄰城成都，及領兵圍雲頂山，下其城。帝親征，元帥紐鄰旣進兵，涉馬湖江，留拜延八都魯鎭成都，降屬縣諸城，得其民，悉撫安之，賜黃金五十兩、衣九襲。諸王哈丹、朶歡、脫脫等征大理還，命拜延八都魯領兵迎之。道過新津寨，與宋潘都統遇，戰敗之，殺獲甚衆。中統二年，元帥紐鄰上其功，授蒙古奧魯官。

子外貌台，孫兀渾察。至元六年，拜延八都魯告老，兀渾察代其軍，從行省也速答兒征諸國有功。十六年，從大軍征斡端，又有功，賞銀五十兩。二十一年，諸王朮伯命兀渾察往乞失哈里之地爲遊擊軍。時敵軍二千餘，兀渾察以勇士五十人與戰，擒其將也班胡火者以獻。王壯之，以其功聞，賞銀六百兩、鈔四千五百貫，授蒙古軍萬戶，賜三珠虎符。三十年，以疾卒。次子襲授曲先塔林左副元帥，尋卒。弟塔海忽都襲，陞鎭國上將軍都元帥，改授四川蒙古副都萬戶。至治二年，以疾退。子孛羅帖木兒襲。

阿朮魯

阿朮魯，蒙古氏。太祖時，命同飲班朱尼河之水，扈駕親征有功，命領兵收附遼東女直，還，賞金甲、珠衣、寶帶，他物稱是。復命總兵征西夏，與敵兵大戰于合剌合察兒之地。西夏勢蹙，其主懼，乞降，執之以獻，太宗殺之，賜以所籍貲產。繼領兵收附信安，下金二十餘城。其後告老，諸王塔察兒命其子不花代領其軍。

紹古兒

紹古兒，麥里吉台氏。事太祖，命同飲班朱尼河之水，扈從親征。已而從破信安，略地河西，賜金虎符，授洺磁等路都達魯花赤。領軍出征，復從伐金，破河南。太宗命領濟南、大名、信安等處軍馬，復從國王答石出征。歲辛亥，卒。

子拜都襲。拜都卒，子忽都虎襲，移睢州。從世祖渡江，攻鄂，還鎮恩州。中統三年，從征李壇有功，尋命修立邳州城，領兵鎮兩淮。十一年，從丞相伯顏渡江，有戰功。又從參政董文炳沿海出征，還，鎮嘉興，行安撫事。十二年加昭勇大將軍，職如故。十四年，授嘉興路總管府達魯花赤，尋陞鎮國上將軍、黄州路宣慰使，尋罷黄州宣慰司，復舊任。十六年，改授浙西道宣慰使，加招討使，仍鎮國上將軍，奉詔征占城，以其國降表、貢物入見，帝嘉之，厚加賞賚。二十四年，從征交趾，明年還師，授邳州萬戶府萬戶。三十年，沒于軍。

阿剌瓦而思

阿剌瓦而思，回鶻八瓦耳氏，仕其國爲千夫長。太祖征西域，駐蹕八瓦耳之地，阿剌瓦而思率其部曲來降。從帝親征，旣破瀚海軍，又攻輪臺、高昌、于闐、尋斯干等，鏖戰不克，沒于軍。

子阿剌瓦丁，從世祖北征有功，至元二十九年卒，壽一百二歲。

子贍思丁，有子五人：長烏馬兒，陳州達魯花赤；次不別，隆鎭衞都指揮使；次忻都，監察御史；次阿合馬，拱衞直司都指揮使；次阿散不別，驍勇善騎射，歷事成宗、武宗、仁宗，數被寵遇，計前後所賜楮幣餘四十萬緡，他物稱是，積官榮祿大夫，三珠虎符。

子斡都蠻襲職。致和元年八月，自上都逃來，丞相燕帖木兒任爲裨將，率壯士百人，圍滅里帖木兒等于陀羅臺驛，擒之以獻，特賜衣一襲，及禿禿馬失甲、金束帶各一，白金一百兩，鈔二百錠。天曆元年九月，充行院同僉。十月，從擊忽剌台、馬扎罕等軍于盧溝橋，敗之，追至紫荆關，多所俘獲，招降安童所將軍一千五百人，復以功受上賞。二年，進樞僉院。三年，以隆鎭衞都指揮使兼領拱衞司。

抄兒

抄兒，別速氏。世居汴梁陽武縣，從太祖收附諸國有功。又從征金，沒于陣。子抄海，從征河南、山東，復沒于陣。子別帖，將其父軍，從攻鄂州，以功賞銀帛衣甲等，繼從太子忽哥赤西征大理國，復沒于陣。子阿必察，至元五年授武略將軍、蒙古千戶，賜金符，從圍襄樊，復渡江，奪陽羅堡岸口，以功賞白金，進宣武將軍、蒙古軍總管，管領左右手兩萬戶軍。既下廣德，從平章阿里海牙征海外國，率死士鼓戰船進，奪岸口，擒勇士趙安等，以功賞銀帛。十六年，命管領蒙古侍衞軍，以疾卒于軍。

也蒲甘卜

也蒲甘卜，唐兀氏。歲辛巳，率衆歸太祖，隸蒙古軍籍。奉旨同所管河西人，從木華黎出征，以疾卒。

子昂吉兒襲領其軍，〔五〕征諸國有功。至元六年，授金符千戶，從征蘄、黃、安慶等處。九年，易虎符，陞信陽萬戶，從平章阿朮南征，又有功，歷淮西道宣慰使、參知政事、都元帥、廬州蒙古漢軍萬戶府達魯花赤、行省左丞相、尙書左丞，積官龍虎衞上將軍。

二十一年，攜其子昂阿禿入見。世祖命昂阿禿充速古兒赤。二十四年，隨駕征乃顏有功，奉旨代其父職。二十六年，授廬州蒙古漢軍萬戶府達魯花赤。大德六年，領兵討宋隆濟等，以功受上賞。還鎮廬州，以私財築室一百二十餘間，以居軍士之貧者，省臺以其事聞，特命陞其秩，以金束帶賜之。泰定四年卒。昂阿禿之弟暗普，由速古兒赤授金符、唐兀禿魯花千戶，後改授海北海南道廉訪使。

趙阿哥潘

趙阿哥潘，土波思烏思臧掇族氏。始附宋，賜姓趙氏。世居臨洮。祖巴命，富甲諸羌。父阿哥昌，貌甚偉，有力兼人，金貞祐中，以軍功至熙河節度使。金亡，保蓮花山，以其衆來歸。皇子闊端之鎮西土也，承制以阿哥昌爲疊州安撫使。時兵興，城無居人，至則招逃亡立城壘，課耕桑以安輯之，年八十卒于官。

阿哥潘事親以孝聞，從伐蜀，與宋都統制曹友聞屢戰，勝負略相當，以破大安功最，授同知臨洮府事。斬朝天關，乘嘉陵江至閬州，獲蜀船三百艘。攻利州，生得其劉太尉，戰敗宋師于潼川。宋制置使劉雄飛進攻青居山，阿哥潘擊之，宵潰，四川大震。進逼成都，略嘉定，平峨眉太平寨，擒其將陳侍郎、田太尉，餘衆悉降。大小五十餘戰，皆先陷陣，皇子賜以金甲、銀器。

歲壬子，世祖以皇弟南征大理，道出臨洮，見而奇之，命攝元帥，城益昌。時宋兵屯兩川，堡柵相望，矢石交擊，歷五年而城始完。憲宗出蜀，以阿哥潘爲選鋒，攻西安，下之，賜金符，授臨洮府元帥。帝駐釣魚山，合州守將王堅夜來斫營，阿哥潘率壯士逆戰，手殺數十百人，堅遂引去。明日陛見，帝喜曰：「有臣如此，朕復何憂。」賜黃金五十兩，名曰拔都。中統建元，詔還鎭臨洮。歲饑，發私廩以賑貧乏。給民農種粟二千餘石、蕪菁子百石，人賴不饑。郡當孔道，傳置旁午，有司傚于供給。阿哥潘以私馬百匹充驛騎，羊千口代民輸。帝聞而嘉之，詔京兆行省酬其直。阿哥潘曰：「我豈以私惠而邀公賞耶。」卒不受。以軍事赴青居山，道爲宋兵所邀，遂死于敵。

阿哥潘好畜良馬，常千蹄，歲擇其上驥五駟貢于朝，子孫遵之不替。先是勳臣子孫爲祖父請謚者，帝每靳之，至是敕大臣以美謚謚之，謚曰桓勇。

子重喜，始給侍皇子闊端，爲親衞。癸丑，從世祖征哈剌章，數有功。中統元年，渾都海反，從總帥汪良臣引兵至拔沙河納火石地逆戰，以功授征行元帥。四年，從討忽都、達吉、散竹台等，克之，制必帖木兒王承制，使襲父職爲元帥。入覲，賜金虎符，爲臨洮府達魯花赤。

時解軍職而轉民官者，例納所佩符。有旨：「趙氏世世勤勞，其金符勿拘常例，使終佩之。」重喜在郡，劭農興學，省刑敦教，以善治聞。請致事不許，詔其長子官卓斯結襲爲達魯花赤。陞重喜鞏昌二十四處宣慰使。卒，謚桓襄。官卓斯結性靖退，辭官閑處二十餘年。仁宗聞其名，召不起。子德壽，雲南左丞。

純只海

純只海，散朮台氏。弱冠宿衞太祖帳下，從征西域諸國有功。歲癸巳，太宗命佩金虎符，充益都行省軍民達魯花赤，從大帥太出破徐州，擒金帥國用安。丁酉，以益都爲皇太子分土，遷京兆行省都達魯花赤。至懷，值大疫，士卒困憊，有旨以本部兵就鎭懷孟。未幾，代察罕總軍河南，尋復懷孟。

己亥，同僚王榮潛畜異志，欲殺純只海，伏甲縶之，斷其兩足跟，以帛緘純只海口，置佛祠中。純只海妻喜禮伯倫聞之，率其衆攻榮家奪出之。純只海裹瘡從二子馳旁郡，請兵討榮，殺之。朝廷遣使以榮妻孥貲產賜純只海家，且盡驅懷民萬餘口郭外，將戮之。純只海力爭曰：「爲惡者止榮一人耳，其民何罪。若果盡誅，徒守空城何爲。苟朝廷罪使者以不殺，吾請以身當之。」使者還奏，帝是其言，民賴不死。純只海給榮妻孥券，放爲民，遂以其宅爲官廨，秋毫無所取。郡人德之。既入覲，太宗以純只海先朝舊臣，功績昭著，賜第一區於和林，尋以疾卒。敕葬山陵之側。

皇慶初，贈推忠宣力功臣、金紫光祿大夫、上柱國、溫國公，諡忠襄。仍敕詞臣劉敏中製文樹碑於懷，以旌其功云。子昂阿剌嗣。

苫徹拔都兒

苫徹拔都兒，欽察人。初事太宗，掌牧馬。從攻鳳翔，戰潼關，皆有功。後從大將速不台攻汴京，金人列木柵於河南，苫徹拔都兒率死士往拔之，賜良馬十匹。師還，金將高都尉率衆邀於中路，苫徹拔都兒迎擊斬其首以歸，賜白金五十兩、幣四匹。從攻蔡州，前鋒荅荅兒與金將戰，金將捽其鬚，苫徹拔都兒進斫金將，乃得脫。蔡州破，金守將佩虎符立城上。苫徹拔都兒以鐵椎擊殺之，取虎符以獻。帝嘉其能，命從皇子攻棗陽。繼從宗王口溫不花攻光州，一日五戰，光州下。賜黃金五十兩、白金酒器一事、馬三十匹。百戶愛不怯赤自以臨陣不勇，乞苫徹拔都兒自代，遂陞百戶。從攻滁州，與宋兵大戰，至暮，宋兵敗走西山，苫徹拔都兒與千戶忽孫追殺之。

歲己未，世祖伐宋，募能先絕江者，苫徹拔都兒首應命，率衆逼南岸。詔苫徹拔都兒與脫歡領兵百人同宋使諭鄂州使降，抵城下，鄂守將殺使者以軍來襲，苫徹拔都兒與之遇，奮擊大破之。復賜黃金五十兩。

中統三年，授蔡州蒙古漢軍萬戶。冬，宋人犯西平。苫徹拔都兒逐北踰淮，獲其生口甚衆。至元二年秋，由安慶入廬州，聞宋兵至，亟設伏于竹林，擊殺之。四年秋九月，元帥阿朮軍襄陽安陽灘。宋兵據渡口，苫徹拔都兒擊破其衆。五年，從阿朮圍襄陽，擊奪宋將夏貴米舟。阿朮入漢江，以其有戰功，俾與扎剌兒引軍南略，獲八十人。十年八月，略地淮東。十一年，遣招鄂州。十二年，遣招滁州，誅王安撫。改武略將軍、管軍千戶。五月，伏兵大江北岸，擊宋軍，敗走之。十三年，復略地淮東，獲其總管二人以獻。遷滁州總管府達魯花赤。宋都統姜才率軍取糧高郵。苫徹拔都兒從史萬戶奪其馬及糧橐二萬，淮東平，入朝。十四年，從討叛人只里瓦(丁)〔歹〕于懷剌合都，〔六〕改宣武將軍、滁州路總管府達魯花赤。

十七年，率其子脫歡、孫麻兀入見。奏曰：「臣老矣，幸主上憐之。」帝命以脫歡爲宣武將軍、管軍總管，佩金符；麻兀爲滁州路總管府達魯花赤。其後脫歡以征倭功授明威將軍、滁州萬戶府達魯花赤，陞昭勇大將軍、征行軍萬戶府達魯花赤，佩三珠虎符。又以征爪哇功陞昭毅大將軍，鎭守無爲滁州萬戶府達魯花赤。次子鎖住，襲其職。

怯怯里

怯怯里，斡耳那氏。太宗七年南伐，以千戶從闊端攻安豐、壽州。〔七〕又從諸王塔察兒率蒙古軍二千攻荆山，破之，賜馬二匹。與萬戶納解以兵守沂、郯，略漣海，又從元帥懷都攻襄陽。卒。

子相兀速襲父職。率本部兵從丞相阿朮攻襄樊，又從塔出築正陽堡。瀘軍乘艦來窺壁壘，相兀速率征騎逆之，夾淮水而軍，射死者甚衆。至元十一年，賜金符，授武略將軍。明年，從御史大夫博羅罕平漣海。秋九月，從丞相伯顏渡淮，率兵一千騎攻淮安南門，破之。又從元帥博羅罕築灣頭堡。萬戶納兒解卧疾，令相兀速權領蒙古、女直、漢人三萬戶。夏五月，宋揚州都統姜才引兵來侵，相兀速率本部兵逆戰有功。又從丞相阿朮襲制置使李庭芝及姜才于泰州，皆殺之。十四年，加宣武將軍、管軍總管。十八年，爲蒙古侍衛親軍總管。二十三年，改千戶。三十年，陞蒙古侍衛親軍副指揮使司事，易金虎符，加顯武將軍。

子揑古解。元貞元年爲蒙古侍衛親軍百戶。大德六年，襲父職，佩金虎符，授宣武將軍。延祐四年，陞左翊蒙古侍衛親軍都指揮使，仍所佩符，進懷遠大將軍。

塔不已兒

塔不已兒，束呂糺氏。太宗時以招討使將兵出征，破信安、河南，以功授金虎符、征行萬戶。歲甲寅，以疾卒。

子脫察剌襲職。歲己未，率兵渡江，破十字寨。命其子重喜從行。〔八〕重喜率先引弓，射中敵兵，又多殺獲。旣而與敵兵戰于洋隘口，奪戰艦一，流矢中左足，勇氣愈倍。時世祖駐蹕洋隘口北，親勞之曰：「汝年幼能宣力如是，深可嘉尙。然繼今尤當勉之。」

及脫察剌卒，以重喜襲職。中統三年，從征李璮有功。四年，以兵鎭莒州。至元二年，奉旨初築十字路城，以備守禦。重喜率兵南巡，爲游擊軍。四年，從抄不花出征，至泗州北古城。時蔡千戶爲敵兵所圍，重喜奮戰，救而出之。五年，入覲。帝嘉其功，賜白金、納失失段及金鞍弓矢等。十年，修正陽城。明年，宋兵圍正陽，從戰敗之。十二年，從下〔漣〕〔漣〕海諸城。〔九〕俄奉旨率五千人從出征，道過衡陽店，與宋將李提轄等戰，大敗之，殺掠幾盡，遂駐兵瓜洲。十三年夏六月，宋都統姜才領諸軍來圍城堡，敗之。秋七月，從兵襲擊李庭芝等于泰州。十四年，進昭勇大將軍、婺州路總管府達魯花赤，佩已降虎符。未幾卒。

子慶孫襲職，初授宣武將軍、管軍總管，鎭守安樂州。十六年，移戍鎭江府。十八年，還鎭通州。二十年，進明威將軍。二十二年，移鎭十字路。二十四年，領諸翼軍鎭太湖，教習水戰。二十九年，從征爪哇，陞昭勇大將軍、征行上萬戶。將行，有旨留之。皇慶二年卒。子孛蘭奚襲。

直脫兒

直脫兒，蒙古氏，父阿察兒，事太祖，爲博兒赤。直脫兒從太宗征欽察、康里、回回等部有功。四年，收河南、關西諸路，得民戶四萬餘，以屬莊聖皇太后爲脂粉絲線顏色戶。八年，建織染七局于涿州。明年，改涿州路，以直脫兒爲達魯花赤。卒。

子哈蘭朮襲，佩虎符。李壇叛，世祖命領諸萬戶爲監戰達魯花赤以討之。有功，授解萬戶翼監戰領軍。遷益都路蒙古萬戶，監戰密州，沒于軍。

從子忽剌出襲職，〔一〇〕授昭勇大將軍。至元十一年，攻宋六安軍，有功。行中書省命領諸軍戰艦衝宋軍，宋軍敗，有旨褒賞。九月，師次安慶。忽剌出及參政董文炳領山東諸軍順流東下，至丁家洲，遇宋臣夏貴、孫虎臣等，戰江中，宋軍大敗，擒其將校三十七人、軍五千餘、船四十艘。十二年三月，與宋軍戰朱金沙，復有功。七月，復與宋軍戰焦山江中。時丞相阿朮等督戰，忽剌出與董文炳身冒矢石，沿流鏖戰八十餘里。忽剌出身被數傷，裹創力戰，遂勝之。九月，宋臣張殿帥攻奪呂城倉、丹陽縣。忽剌出與萬戶懷都往救，生擒之。十月，下常州，從丞相伯顏略蘇、湖、秀州，至長橋，遇宋軍，又敗之。

十三年，正月，師至杭州，丞相伯顏命忽剌出守浙江亭及宋北門。五月，揚州軍刼揚子橋，僅敗之。六月，敗眞州軍。七月，追李庭芝至通海口，降揚州及高郵、寶應、眞州、滁州等城，江南平。加昭毅大將軍，職如故。尋遷湖州路達魯花赤。十四年，進鎭國上將軍、淮東宣慰使。已而屯守上都。十五年授嘉議大夫、行御史臺中丞。十九年，進資善大夫、福建行省左丞。黃華叛，平之。二十年，授江淮行省左丞。二十三年，還右丞。三月，進榮祿大夫、江浙行省平章政事。六月，卒。

月里麻思

月里麻思，乃馬氏。歲丁(丑)〔酉〕，〔一〕太宗命與斷事官忽都那〔顏〕同署。〔二〕歲戊戌，又同阿朮魯拔都兒充達魯花赤，破南宿州。

歲辛丑，使宋議和。從行者七十餘人，月里麻思語之曰：「吾與汝等奉命南下，楚人多詐，倘遇害當死焉，毋辱君命。」已而馳抵淮上，宋將以兵脅之，曰：「爾命在我，生死頃刻間耳。若能降，官爵可立致。不然，必不汝貸。」月里麻思曰：「吾持節南來以通國好，反誘我以不義，有死而已。」言辭慷慨不少屈。宋將知其不可逼，乃囚之長沙飛虎寨三十六年而死。世祖深悼之，詔復其家，以子忽都哈思爲答剌罕，日給糧食其家人。忽都哈思自陳於帝曰：「臣願爲國效死，爲父雪耻。」帝嘉納之，授以上均州監戰萬戶。十八年，以招討使將兵征日本，死於敵。

捏古剌

捏古剌，在憲宗朝，與也里牙阿速三十人來歸。後從征釣魚山，討李璮，皆有功。子阿塔赤，世祖時圍襄陽，下江南，敗失列及，征乃顏，皆以功受賞。後事成宗、武宗，爲札撒兀孫。仁宗時，歷官至左阿速衞千戶。卒。

子敎化，初爲速古兒赤，繼襲父職。必里阿禿叛，奉旨往平之，凱還，賜衣一襲。天曆元年八月，從丞相燕帖木兒戰居庸北，有功。九月，進拱衞直都指揮使。尋遷章佩卿。

子者燕不花，初事仁宗爲速古兒赤。英宗時爲進酒寶兒赤。天曆元年，迎文宗于河南，賜白銀、綵段，命爲溫都赤。九月，往居庸關料敵，道逢二軍謂探馬赤諸軍曰：「今北兵且至，其避之。」者燕不花恐搖衆心，卽拔所佩刀斬之。授兵部郎中。招集阿速軍四百餘人。十月，進兵部尚書，授雙珠虎符，領軍六百人迎敵通州。會丞相燕帖木兒至檀子山，與秃滿迭兒戰，敗之。遷大司農丞。

阿兒思蘭

阿兒思蘭，阿速氏。初，憲宗以兵圍阿兒思蘭之城，阿兒思蘭偕其子阿散眞迎謁軍門。帝賜手詔，命專領阿速人，且留其軍之半，餘悉還之，俾鎭其境內。以阿散眞置左右。道遇闊兒哥叛軍，阿散眞力戰死之。帝遣使裹屍還葬之。阿兒思蘭言于帝曰：「臣長子死，不能爲國效力，今以次子捏古來獻之陛下，願用之。」捏古來至，帝命從兀良哈台征哈剌章，有功，兀良哈台賞以白金名馬。從伐宋，中流矢而死。

子忽兒都答，充管軍百戶。世祖命從不羅那顏使哈兒馬某之地，以疾卒。

子忽都帖木兒，武宗潛邸時從征海都，以功賞白金。至大元年，授宣武將軍、左衞阿速親軍副都指揮使。四年，卒。

哈八兒秃

哈八兒禿，薛亦氏。憲宗時，從攻釣魚山有功。還，又從親王塔察兒北征，充千戶所都鎭撫。從千戶脫倫伐宋，沒于陣。

子察罕，從塔察兒攻樊城西門，領揚州等處游擊軍與宋兵戰，有功。至元十一年，從忽都帖木兒攻江陵東南城堡，又從阿剌罕敗宋兵于陽邏堡之南。阿剌罕選爲本萬戶府副鎭撫。十二年，分隸脫脫總管出廣德游擊軍，與宋兵戰，敗之，賜以白金酒器。又從攻獨松、千秋、撥出等關，及諸山寨，其降民悉綏撫之，賜白金一百兩。

十三年，中書省檄爲瑞安縣達魯花赤。始至，招集逃移民十萬餘戶。十四年，陞忠顯校尉、管軍總把，併領新附軍五百人，從宣慰唐兀台戰于司空山，有功，命以其職兼都鎭撫。俄選充侍衞親軍。十六年，授銀符、忠武校尉、管軍總把。二十四年，賜金符，授承信校尉、蒙古衞軍屯田千戶。二十五年，進武義將軍、本所達魯花赤。二十七年，陞左翼屯田萬戶府副萬戶。大德五年卒。子太納襲。

艾貌

艾貌拔都，康里氏。初從雪不台那演征欽察，攻河西城，收西關，破河南；繼從定宗略地阿奴，皆有功。又從四太子南伐，命充怯憐口阿答赤孛可孫。又從兵渡江攻鄂，以疾卒于軍。

子也速台兒，從討阿藍答、渾都海，征李璮，伐宋，累功授管軍總把。至元十四年，從攻福建興化，招古田等處民五千餘戶，以功陞武略將軍、千戶，賜金符。又招手號新軍二千五百餘人，陞宣武將軍、總管，賜虎符。

有旨征日本。也速台兒願效力，賜以弓矢，進懷遠大將軍、萬戶。二十年，授泰州萬戶府達魯花赤。二十三年，遷昭勇大將軍、欽察親軍都指揮使。二十四年，從征乃顏有功。明年卒。後贈金吾衞上將軍，追封成武郡公，謚顯敏。

校勘記

〔一〕哈剌赤　本書卷一太祖紀作「哈答斤」。按此處述成吉思汗卽位前蒙古諸部爭戰，與欽察哈剌赤無涉。疑「剌赤」爲「答斤」之誤。

〔二〕散只(兒)〔兀〕　據本書卷一太祖紀所見改。按此部元朝祕史作「撒勒只兀愓」。

〔三〕歲庚寅　按庚寅爲元太宗二年，此處紀年有誤。蒙史改作「戊寅」，卽元太祖十三年。

〔四〕憲宗命與阿脫總帥汪世顯創立利州城　本證云：「繼培案，憲宗紀癸丑，汪田哥修治利州。乃汪德臣賜名，非世顯也。」道光本改「汪世顯」作「汪德臣」。

〔五〕子昂吉兒　本證云：「案敍甘卜止三十一言，詳其子昂吉兒。昂吉兒自有傳，亦載甘卜事。」昂吉兒傳見卷一三二。

〔六〕只里瓦〔丁〕〔歹〕　據本書卷一三二玉哇失傳改。卷一二〇朮赤台傳作「只兒火台」，卷一二八土土合傳、卷一三五阿答赤傳、卷一四九移剌捏兒傳附移剌元臣傳作「只兒瓦台」，卷一三三脫歡傳作「只里瓦帶」。

〔七〕從闊端攻安豐壽州　按元太宗七、八年，闊端出師秦鞏，而經略河南者爲闊出。闊出，窩闊台三子，亦作「曲出」。新元史改「端」爲「出」，是。

〔八〕重喜　本證云：「案敍塔不已兒止三十五言，詳其孫重喜事。重喜自有傳，此較詳。」重喜傳見卷一三三。

〔九〕（連）〔漣〕海諸城　見卷一〇〇校勘記〔八〕。

〔一〇〕從子忽剌出　本證云：「案敍直脫兒止七十五言，詳忽剌出事。忽剌出自有傳，此較詳。」忽剌出傳見卷一三三。

〔一一〕歲丁（丑）〔酉〕　按丁丑係元太祖十二年，非元太宗在位之年。丁酉，元太宗九年。「丑」誤，今改。本證已校。

〔一二〕忽都那〔顏〕　據本書卷九五食貨志所見補。按此名本書又作「忽都那演」、「忽都忽那顏」、「忽都忽」。蒙語「那顏」，元譯「官人」。本證已校。

元史卷一百二十四

列傳第十一

塔本〔阿里乞失帖木兒　阿台　迭里威失　鎖咬兒哈的迷失〕〔一〕

塔本，伊吾廬人。人以其好揚人善，稱之曰揚公。父宋五設託陀，託陀者，其國主所賜號，猶華言國老也。

塔本初從太祖討諸部，屢阨艱危。復從圍燕，征遼西，下平灤、白霫諸城。軍士有妄殺人者，塔本戒之曰：「國之本，民也。殺人得地，何益於國。且殺無罪以堅敵心，非上意。」太祖聞而喜之，賜金虎符，俾鎮撫白霫諸郡，號行省都元帥，管內得承制除縣吏，死囚得專決。久之，徙治興平。興平兵火傷殘，民慘無生意。塔本召父老問所苦，爲除之，薄賦斂，役有時。民大悅，乃相與告敎，無違約束，歸者四集。塔本始至，戶止七百，不一二年，乃至萬戶。出己馬以寬驛人；貸廉吏銀，其子錢不能償者，焚其劵。農不克耕，亦與之牛，比歲告稔，民用以饒。庚寅，詔益中山、平定、平原隸行省。甲午，盜李仙、趙小哥等作亂，塔本止誅首惡，宥其詿誤。

癸卯立春日，宴羣僚，歸而疾作，遂卒。是夕星隕，隱隱有聲。遺命葬以紙衣瓦棺。贈推誠定遠佐運功臣、太師、開府儀同三司、上柱國，追封營國公，謚忠武。子阿里乞失鐵木兒。

阿里乞失帖木兒，嗣父職，爲興平等處行省都元帥。其爲治一遵先政，興學養士，輕刑薄徭，雖同僚不敢私役一民。從大軍伐高麗有功。歲丙辰卒。贈宣忠輔義功臣、榮祿大夫、平章政事、柱國，追封營國公，謚武襄。子阿台。

阿台，當襲父職，適罷行省爲平灤路總管府，丁巳，憲宗命阿台爲平灤路達魯花赤。始至，請蠲銀、鹽、酒等稅課八之一，細民不征。

世祖卽位，來朝，賜金虎符。諸侯王道出平灤，供給費銀七千五百兩，戶部不卽償，阿台自陳上前，盡取償以歸。置甲乙籍，籍民丁力，民甚便之。至元十年，進階懷遠大將軍。歲饑，發粟賑民，或持不可，阿台曰：「朝廷不允，願以家粟償官。」於是全活甚衆。僚屬始至，阿台必遺之鹽、米、羊畜、什器，曰：「非有他也，欲其不剝民耳。」姻族窮者，月有常給；民有喪不能葬者，與之棺槨、布帛、資糧。灤爲孤竹故國，乃廟祀伯夷、叔齊，以勵風俗。

二十一年，進昭武大將軍。二十四年，乃顏叛，獻馬五百匹佐軍，(太)[世]祖大喜。〔二〕已而得乃顏銀甕，亟以賜之。二十五年入朝，以疾卒。賜宣力功臣、資德大夫、中書右丞、上護軍，追封永平郡公，謚忠亮。子迭里威失。

迭里威失，少好讀書，成宗時入宿衞，授河西廉訪司僉事，拜監察御史，遷淮西廉訪副使，召爲中書左司員外郎，改樞密院參議，陞判官。

延祐四年，授翰林侍講學士，出爲河間路總管。屬歲饑，出俸金及官庫所積賑之，活數十萬人。河間當水陸要衝，四方供億皆取給焉，迭里威失立法調遣，民便之。復建言增置便習弓馬尉一人，益邏兵之數，於是盜賊屏息。陵州羣凶爲官民害，悉收繫死獄中。後陞遼陽行省參知政事。子鎖咬兒哈的迷失。

鎖咬兒哈的迷失，年十二，宿衞英宗潛邸，掌服御諸物。英宗卽位，拜監察御史。至治元年春，詔起大刹于京西壽安山，鎖咬兒哈的迷失與御史觀音保、成珪、李謙亨上章極諫，以爲東作方始，而興大役，以耗財病民，非所以祈福也。且歲在辛酉，不宜興築。

初，司徒劉夔妄獻浙右民田，冒出內帑鈔六百萬貫，丞相帖木迭兒分取其半，監察御史發其姦，由是疾忌臺諫。至是，帖木迭兒之子瑣南爲治書侍御史，密奏曰：「彼宿衞舊臣，聞事有不便，弗卽入白，今訕上以揚己之直，大不敬。」帝乃殺鎖咬兒哈的迷失與觀音保，杖珪、謙亨，黥之，竄諸遐裔。

泰定初，贈鎖咬兒哈的迷失資德大夫、御史中丞、上護軍，追封永平郡公，謚貞愍。賜其妻子鈔五百貫、良田千畝，仍詔樹碑神道。

哈剌亦哈赤北魯〔阿鄰帖木兒〕〔三〕

哈剌亦哈赤北魯，畏兀人也。性聰敏，習事。國王月仙帖木兒亦都護聞其名，自唆里迷國徵爲斷事官。月仙帖木兒卒，子八兒出阿兒忒亦都護年幼，西遼主鞠兒可汗遣使據其國，且召哈剌亦哈赤北魯，至則以爲諸子師。八兒出阿兒忒聞太祖明聖，乃殺西遼使，更遣阿憐帖木兒都督等四人使西遼。阿憐帖木兒都督者，哈剌亦哈赤北魯婿也。具語以其故，於是與其子月朶失野訥馳歸太祖，一見大悅，卽令諸皇子受學焉。仍令月朶失野訥以質子入宿衞。

從帝西征。至別失八里東獨山，見城空無人，帝問：「此何城也？」對曰：「獨山城。往歲大饑，民皆流移之它所。然此地當北來要衝，宜耕種以爲備。臣昔在唆里迷國時，有戶六十，願移居此。」帝曰：「善。」遣月朵失野訥佩金符往取之，父子皆留居焉。後六年，太祖西征還，見田野墾闢，民物繁庶，大悅。問哈剌亦哈赤北魯，則已死矣。迺賜月朵失野訥都督印章，兼獨山城達魯花赤。月朵失野訥卒，子乞赤宋忽兒，在太宗時襲爵，賜號答剌罕。子四人：曰塔塔兒，曰忽棧，曰火兒思蠻，曰月兒思蠻。

世祖命火兒思蠻從雪雪的斤鎭雲南。

月兒思蠻事憲宗，襲父爵，兼領僧人。後因軍帥札忽兒台據別失八里，盡室徙居平涼。與其子阿的迷失帖木兒入覲，世祖詔入宿衞爲必闍赤，命從安西王忙哥剌出鎭六盤。安西王薨，其子阿難答嗣。成宗卽位，遣使入朝，因奏：「阿的迷失帖木兒父子，本先帝舊臣，來事先王，服勤二十餘年矣。若終老王府，非所以盡其才也，願以歸陛下用之。」成宗可其奏，授阿的迷失帖木兒汝州達魯花赤，積官祕書太監。卒。子阿鄰帖木兒。

阿鄰帖木兒，善國書，多聞識，歷事累朝，繇翰林待制累遷榮祿大夫、翰林學士承旨。英宗時，以舊學日侍左右，陳說祖宗以來及古先哲王嘉言善行。翻譯諸經，紀錄故實，總治諸王、駙馬、番國朝會之事。

天曆初，北迎明宗入正大統，一見歡甚，顧左右曰：「此朕師也。」天曆三年，進光祿大夫、知經筵事。

子曰沙剌班，曰秃忽魯，曰六十，曰咱納祿。沙剌班，累拜中書平章政事、大司徒、宣政院使。

塔塔統阿

塔塔統阿，畏兀人也。性聰慧，善言論，深通本國文字。乃蠻大敭可汗尊之爲傅，掌其金印及錢穀。太祖西征，乃蠻國亡，塔塔統阿懷印逃去，俄就擒。帝詰之曰：「大敭人民疆土，悉歸於我矣，汝負印何之？」對曰：「臣職也，將以死守，欲求故主授之耳。安敢有他！」帝曰：「忠孝人也！」問是印何用，對曰：「出納錢穀，委任人材，一切事皆用之，以爲信驗耳。」帝善之，命居左右。是後凡有制旨，始用印章，仍命掌之。帝曰：「汝深知本國文字乎？」塔塔統阿悉以所蘊對，稱旨，遂命教太子諸王以畏兀字書國言。

太宗卽位，命司內府玉璽金帛。命其妻吾和利氏爲皇子哈剌察兒乳母，時加賜予。塔塔統阿召諸子諭之曰：「上以汝母鞠育太子，賜予甚厚，汝等豈宜有之，當先供太子用，有餘則可分受。」帝聞之，顧侍臣曰：「塔塔統阿以朕所賜先供太子，其廉介可知矣。」由是數加禮遇。以疾卒。至大三年，贈中奉大夫，追封雁門郡公。子四人：長玉笏迷失，次力渾迷失，次速羅海，次篤綿。

玉笏迷失，少有勇略，渾都海叛於三盤，〔四〕時玉笏迷失守護皇孫脫脫營壘，率其衆與渾都海戰，敗之。追至只必勒，適遇阿藍答兒與之合兵，復戰，玉笏迷失死之。

力渾迷失，有膂力，嘗獵于野，與衆相失，遇盜三人，欲奪其衣，力渾迷失搏之盡仆，遂縛以還。帝召見，選力士與之角，無與敵者，帝壯之，賜金，令備宿衞。

速羅海，襲父職，仍命司內府玉璽金帛。

篤綿，舊事皇子哈剌察兒，世祖卽位，從其母入見，欲官之，以無功辭，命統宿衞。奉使遼東。卒，封雁門郡公。子阿必實哈，陝西行省平章政事。

岳璘帖穆爾

岳璘帖穆爾，回鶻人，畏兀國相暾欲谷之裔也。

其兄仳理伽普華，年十六，襲國相、答剌罕。時西契丹方强，威制畏兀，命太師僧少監來臨其國，驕恣用權，奢淫自奉。畏兀王患之，謀於仳理伽普華曰：「計將安出？」對曰：「能殺少監，挈吾衆歸大蒙古國，彼且震駭矣。」遂率衆圍少監斬之。以功，加號仳理傑忽底，進授明別吉，妻號赫思迭林。左右有疾其功者，譖于其王曰：「少監珥珠，先王寶也，仳理伽普華匿之，盍急索勿失。」其王怒，索寶甚急。仳理伽普華度無以自明，乃亡附太祖，賜以金虎符、獅紐銀印、金螭椅一、衣金直孫，校尉四人，仍食二十三郡。繼又賜銀五萬兩。以弟岳璘帖穆爾爲質。仳理伽普華以疾卒。

岳璘帖穆爾從太祖征討，多戰功。皇弟斡真求師傅，帝命岳璘帖穆爾往，訓導諸王子以孝弟敦睦、仁厚不殺爲先，帝聞而嘉之。

從平河南，徙鄭縣民萬餘戶入樂安。俄授河南等處軍民都達魯花赤，佩金虎符，幷賜宮女四人。所得上方賞賚，悉輦歸故郡，以散親舊。且盛陳漢官儀衞以激厲之，國人羨慕。道出河西，所過榛莽，或時乏水，爲之鑿井置堠，居民使客相慶稱便。

太祖即位，〔五〕以中原多盜，選充大斷事官。從斡真出鎭順天等路，布德化，寬征徭，盜遁姦革，州郡淸寧。尋復監河南等處軍民。年六十七，卒于保定。後贈宣力保德功臣、山東宣慰使，謚莊簡。子合剌普華，見忠義傳。

李楨

李楨，字幹臣。其先，西夏國族子也。金末，楨以經童中選。既長，入爲質子，以文學得近侍，太宗嘉之，賜名玉出干必闍赤。

從皇子闊出伐金，帝命之曰：「凡軍中事，須訪楨以行。」及下河南諸郡，闊出遣楨偕吉登哥往唐、鄧二州數民實，兵餘歲凶，流散十八九。楨至，賑恤饑寒，歸者如市。

十年，從大將察罕下淮甸。楨以功佩金符，授軍前行中書省左右司郎中。楨奏尋訪天下儒士，令所在優贍之。十三年，師圍壽春，天雨不止，楨言於察罕曰：「頓師城下，暑雨疫作，將有不利。且城久拒命，破必屠之，則生靈何辜。請退舍數里，身往招之。」從之。楨遂單騎入敵壘，曉以利害，明日，與其將二人率衆來降。以功賜銀五千兩。

楨表言：「襄陽乃吳、蜀之要衝，宋之喉襟，得之則可爲他日取宋之基本。」定宗嘉其言。庚戌，賜虎符，授襄陽軍馬萬戶。丙辰，憲宗命楨率師巡哨襄樊。戊午，帝親征，召楨同議事。秋九月，卒于合州，年五十九。

速哥

速哥，蒙古怯烈氏，世傳李唐外族。父懷都，事太祖，嘗從飲班朮（居）〔尼〕河水。〔六〕

速哥爲人，外若質直，而內實沉勇有謀，雅爲太宗所知。命使金，因俾覘其虛實，語之曰：「卽不還，子孫無憂不富貴也。」速哥頓首曰：「臣死，職耳。奉陛下威命以行，可無慮也。」帝悅，賜所常御馬。至河，金人閉之舟中，七日始登南岸，又三旬乃達汴。及見金主，曰：「天子念爾土地日狹，民力日疲，故遣我致命，爾能共修歲幣，通好不絕，則轉禍爲福矣。」謁者令下拜，速哥曰：「我大國使，爲爾屈乎！」金主壯之，取金巵飲之酒曰：「歸語汝主，必欲加兵，敢率精銳以相周旋，歲幣非所聞也。」速哥飲畢，卽懷金巵以出。速哥雖佯爲不智，而默識其地理阨塞、城郭人民之強弱。旣復命，備以虛實告；且以所懷金巵獻。帝喜曰：「我得金於汝手中矣。」復以賜之。始下令徵兵南伐，兵至河北岸，方舟欲渡，金軍陣於河南，帝令儀衞導速哥居中行，親率偏師乘陣西策馬涉河。〔七〕會睿宗軍亦由襄、鄧至，兩軍夾攻之。及金亡，詔賜金護駕士五人，曰：「此以旌汝爲使之不辱也。」昔使過嶂州，嶂人盜殺其良馬，至是，兼以嶂民賜之。

歲乙未，帝從容謂速哥曰：「我將官汝，西域、中原，惟汝擇之。」速哥再拜曰：「幸甚！臣意中原爲便。」帝曰：「西山之境，八達以北，汝其主之。汝於城中構大樓，居其上，使人皆仰望汝，汝俯而諭之，顧不偉乎。」乃以爲山西大達魯花赤。

受命方出，有回回六人訟事不實，將抵罪，遇諸途，急止監者曰：「姑緩其刑，當入奏。」復見帝曰：「此六人者，名著西域，徒以小罪盡誅之，恐非所以懷遠人也。願以賜臣，臣得困辱之，使自悔悟遷善，爲他日用，殺之無益也。」帝意解，召六人謂之曰：「生汝者速哥也，其竭力事之。」至雲中，皆釋之。後有至大官者。其寬大愛人多類此。卒年六十二。贈推忠翊運同德功臣、太師、開府儀同三司、上柱國，追封宣寧王，謚忠襄。

子六人：曰長罕，曰玉呂忽都，曰撒合里都，曰忽蘭，曰忽都兒不花，曰不花。長罕、玉呂忽都、撒合里都，皆從兀魯赤太子出征，以戰功顯。

忽蘭之母以后戚故，得襲職。鉏强植弱，均役平刑，闔郡賴以安輯。乙未之抄戶籍也，前賜崞人已入官籍，更賜山西戶三百。西方多盜，郡縣捕不得，則法當計所失物直倍償，郡縣苦之。有甄軍判者，率羣盜往來阜平、曲陽間，殺人渾源界而奪之財。縣以失捕當償，忽蘭曰：「此大盜也，縣豈能制哉！」卽遣千人捕甄殺之，剿捕其餘黨，其害乃除。忽蘭性純篤，然酷好佛，嘗施千金修龍宮寺，建金輪大會，供僧萬人。卒年四十二。贈太保、金紫光祿大夫、上柱國，追封雲國公，謚康忠。

子天德于思，穎悟過人，世祖聞其賢，令襲父爵，養母完顏氏以孝聞。自中山北來，適有邊釁，天德于思督造兵甲，撫循其民，無有寧息，形容盡瘁。帝聞而嘉之，賜馴豹、名鷹，使得縱獵禁地，當時眷顧最號優渥。卒年三十九。贈太傅、儀同三司、上柱國，追封雲國公，謚顯毅。子孫世多顯貴云。

忙哥撒兒〔伯答沙〕〔八〕

忙哥撒兒，察哈札剌兒氏。曾祖赤老溫愷赤，祖搠阿，父那海，並事烈祖。及太祖嗣位，年尚幼，所部多叛亡，搠阿獨不去。皇弟槊只哈撒兒陰擿之去，亦謝不從。搠阿精騎射，帝甚愛之，號爲默爾傑，華言善射之尤者也。帝嘗與賊遇，將戰，有二飛鶩至，帝命搠阿射之。請曰：「射其雄乎？抑雌者乎？」帝曰：「雄者。」搠阿一發墜其雄。賊望見，驚曰：「是善射若此，飛鳥且不能逃，況人乎！」不戰而去。

從征乃蠻，敵率銳兵鼓而進，搠阿按兵屹不動，敵止。俄復鼓而進，搠阿亦不動，敵卒疑畏不敢前。（世）〔太〕祖征蔑里吉，〔九〕兵潰，搠阿與其弟左右力戰以衞帝。會兀良罕哲里馬來援，敵乃引退。

那海事太祖，〔一〇〕備歷艱險，未嘗形於言，帝嘉其忠，且念其世勳，詔封懷、洛陽百七十五戶。

忙哥撒兒事睿宗，恭謹過其父。嘗從攻鳳翔，首立奇功。定宗陞爲斷事官，剛明能舉職。

憲宗在藩邸，深知其人。從征斡羅思、阿（剌）〔速〕、〔一一〕欽察諸部，常身先諸將，及以所俘寶玉頒諸將，則退然一無所取。憲宗由是益重之，使治藩邸之分民。間出游獵，則長其軍士，動如紀律。雖太后及諸嬪御小有過失，知無不言，以故邸中人咸敬憚之。迺以爲斷事官之長，其位在三公之上，猶漢之大將軍也。

既拜命，出帳殿外，㪚橐坐熊席，其僚列坐左右者四十人。忙哥撒兒問曰：「主上以我長此官，諸公其爲我言，當以何道守官？」衆皆默然。又問之，有夏人和斡居下坐，進曰：「夫札魯忽赤之道，猶宰之刲羊也，解肩者不使傷其脊，在持平而已。」忙哥撒兒聞之，卽起入帳內。衆不知所爲，皆咎和斡失言。既入，乃爲帝言和斡之言善。帝召和斡，命之步，曰：「是可用之才也。」和斡由是知名。

定宗崩，宗王八都罕大會宗親，議立憲宗。畏兀八剌曰：「失烈門，皇孫也，宜立。且先帝嘗言其可以君天下。」諸大臣皆莫敢言。忙哥撒兒獨曰：「汝言誠是，然先皇后立定宗時，汝何不言耶？八都罕固亦遵先帝遺言也。有異議者，吾請斬之。」衆乃不敢異，八都罕乃奉憲宗立之。

憲宗之幼也，太宗甚重之。一日行幸，天大風，入帳殿，命憲宗坐膝下，撫其首曰：「是可以君天下。」他日，用牸按豹，皇孫失烈門尚幼，曰：「以牸按豹，則犢將安所養。」太宗以爲有仁心，又曰：「是可以君天下。」其後太宗崩，六皇后攝政，竟立定宗。故至是，二人各舉以爲言云。

憲宗既立，察哈台之子及按赤台等謀作亂，刳車轅，藏兵其中以入，轅折兵見，克薛傑見之，上變。忙哥撒兒卽發兵迎之。按赤台不虞事遽覺，倉卒不能戰，遂悉就擒。憲宗親簡其有罪者，付之鞫治。忙哥撒兒悉誅之。帝以其奉法不阿，委任益專。有當刑者，輒以法刑之，乃入奏，帝無不報可。帝或臥未起，忙哥撒兒入奏事，至帳前，扣箭房，帝問何言，卽可其奏，以所御大帳行扇賜之。其見親寵如此。

癸丑冬，病酒而卒。帝以忙哥撒兒當國時，多所誅戮，及是，咸騰謗言，迺爲詔諭其子，略曰：

汝高祖赤老溫愷赤，曁汝祖搠阿，〔一三〕事我成吉思皇帝，皆著勞績，惟朕皇祖實褒嘉之。汝父忙哥撒兒，自其幼時，事我太宗，朝夕忠勤，罔有過咎。從我皇考，經營四方。迨事皇妣及朕兄弟，亦罔有過咎。曁朕討定斡羅思、阿速、穩兒別里欽察之域，濟大川，造方舟，伐山通道，攻城野戰，功多於諸將。俘厥寶玉，大賚諸將，則退然無欲得之心。惟朕言是用，修我邦憲，治我蒐田，輯我國家，罔不咸乂。惟厥忠，雖其私親，與朕嬪御，小有過咎，一是無有比私。故朕皇妣，迨朕昆弟，無不嘉賴。朝之老臣、宿衞耆舊，無不嚴畏。錄其勤勞，命爲札魯忽赤，治朕皇考受民，布昭大公，以辨獄愼民，爰作朕股肱耳目，衆無譁言，朕聽以安。

自時厥後，察哈台阿哈之孫，太宗之裔定宗、闊出之子，及其民人，越有他志。賴天之靈，時則有克薛傑者，以告于朕。汝父肅將大旅，以遏亂略，按赤台等謀是用潰，悉就拘執。朕取有罪者，使辨治之，汝父體朕之公，其刑其宥，克比于法。又使治也速、不里獄，亦克比于法。

惟爾脫歡、脫兒赤：自朕用汝父，用法不阿，兄弟親姻，咸麗于憲。今衆罔不怨，曰「爾亦有死耶」，若有慊志。人則雖死，朕將寵之如生。肆朕訓汝，爾克明時朕言，如是而有福，不如是而有禍。惟天惟君，能禍福人；惟天惟君，是敬是畏。立身正直，制行貞潔，是汝之福；反是勿思也。能用朕言，則不墜汝父之道，人亦不能間汝矣；不用朕言，則人將仇汝，伺汝，間汝。怨汝父者，必曰「汝亦與我夷矣」，汝則殆哉。汝於朕言，弗慎繹之，汝則有咎；克慎繹之，人將敬汝畏汝，無間伺汝，無慢汝怨汝者矣。

又，而母而婦，有讒欺巧佞構亂之言，慎勿聽之，則盡善矣。

至順四年，追封忙哥撒兒爲兗國公。子四人：長脫歡，次脫兒赤，次也先帖木爾，次帖木兒不花。脫歡爲萬戶，無子。脫兒赤子明禮帖木兒，累官翰林學士承旨，從征乃顏有功。明禮帖木兒子咬住，咬住子也先，延徽寺卿。也先帖木兒子曰哈剌合孫。帖木兒不花子曰塔朮納，曰哈里哈孫，曰伯答沙。

伯答沙幼入宿衞，爲寶兒赤。歷事成宗、武宗，由光祿少卿擢同知宣徽院事，陞銀青光祿大夫、宣徽院使，遙授左丞相。武宗崩，護梓宮葬于北，守山陵三年，乃還。仁宗卽位，眷顧益厚。延祐二年，拜中書右丞相。〔一三〕時承平日久，朝廷淸明，君臣端拱廟堂之上，而百姓乂安於下，一時號稱極治。

仁宗崩，帖木迭兒執政，改授集賢大學士，仍開府儀同三司、錄軍國重事。未幾，以大宗正札魯忽赤出鎭北方，亦以淸靜爲治，邊民按堵。

泰定間還朝，加太保。及倒剌沙構兵上都，兵潰，伯答沙奉璽紱來上，文宗嘉之。拜太傅，仍爲札魯忽赤。至順三年薨。

伯答沙爲人淸愼寬厚，號稱長者。其歿也，貧無以爲斂，人皆歎其廉。詔贈推忠佐理正德秉義功臣、開府儀同三司、太師、上柱國，追封威平王。

三子：長馬馬的斤，次潑皮，次八郎。八郎期而孤，其母乞咬契氏，二十而寡，守節不他適。八郎後爲大宗正府札魯忽赤，能繼其先。有成立者，母氏之敎也。

孟速思

孟速思，畏兀人，世居别失八里，古北庭都護之地。幼有奇質，年十五，盡通本國書。太祖聞之，召至闕下，一見大悅，曰：「此兒目中有火，它日可大用。」以授睿宗，使視顯懿莊聖皇后分邑歲賦。復事世祖於潛藩，日見親用。

憲宗崩，孟速思言于世祖曰：「神器不可久曠，太祖嫡孫，唯王最長且賢，宜卽皇帝位。」諸王塔察兒、也孫哥、合丹等，咸是其言。世祖卽位，眷顧益重。南征時，與近臣不只兒爲斷事官。及諸王阿里不哥叛，相拒漠北，不只兒有二心，孟速思知之，奏徙之於中都，親監護以往，帝以爲忠。數命收召豪俊，凡所引薦，皆極其選。詔與安童並拜丞相，固辭。帝語安童及丞相伯顏、御史大夫月魯那演等曰：「賢哉孟速思，求之彼族，誠爲罕也。」

孟速思爲人，剛嚴謹信。蚤居帷幄，謀議世莫得聞。至元四年卒，年六十有二。帝尤哀悼，特謚敏惠。武宗朝，贈推忠同德佐理功臣、太師、開府儀同三司、上柱國，追封武都王，改謚智敏。子九人，多至大官。

校勘記

〔一〕〔阿里乞失帖木兒阿台迭里威失鎖咬兒哈的迷失〕　據本書原目錄補。

〔二〕（太）〔世〕祖　從道光本改。按此敍至元二十四年乃顏叛元時事，隔元太祖之死六十年，「太」顯誤。

〔三〕〔阿鄰帖木兒〕　據本書原目錄補。

〔四〕三盤　按本書卷一五五汪世顯傳附汪良臣、汪惟正傳，卷一六二李忽蘭吉傳皆作「六盤」。新編改「三」爲「六」，疑是。

〔五〕太祖卽位　按前文已載太宗朝事，此處復云「太祖卽位」，顯誤。道光本作「太宗卽位」。

〔六〕班朮（居）〔尼〕河　據本書卷一太祖紀，卷一二〇札八兒火者傳、鎭海傳，卷一二一速不台傳，卷一二二哈散納傳，卷一二三阿朮魯傳、紹古兒傳所見「班朱尼河」改。本書他處又作「班朱泥河」、「班眞河」、「班眞海子」。新編已校。

〔七〕策馬沙河　按前文，「河」指黃河。新編改「沙」爲「涉」，疑是。

〔八〕〔伯答沙〕　據本書原目錄補。

〔九〕（世）〔太〕祖征蔑里吉　從道光本改。按前後文俱言成吉思汗時事，與元世祖無涉。

〔一〇〕那海事太祖　新編云：「謂捌阿子那海亦事太祖，受封洛陽戶口，則太祖時洛陽尙爲金有，何得遙有封戶。蓋舊史誤以太宗平金後事爲太祖事。」

〔一一〕阿（剌）〔速〕 按後文憲宗追述前功，中有「討定斡羅思、阿速」，據改。阿速，部族名，本書多見。蒙史已校。

〔一二〕汝祖擲阿 考異云：「案上文，擲阿爲忙哥撒兒之祖，此諭其子，當稱汝曾祖，不當云汝祖也。」道光本「祖」作「曾祖」。

〔一三〕延祐二年拜中書右丞相 按本書卷二六仁宗紀延祐四年九月丙寅條、卷一一二宰相年表，伯答沙任右丞相在延祐四年。道光本改「二」爲「四」，是。

元史卷一百二十五

列傳第十二

賽典赤贍思丁 子納速剌丁 忽辛附

賽典赤贍思丁一名烏馬兒，回回人，別菴伯爾之裔。其國言賽典赤，猶華言貴族也。太祖西征，贍思丁率千騎以文豹白鶻迎降，命入宿衞，從征伐，以賽典赤呼之而不名。太宗卽位，授豐(靖)〔淨〕雲內三州都達魯花赤；〔二〕改太原、平陽二路達魯花赤；入爲燕京斷事官。憲宗卽位，命同塔剌渾行六部事，遷燕京路總管，多惠政，擢採訪使。帝伐蜀，賽典赤主饋餉，供億未嘗闕乏。

世祖卽位，立十路宣撫司，擢燕京宣撫使。中統二年，拜中書平章政事，皆降制奬諭。至元元年，置陝西五路西蜀四川行中書省，出爲平章政事。蒞官三年，增戶九千五百六十五，軍一萬二千二百五十五，鈔六千二百二十五錠，屯田糧九萬七千二十一石，撙節和買鈔三百三十一錠。中書以聞，詔賞銀五千兩，仍命陝西五路四川行院大小官屬並聽節制。

七年，分鎭四川，宋將昝萬壽擁强兵守嘉定，與賽典赤軍對壘，一以誠意待之，不爲侵掠，萬壽心服。未幾，賽典赤召還，萬壽請置酒爲好，左右皆難之，賽典赤竟往不疑。酒至，左右復言未可飲，賽典赤笑曰：「若等何見之小耶。昝將軍能毒我，其能盡毒我朝之人乎。」萬壽嘆服。八年，有旨：大軍見圍襄陽，各道宜進兵以牽制之。於是賽典赤偕鄭鼎率兵水陸並進，至嘉定，獲宋將二人，順流縱筏，斷其浮橋，獲戰艦二十八艘。尋命行省事于興元，專給糧餉。

十一年，帝謂賽典赤曰：「雲南朕嘗親臨，比因委任失宜，使遠人不安，欲選謹厚者撫治之，無如卿者。」賽典赤拜受命，退朝，卽訪求知雲南地理者，畫其山川城郭、驛舍軍屯、夷險遠近爲圖以進，帝大悅，遂拜平章政事，行省雲南，賜鈔五十萬緡、金寶無算。

時宗王脫忽魯方鎭雲南，惑於左右之言，以賽典赤至，必奪其權，具甲兵以爲備。賽典赤聞之，乃遣其子納速剌丁先至王所，請曰：「天子以雲南守者非人，致諸國背叛，故命臣來安集之，且戒以至境卽加撫循，今未敢專，願王遣一人來共議。」王聞，遽罵其下曰：「吾幾爲汝輩所誤。」明日，遣親臣撒滿、位哈乃等至，賽典赤問以何禮見，對曰：「吾等與納速剌丁偕來，視猶兄弟也，請用子禮見。」皆以名馬爲贄，拜跪甚恭，觀者大駭。乃設宴陳所賜金寶飲器，酒罷，盡以與之，二人大喜過望。明日來謝，語之曰：「二君雖爲宗王親臣，未有名爵，不可以議國事，欲各授君行省斷事官，以未見王，未敢擅授。」令一人還，先禀王，王大悅。由是政令一聽賽典赤所爲。

十二年，奏：「雲南諸夷未附者尚多，今擬宣慰司兼行元帥府事，並聽行省節制。」又奏：「哈剌章、雲南壤地均也，而州縣皆以萬戶、千戶主之，宜改置令長。」並從之。十三年，以所改雲南郡縣上聞。雲南俗無禮儀，男女往往自相配偶，親死則火之，不爲喪祭。無秔稻桑麻，子弟不知讀書。賽典赤教之拜跪之節，婚姻行媒，死者爲之棺槨奠祭，教民播種，爲陂池以備水旱，創建孔子廟、明倫堂，購經史，授學田，由是文風稍興。雲南民以貝代錢，是時初行鈔法，民不便之，賽典赤爲聞于朝，許仍其俗。又患山路險遠，盜賊出沒，爲行者病，相地置鎭，每鎭設土酋吏一人、百夫長一人，往來者或值劫掠，則罪及之。

有土吏數輩，怨賽典赤不已，用至京師誣其專僭數事。帝顧侍臣曰：「賽典赤憂國愛民，朕洞知之，此輩何敢誣告！」卽命械送賽典赤處治之。既至，脫其械，且諭之曰：「若曹不知上以便宜命我，故訴我專僭，我今不汝罪，且命汝以官，能竭忠自贖乎？」皆叩頭拜謝曰：「某有死罪，平章既生之而又官之，誓以死報。」

交趾叛服不常，湖廣省發兵屢征不利，賽典赤遣人諭以逆順禍福，且約爲兄弟。交趾王大喜，親至雲南，賽典赤郊迎，待以賓禮，遂乞永爲藩臣。

蘿槃甸叛，往征之，有憂色，從者問故，賽典赤曰：「吾非憂出征也，憂汝曹冒鋒鏑，不幸以無辜而死；又憂汝曹劫虜平民，使不聊生，及民叛，則又從而征之耳。」師次蘿槃城，三日不降，諸將請攻之，賽典赤不可，遣使以理諭之。蘿槃主曰：「謹奉命。」越三日又不降，諸將奮勇請進兵，賽典赤又不可。俄而將卒有乘城進攻者，賽典赤大怒，遽鳴金止之，召萬戶叱責之曰：「天子命我安撫雲南，未嘗命以殺戮也。無主將命而擅攻，於軍法當誅。」命左右縛之，諸將叩首，請俟城下之日從事。蘿槃主聞之曰：「平章寬仁如此，吾拒命不祥。」乃舉國出降。將卒亦釋不誅。由是西南諸夷翕然款附。夷酋每來見，例有所獻納，賽典赤悉分賜從官，或以給貧民，秋毫無所私；爲酒食勞酋長，製衣冠襪履，易其卉服草履。酋皆感悅。

賽典赤居雲南六年，至元十六年卒，年六十九，百姓巷哭，葬鄯闡北門。交趾王遣使者十二人，齊經爲文致祭，其辭有「生我育我，慈父慈母」之語，使者號泣震野。帝思賽典赤之功，詔雲南省臣盡守賽典赤成規，不得輒改。大德元年，贈守仁佐運安遠濟美功臣、太師、開府儀同三司、上柱國、咸陽王，諡忠惠。

子五人：長納速剌丁；次哈散，廣東道宣慰使都元帥；次忽辛；次苫速丁兀默里，建昌路總管；次馬速忽，雲南諸路行中書省平章政事。

納速剌丁，累官中奉大夫、雲南〔諸〕路宣慰使都元帥。〔一〕至元十六年，遷帥大理，以軍抵金齒、蒲驃、曲蠟、緬國，招安夷寨三百，籍戶十二萬二百，定租賦，置郵傳，立衞兵，歸以馴象十二入貢，有旨賞金五十兩、衣二襲，麾下士賞銀有差。

會其父贍思丁歿，雲南省臣於諸夷失撫綏之方，世祖憂之，近臣以納速〔剌〕丁爲言。〔二〕十七年，授資德大夫、雲南行中書省左丞，尋陞右丞。建言三事：其一謂雲南省規措所造金簿貿易病民，宜罷；其一謂雲南有省，有宣慰司，又有都元帥府，近宣慰司已奏罷，而元帥府尙存，臣謂行省旣兼領軍民，則元帥府亦在所當罷；其一謂雲南官員子弟入質，臣謂達官子弟當遣，餘宜罷。奏可。

二十一年，進榮祿大夫、平章政事。奏減合剌章冗官，歲省俸金九百餘兩；屯田課程專人掌之，歲得五千兩。〔三〕（二十二）〔二十三〕年，〔四〕以合剌章蒙古軍千人，從皇太子脫歡征交趾，論功賞銀二千兩。二十八年，進拜陝西行省平章政事。二十九年，以疾卒。贈推誠佐理協德功臣、太師、開府儀同三司、上柱國、中書左丞相，封延安王。

子十二人：伯顏，中書平章政事；烏馬兒，江浙行省平章政事；劄法兒，荊湖宣慰使；忽先，雲南行省平章政事；沙的，雲南行省左丞；阿容，太常禮儀院使；伯顏察兒，中書平章政事，佩金虎符，贈太師、開府儀同三司、上柱國、中書左丞相，奉元王，謚忠憲。

忽辛，至元初以世臣子備宿衞，世祖善其應對。至元十四年，授兵部郎中。明年，出爲河南等路宣慰司同知。河南多强盜，往往羣聚山林，刼殺行路，官軍收捕失利，忽辛以招安自任，遣土豪持檄諭之。未幾，賊二人來自歸，忽辛賜之冠巾，且諭之曰：「汝昔爲賊，今旣自歸，卽良民矣。」俾侍左右，出入房闥無間，悉放還，令遍諭其黨。數日後，招集其爲首者十輩來，身長各七尺餘，羅拜庭下，顧視異常，衆悉驚怖失措。忽辛命吏籍其姓名爲民，俾隨侍左右，夜則令卧戶外，時呼而飲食之，各得其歡心。羣盜聞之，相繼款附。

二十一年，授雲南諸路轉運使。明年，轉陝西道。又明年，授燕南河北道宣慰司同知，尋除南京總管。三十年，授兩浙鹽運使。大德九年，〔五〕進江東道宣慰使，改陝西行臺御史中丞，再改雲南行省右丞。

旣至，條具諸不便事言于宗王，請更張之，王不可，忽辛與左丞劉正馳還京師，有旨令宗王協力施行。由是一切病民之政，悉革而新之。豪民規避徭役，往往投充王府宿衞，有司不勝供給，忽辛按朝廷元額所無者，悉籍爲民，去其宿衞三分之二。馬龍州酋謀叛，陰與外賊通，持所受宣敕納賊以示信，事覺，宗王爲左右所蔽，將釋不問，忽辛與劉正反覆研鞫，反狀盡得，竟斬之。軍糧支給，地理遠近不同，吏夤緣爲姦，忽辛籍軍戶姓名及倉廩處所，爲更番支給，吏姦始除。

先是，贍思丁爲雲南平章時，建孔子廟爲學校，撥田五頃，以供祭祀教養。贍思丁卒，田爲大德寺所有，忽辛按廟學舊籍奪歸之。乃復下諸郡邑遍立廟學，選文學之士爲之教官，文風大興。王府畜馬繁多，悉縱之郊，敗民禾稼，而牧人又在民家宿食，室無寧居。忽辛度地置草場，搆屋數十間，使爲牧所，民得以安。

廣南酋沙奴素强悍，宋時嘗賜以金印，雲南諸部悉平，獨此梗化。忽辛遣使誘致，待之以禮，留數月不遣，酋請還，忽辛曰：「汝欲還，可納印來。」酋不得已，齎印以納，忽辛置酒宴勞，諷令偕印入覲，帝大悅。

大德五年，緬國主負固不臣，忽辛遣人諭之曰：「我老賽典赤平章子也，惟先訓是遵，凡官府於汝國所不便事，當一切爲汝更之。」緬國主聞之，遂與使者偕來，獻白象一，且曰：「此象古來所未有，今聖德所致，敢效方物。」既入，帝賜緬國主以世子之號。烏蠻等租賦，歲發軍徵索乃集，忽辛以利害榜諭諸蠻，不遣一卒，而租賦咸足。俄有爲飛語及符讖以惑宗王者，忽辛引劉正密爲奏馳報，朝廷遣使臨問，凡造言之徒悉誅之，忽辛偕使者還覲。

大德八年，出爲四川行省左丞，改江浙行省。至大元年，拜榮祿大夫、江西行省平章政事。明年，以母老謝職歸養。又明年正月卒。天曆元年，贈守德宣惠敏政功臣、上柱國、雍國公，謚忠簡。

子二人：伯杭，中慶路達魯花赤；曲列，湖南道宣慰使。

布魯海牙

布魯海牙，畏吾人也。祖牙兒八海牙，父吉臺海牙，俱以功爲其國世臣。布魯海牙幼孤，依舅氏家就學，未幾，即善其國書，尤精騎射。年十八，隨其主內附，充宿衞。太祖西征，布魯海牙扈從，不避勞苦，帝嘉其勤，賜以羊馬氈帳，又以居里可汗女石抹氏配之。太祖崩，諸王來會，選使燕京總理財幣。使還，莊聖太后聞其廉謹，以名求之於太宗，凡中宮軍民匠戶之在燕京、中山者，悉命統之，又賜以中山店舍園田、民戶二十，授眞定路達魯花赤。

辛卯，拜燕南諸路廉訪使，佩金虎符，賜民戶十。未幾，授斷事官，使職如故。時斷事官得專生殺，多倚勢作威，而布魯海牙小心謹密，愼於用刑。有民誤毆人死，吏論以重法，其子號泣請代死，布魯海牙戒吏，使擒于市，懼則殺之。既而不懼，乃曰：「誤毆人死，情有可宥，子而能孝，義無可誅。」遂併釋之，使出銀以資葬埋，且呼死者家諭之，其人悅從。

是時法制未定，奴有罪者，主得專殺，布魯海牙知其非法而不能救，嘗出金贖死者數十人。征討之際，隸軍籍者，憚於行役，往往募人代之，又軍中多逃歸者，朝廷下制：募代者杖百，逃歸者死。命布魯海牙與斷事官卜只兒按順天等路，及至州縣，得募人代者萬一千戶、逃者十二人。然募者聞命將下，已潛遣家人易代募者，布魯海牙聞之，歎曰：「募者已懼罪往易，逃者因單弱思歸，情皆可矜，吾可不伸理耶。」遂奏其狀，皆得輕減。有丁多產富而家人不往，及未至役所而卽逃者，則曰：「此而不殺，何以戒後！」有竊妓逃者，吏論當死，布魯海牙曰：「敗亂綱常，罪固宜死；此妓也，豈可例論！」命杖之。其執法平允類如此。

世祖卽位，擇信臣宣撫十道，命布魯海牙使眞定。眞定富民出錢貸人者，不踰時倍取其息，布魯海牙正其罪，使償者息如本而止，後定爲令。中統鈔法行，以金銀爲本，本至，乃降新鈔。時莊聖太后已命取眞定金銀，由是眞定無本，鈔不可得。布魯海牙遣幕僚邢澤往謂平章王文統曰：「昔奉太后旨，金銀悉送至上京，眞定南北要衝之地，居民商賈甚多，今舊鈔既罷，新鈔不降，何以爲政。且以金銀爲本，豈若以民爲本。又太后之取金帛，以賞推戴之功也，其爲本不亦大乎！」文統不能奪，立降鈔五千錠，民賴以便。俄遷順德等路宣慰使，佩金虎符。來朝，帝命坐，慰勞之，賜以海東青鶻。至元二年秋卒，年六十九。

布魯海牙性孝友，造大宅於燕京，自畏吾國迎母來居，事之，得祿不入私室。幼時叔父阿里普海牙欺之，盡有其產，及貴顯，築室宅旁，迎阿里普海牙居之，弟益特思海牙以宿憾爲言，常慰諭之，終無間言。帝嘗賜以太府綾絹五千匹，絲絮相等，弟求四之一納其國賦，盡與之，無吝色。初布魯海牙拜廉使，命下之日，子希憲適生，喜曰：「吾聞古以官爲姓，天其以廉爲吾宗之姓乎！」故子孫皆姓廉氏。後或奏廉氏仕進者多，宜稍汰去，世祖曰：「布魯海牙功多，子孫亦朕所知，非汝當預。」大德初，贈儀同三司、大司徒，追封魏國公，謚孝懿。

子希閔、希憲、希恕、希尹、希顏、希愿、希魯、希貢、希中、希括，孫五十三人，登顯仕者代有之，希憲自有傳。

高智耀 子睿附

高智耀，河西人，世仕夏國。曾祖逸，大都督府尹；祖良惠，右丞相。智耀登本國進士第，夏亡，隱賀蘭山。太宗訪求河西故家子孫之賢者，衆以智耀對，召見將用之，遽辭歸。皇子闊端鎭西涼，儒者皆隸役，智耀謁藩邸，言儒者給復已久，一旦與厮養同役，非便，請除之。皇子從其言。欲奏官之，不就。憲宗卽位，智耀入見，言：「儒者所學堯、舜、禹、湯、文、武之道，自古有國家者，用之則治，不用則否，養成其材，將以資其用也。宜蠲免徭役以教育之。」帝問：「儒家何如巫醫？」對曰：「儒以綱常治天下，豈方技所得比。」帝曰：「善。

前此未有以是告朕者。」詔復海內儒士徭役，無有所與。

世祖在潛邸已聞其賢，及卽位，召見，又力言儒術有補治道，反覆辯論，辭累千百。帝異其言，鑄印授之，命凡免役儒戶，皆從之給公文爲左驗。時淮、蜀士遭俘虜者，皆沒爲奴，智耀奏言：「以儒爲驅，古無有也。陛下方以古道爲治，宜除之，以風厲天下。」帝然之，卽拜翰林學士，命循行郡縣區別之，得數千人。貴臣或言其詭濫，帝詰之，對曰：「士，譬則金也，金色有淺深，謂之非金不可，才藝有淺深，謂之非士亦不可。」帝悅，更寵賚之。智耀又言：「國初庶政草創，綱紀未張，宜倣前代，置御史臺以糾肅官常。」至元五年立御史臺，用其議也。

擢西夏中興等路提刑按察使。會西北藩王遣使入朝，謂：「本朝舊俗與漢法異，今留漢地，建都邑城郭，儀文制度，遵用漢法，其故何如？」帝求報聘之使以析其問，智耀入見，請行，帝問所答，畫一敷對，稱旨，卽日遣就道。至上京，病卒，帝爲之震悼。後贈崇文贊治功臣、金紫光祿大夫、司徒、柱國，追封寧國公，謚文忠。子睿。

睿，資禀直亮，智耀之北使也，攜之以行。及卒，帝問其子安在，近臣以睿見，時年十六。授符寶郎，出入禁闥，恭謹詳雅。久之，授唐兀衞指揮副使，歷翰林待制、禮部侍郎。

除嘉興路總管，境內有宿盜，白晝掠民財，捕者積十數輩莫敢近。睿下令，不旬日，生擒之，一郡以寧。擢江東道提刑按察使，部內草竊陸梁，聲言圍宣城，郡將怯懦，城門不開，睿召責之曰：「寇勢方熾，官先示弱，民何所憑。」卽命密治兵衞，而洞開城門，聽民出入貿易自便。既而寇以有備，不敢進，遂討平之。除同僉行樞密院事，遷浙西道肅政廉訪使。鹽官州民，有連結黨與，持郡邑短長，其目曰十老，吏莫敢問，睿悉按以法，闔境快之。拜江南行臺侍御史，進御史中丞，除淮東道肅政廉訪使。盜竊眞州庫鈔三萬緡，有司大索，追逮平民數百人，吏因爲奸利，睿躬自詳讞而得其情，卽縱遣之。未幾，果得眞盜。復拜南臺御史中丞，務持大體，有儒者之風焉。延祐元年卒，年六十有六。累贈推忠佐理功臣、太傅、開府儀同三司、上柱國，追封寧國公，謚貞簡。

子納麟，官至太尉、江南諸道行御史臺大夫。

鐵哥

鐵哥，姓伽乃氏，迦葉彌兒人。迦葉彌兒者，西域築乾國也。父斡脫赤與叔父那摩俱學浮屠氏。斡脫赤兄弟相謂曰：「世道擾攘，吾國將亡，東北有天子氣，盍往歸之。」乃偕入見，太宗禮遇之。定宗師事那摩，以斡脫赤佩金符，奉使省民瘼。憲宗尊那摩爲國師，授玉印，總天下釋教。斡脫赤亦貴用事，領迦葉彌兒萬戶，奏曰：「迦葉彌兒西陲小國，尚未臣服，請往諭之。」詔偕近侍以往。其國主不從，怒而殺之，帝爲發兵誅國主。元貞元年封代國公，謚忠遂。

斡脫赤之歿，鐵哥甫四歲，性穎悟，不爲嬉戲。從那摩入見，帝問誰氏子，對曰：「兄斡脫赤子也。」帝方食雞，輟以賜鐵哥，鐵哥捧而不食，帝問之，對曰：「將以遺母。」帝奇之，加賜一雞。世祖卽位，幸香山永安寺，見書畏吾字於壁，問誰所書，僧對曰：「國師兄子鐵哥書也。」帝召見，愛其容儀秀麗，語音淸亮，命隸丞相孛羅備宿衞。

先是，世祖事憲宗甚親愛，後以讒稍疏，國師導世祖宜加敬愼，遂友愛如初。至是，帝將用鐵哥，曰：「吾以酬國師也。」於是鐵哥年十七，詔擇貴家女妻之，辭曰：「臣母漢人，每欲求漢人女爲婦，臣不敢傷母心。」乃爲娶冉氏女。久之，命掌饔膳湯藥，日益親密。

至元十六年，鐵哥奏曰：「武臣佩符，古制也。今長民者亦佩符，請省之，以彰武職。」從之。十七年，進正議大夫、尚膳監。帝嘗諭之曰：「朕聞父飲藥，子先嘗之，君飲藥，臣先嘗之。今卿典朕膳，凡飲食湯藥，宜先嘗之。」又曰：「朕以宿衞士隸卿，其可任使者，疏其才能，朕將用之。」詔賜第於大明宮之左，留守段圭言：「逼木局，不便。」帝曰：「俾居近禁闥，以便召使。木局稍隘，又何害焉。」

高州人言，州境多野獸害稼，願捕以充貢。鐵哥曰：「捕獸充貢，徒濟其私耳，且擾民，不可聽。」從之。十九年，遷同知宣徽院事，領尚膳監。有食尚食餘餅者，帝察知之，怒。鐵哥曰：「失餅之罪在臣，食者何與焉。」內府食用圓米，鐵哥奏曰：「計粳米一石，僅得圓米四斗，請自今非御用，止給常米。」帝皆善之。進中奉大夫、司農寺達魯花赤。從獵百杳兒之地，獵人亦不剌金射兔，誤中名駝，駝死，帝怒，命誅之。鐵哥曰：「殺人償畜，刑太重。」帝驚曰：「誤耶，史官必書。」亟釋之。庾人有盜鑿秔米者，罪當死。鐵哥諫曰：「臣鞫庾人，其母病，盜秔欲食母耳，請貸之。」牧人有盜割駝峯者，將誅之。鐵哥曰：「生割駝峯，誠忍人也。然殺之，恐乖陛下仁恕心。」詔皆免死。

二十二年，進正奉大夫，奏：「司農寺宜陞爲大司農司，秩二品，使天下知朝廷重農之意。」制可。進資善大夫、司農。時司農供膳，有司多擾民，鐵哥奏曰：「屯田則備諸物，立供膳司甚便。」從之。桓州饑民鬻子女以爲食，鐵哥奏以官帑贖之。

二十四年，從征乃顏，至撒兒都之地，叛王塔不台率兵奄至。鐵哥奏曰：「昔李廣一將耳，尚能以疑退敵，況陛下萬乘之威乎。今彼衆我寡，不得地利，當設疑以退之。」於是帝張曲蓋，據胡床，鐵哥從容進酒。塔不台按兵覘伺，懼有伏，遂引去。帝以金章宗玉帶賜之。

二十九年，進榮祿大夫、中書平章政事。以病足，聽輿轎入殿門。帝嘗憶北征事，不能悉記，鐵哥條舉甚詳，帝悅，以金束帶賜之。初，詔遣宋新附民種蒲萄於野馬川晃火兒不剌之地，既獻其實，鐵哥以北方多寒，奏歲賜衣服，從之。

成宗卽位，以鐵哥先朝舊臣，賜銀一千兩、鈔十萬貫。他日，又賜以瑪瑙椀，謂鐵哥曰：「此器先皇所用，朕今賜卿，以卿久侍先皇故也。」大德元年，加光祿大夫。三年，乞解機務，從之。仍授平章政事、議中書省事。時諸王朝見，未有知典故者，帝曰：「惟鐵哥知之，俾專其事，凡廩餼金帛之數，皆遵世祖制詔，自今懷諸王之禮，悉命鐵哥掌之。」

七年，復拜中書平章政事。平灤大水，鐵哥奏曰：「散財聚民，古之道也。今平灤水災，不加賑恤，民不聊生矣！」從之。十年，丁母憂，詔奪情起復。遼王脫脫入朝，從者執兵入大明宮，鐵哥劾止之，王懼謝。從幸（晉）〔縉〕山，〔六〕饑民相望，鐵哥輒發廩賑之，既乃陳疏自劾，帝稱善不已。

武宗卽位，賜金一百兩，加金紫光祿大夫，遙授中書右丞相。有訴寧遠王闊闊出有逆謀者，命誅之。鐵哥知其誣，廷辨之，由是得釋，徙高麗。二年，〔七〕領度支院。尋賜江州稻田五千畝。

仁宗皇慶元年，授開府儀同三司、太傅、錄軍國重事。乃進奏：世祖子惟寧遠王在，宜賜還。從之。二年，奉命詣萬安寺祀世祖，感疾歸，皇太后令內臣問疾，鐵哥附奏曰：「臣死無日，願太后輔陛下布惟新之政，社稷之福也。」是年薨，賜賻禮加厚，敕有司治喪事，贈太師、開府儀同三司、上柱國，追封秦國公，諡忠穆。加贈推誠守正佐理翊戴功臣，封延安王，改諡忠獻。

子六人：忽察，淮東宣慰使；平安奴，太平路達魯花赤；也識哥，同知山東宣慰司事；虎里台，同知眞定總管府事；亦可麻，同知都護府事；重喜，隆禧院副使。孫八人，伯顏，中書平章政事；餘多居宿衞。

校勘記

〔一〕豐（靖）〔淨〕雲內三州　見卷一校勘記〔一四〕。

〔二〕雲南〔諸〕路宣慰使　據本書卷一二二昔里鈐部傳附愛魯傳所見補。按元雲南非路。

〔三〕納速〔剌〕丁　據前後文補。

〔四〕（三十二）〔二十三〕年　道光本與本書卷一四世祖紀至元二十三年四月壬子條合，從改正。按至元無三十二年。

〔五〕大德九年　按後文尚有大德五年、八年，此誤。道光本據類編改作「元年」。

〔六〕（晉）〔縉〕山　見卷四校勘記〔一五〕。

〔七〕二年　按前文有「武宗即位」，後文有「仁宗皇慶」，此處指至大二年。蒙史云「舊脫至大二字」，是。

元史卷一百二十六

列傳第十三

安童〔兀都帶〕〔一〕

安童，木華黎四世孫，霸突魯長子也。中統初，世祖追錄元勳，召入長宿衞，年方十三，位在百僚上。母弘吉剌氏，昭睿皇后之姊，通籍禁中。世祖一日見之，問及安童，對曰：「安童雖幼，公輔器也。」世祖曰：「何以知之。」對曰：「每退朝必與老成人語，未嘗狎一年少，是以知之。」世祖悅。

四年，執阿里不哥黨千餘，將置之法，安童侍側，帝語之曰：「朕欲置此屬於死地，何如？」對曰：「人各爲其主，陛下甫定大難，遽以私憾殺人，將何以懷服未附。」帝驚曰：「卿年少，何從得老成語，此言正與朕意合。」由是深重之。

至元二年秋八月，拜光祿大夫、中書右丞相，增食邑至四千戶。辭曰：「今三方雖定，江南未附，臣以年少，謬膺重任，恐四方有輕朝廷心。」帝動容有間曰：「朕思之熟矣，無以踰卿。」冬十月，召許衡至，傳旨令衡入省議事，衡以疾辭，安童即親候其館，與語良久，旣還，念之不釋者累日。三年，帝諭衡曰：「安童尙幼，未更事，善輔導之。汝有嘉謨，當先告之以達朕，朕將擇焉。」衡對曰：「安童聰敏，且有執守，告以古人所言，悉能領解，臣不敢不盡心。但慮中有人間之，則難行，外用勢力納人其中，則難行。臣入省之日淺，所見如此。」四年三月，安童奏：「內外官須用老成人，宜令儒臣姚樞等入省議事。」帝曰：「此輩雖閑，猶當優養，其令入省議事。」

五年，廷臣密議立尙書省，以阿合馬領之，乃先奏以安童宜位三公。事下諸儒議，商挺倡言曰：「安童，國之柱石，若爲三公，是崇以虛名而實奪之權也，甚不可。」衆曰然，事遂罷。七年四月，奏曰：「臣近言：『尙書省、樞密院各令奏事，並如常制，其大政令，從臣等議定，然後上聞。』旣得旨矣，今尙書一切徑奏，似違前旨。」帝曰：「豈阿合馬以朕頗信用之，故爾專權耶。不與卿議，非是。」敕如前旨。

八年，陝西省臣也速迭兒建言，比因饑饉，盜賊滋橫，若不顯戮一二，無以示懲。敕中書詳議，安童奏曰：「强、竊均死，恐非所宜，罪至死者，宜仍舊待報。」從之。

十年春三月，奏以玉册玉寶上皇后弘吉剌氏，以玉册金寶立燕王爲皇太子，兼中書令，判樞密院事。冬十月，帝諭安童及伯顏等曰：「近史天澤、姚樞纂定新格，朕巳親覽，皆可行之典，汝等亦當一一留心參考，豈無一二可增減者。」各令紀錄促議行之。時天下待報死囚五十人，安童奏其中十三人因鬬毆殺人，餘無可疑。於是詔以所奏十三人免死從軍。十一年，奏阿合馬蠹國害民數事；又奏各部與大都路官多非才，乞加黜汰。從之。

十二年七月，詔以行中書省樞密院事，從太子北平王出鎮極邊，在邊十年。二十一年三月，從王歸，待罪闕下，帝卽召見慰勞之，頓首謝曰：「臣奉使無狀，有累聖德。」遂留寢殿，語至四鼓乃出。冬十一月，和禮霍孫罷，復拜中書右丞相，加金紫光祿大夫。二十二年，右丞盧世榮敗，詔與諸儒條其所用人及所爲事，悉罷之。

二十三年夏，中書奏擬漕司諸官姓名，帝曰：「如平章、右丞等，朕當親擇，餘皆卿等職也。」安童奏曰：「比聞聖意欲倚近侍爲耳目，臣猥承任使，若所行非法，從其舉奏，罪之輕重，惟陛下裁處。今近臣乃伺隙援引非類，曰某居某官、某居某職，以所署奏目付中書施行。臣謂銓選之法，自有定制，其尤無事例者，臣常廢格不行，慮其黨有短臣者，幸陛下詳察。」帝曰：「卿言是也。今後若此者勿行，其妄奏者，卽入言之。」奏徵前吏部尙書李昶，不起；復奏賜田十頃。

二十四年，宗王乃顏叛，世祖親討平之。宗室詿誤者，命安童按問，多所平反。嘗退朝，自左掖門出，諸免罪者爭迎謝，或執轡扶上馬，安童毅然不顧。有乘間言於帝曰：「諸王雖有罪，皆帝室近親也，丞相雖尊，人臣也，何悖慢如此！」帝良久曰：「汝等小人，豈知安童所爲，特辱之使改過耳。」是歲，復立尙書省，安童切諫曰：「臣力不能回天，乞不用桑哥，別相賢者，猶或不至虐民誤國。」不聽。二十五年，見天下大權盡歸尙書，屢求退，不許。二十八年，罷相，仍領宿衞事。

三十年春正月，以疾薨于京師樂安里第，年四十九。〔二〕雨木冰三日，世祖震悼曰：「人言丞相病，朕固弗信，果喪予良弼。」詔大臣監護喪事。大德七年，成宗制贈推忠同德翊運功臣、太師、開府儀同三司、上柱國、東平忠憲王。碑曰開國元勳命世大臣之碑。子兀都帶。

兀都帶器度宏遠，世祖時襲長宿衞。父安童歿，凡賵賻之物，一無所受，以素車樸馬歸葬只蘭秃先塋。事母以孝聞。成宗卽位，拜銀青榮祿大夫、大司徒，領太常寺事。爲請謚〔尙〕〔南〕郊，〔三〕攝太尉，奉册上尊號、廟號、皇后尊號。常侍掖庭，贊晝大政，帝及中宮咸以家人禮待之。

大德六年正月薨，年三十一。至大二年，制贈輸誠保德翊運功臣、〔四〕太師、開府儀同三司、上柱國、東平王，謚忠簡。子拜住，自有傳。

廉希憲〔希賢〕〔一〕

廉希憲字善甫，布魯海牙子也。幼魁偉，舉止異凡兒。九歲，家奴四人盜五馬逃去，既獲，時於法當死，父怒，將付有司，希憲泣諫止之，俱得免死。又嘗侍母居中山，有二奴醉出惡言，希憲曰：「是以我爲幼也。」卽送繫府獄，杖之。皆奇其有識。世祖爲皇弟，希憲年十九，得入侍，見其容止議論，恩寵殊絕。希憲篤好經史，手不釋卷。一日，方讀孟子，聞召，急懷以進。世祖問其說，遂以性善義利仁暴之旨爲對，世祖嘉之，目曰廉孟子，由是知名。嘗與近臣校射世祖前，希憲腰插三矢，有欲取以射者，希憲曰：「汝以我爲不能耶？但吾弓力稍弱耳。」左右授以勁弓，三發連中。衆驚服曰：「眞文武材也。」

歲甲寅，世祖以京兆分地命希憲爲宣撫使。京兆控制隴蜀，諸王貴藩分布左右，民雜羌戎，尤號難治。希憲講求民病，抑强扶弱。暇日從名儒若許衡、姚樞輩諮訪治道，首請用衡提舉京兆學校，敎育人材，爲根本計。國制，爲士者無隸奴籍，京兆多豪强，廢令不行。希憲至，悉令著籍爲儒。有民妻與卜者厭詛其夫，殺之，獄成，僚佐皆言方大旱，卜者宜減死，希憲議當伏法，已而大雨立應。

初，世祖受命憲宗，經理河南關右，居數歲，讒者謂王府人多專擅不法，至是，命阿藍答兒、劉太平檢覈所部，用酷吏分領其事，大開告訐。希憲曰：「宣撫司事由己出，有罪固當獨任，僚屬何預。」及事竟，卒無獲罪者。己未，憲宗駐蹕合州，世祖渡江取鄂州，命希憲入籍府庫。希憲引儒生百餘，拜伏軍門，因言：「今王師渡江，凡軍中俘獲士人，宜官贖遣還，以廣異恩。」世祖嘉納之。還者五百餘人。

憲宗崩，訃音至，希憲啓曰：「殿下太祖嫡孫，先皇母弟，前征雲南，剋期撫定，及今南伐，率先渡江，天道可知。且殿下收召才傑，悉從人望，子惠黎庶，率土歸心。今先皇奄棄萬國，神器無主，願速還京，正大位以安天下。」世祖然之，且命希憲先行，審察事變。對曰：「劉太平、霍魯海在關右，渾都海在六盤，征南諸軍散處秦、蜀，太平要結諸將，其性險詐，素畏殿下英武，倘倚關中形勝，設有異謀，漸不可制，宜遣趙良弼往覘人情事宜。」從之。阿里不哥搆亂北邊，遣脫忽思發兵河朔，大肆凶暴。眞定名士李槃嘗奉莊聖太后命侍阿里不哥講讀，脫忽思怒槃不附己，械之，希憲訪槃於獄，言於世祖而釋之。世祖命希憲賜膳於宗王塔察兒，希憲卽以己意白王，宜首建翊戴之謀，王然之，許以身任其事。歸啓其言，世祖曰：「若此重事，卿何不懼之甚耶！」

庚申，至開平，宗室諸王勸進，謙讓未允，希憲復以天時人事進言。且曰：「阿里不哥於殿下爲母弟，居守朔方，專制有年，或覬望神器，事不可測，宜早定大計。」世祖然之。明日卽位，建元中統。希憲上言：「高麗王子倎久留京師，今聞其父死，宜立爲王，遣還國，以恩結之。」又言：「鄂兵未還，宜遣使與宋講好，敕諸軍北歸。」帝皆從之。

趙良弼還自關右，奏劉太平、霍魯海反狀，皆如希憲言。初分漢地爲十道，乃併京兆、四川爲一道，以希憲爲宣撫使。太平、霍魯海聞之，乘驛急入京兆，密謀爲變。後三日，希憲至，宣布詔旨，遣使安諭六盤。未幾，斷事官闊闊出遣使來告：渾都海已反，殺所遣使者朶羅台，遣人諭其黨密里火者於成都、乞台不花於青居，使各以兵來援，又多與蒙古軍奧魯官兀奴忽等金帛，盡起新軍，且約太平、霍魯海同日俱發。希憲得報，召僚屬謂曰：「上新卽位，責任吾等，正爲今日。不早爲之計，殆將無及。」遣萬戶劉黑馬、京兆治中高鵬霄、華州尹史廣，掩捕太平、霍魯海及其黨，獲之，盡得其奸謀，悉置於獄。復遣劉黑馬誅密里火者，總帥汪惟正誅乞台不花，具以驛聞。時關中無兵備，命汪惟良將秦、鞏諸軍進六盤，〔六〕惟良以未得上旨爲辭，希憲卽解所佩虎符銀印授之曰：「此皆身承密旨，君但辦吾事，制符已飛奏矣。」又付銀一萬五千兩，以充功賞，出庫幣製軍衣，惟良感激，遂行。又發蜀卒更戍，及在家餘丁，推節制諸軍蒙古官八春將之，謂之曰：「君所將之衆，未經訓練，六盤兵精，勿與爭鋒，但張聲勢，使不得東，則大事濟矣。」會有詔赦至，希憲命絞太平等於獄，尸於通衢，方出迎詔，人心遂安。乃遣使自劾停赦行刑、徵調諸軍、擅以惟良爲帥等罪，帝深善之。曰：

「經所謂行權，此其是也。」別賜金虎符，使節制諸軍，且詔曰：「朕委卿以方面之權，事當從宜，毋拘常制，坐失事機。」

西川將紐鄰奧魯官，將舉兵應渾都海，八春獲之，繫其黨五十餘人于乾州獄，送二人至京兆，請幷殺之。二人自分必死，希憲謂僚佐曰：「渾都海不能乘勢東來，保無他慮。今衆志未一，猶懷反側，彼軍見其將校執囚，或別生心，爲害不細。今因其懼死，並加寬釋，使之感恩效力，就發此軍餘丁，往隸八春，上策也。」初，八春旣執諸校，其軍疑懼，駭亂四出，莫可禁遏，及知諸校獲全，紐鄰奧魯官得釋，大喜過望。切諭其屬出兵效力，人人感悅，八春亦釋然開悟，果得精騎數千，將與俱西。

詔以希憲爲中書右丞，行秦蜀省事。渾都海聞京兆有備，遂西渡河，趨甘州，阿藍答兒復自和林提兵與之合，分結隴、蜀諸將，又使紐鄰兄宿敦爲書招紐鄰。於是成都帥百家奴、興元忙古台、青居汪惟正、欽察，俱遣使言，人心危疑，事不可測。希憲遣使深諭戒之，兩川諸將素憚希憲威名，按堵從命。渾都海、阿藍答兒合軍而東，諸將失利，河右大震，西土親王執畢帖木兒輜重皆空，就食秦雍。朝議欲棄兩川，退守興元，希憲力言不可，乃止。會親王合丹及汪惟良、八春等合兵復戰西涼，大敗之，俘斬略盡，得二叛首以送，梟之京兆市。事聞，帝大嘉之曰：「希憲眞男子也。」進拜平章政事，賜宅一區。時希憲年三十矣。

希憲奏：「四川降民，皆散處山谷，宜申敕軍吏，禁止俘掠，違者，千戶以下與犯人同罪。又禁諸人無販易生口，由是四川遂安，降者益衆。又罷解鹽戶所摘軍，及京兆諸處無籍戶之戍靈州屯田者，以寬民力。欽察獲宋臣張炳震、王政二人，俱以母老，願賜矜放，希憲皆遣之還。因爲書與宋四川制置余玠，諭以天道人事，玠得書愧感自守，不敢復輕動。鞏昌帥府言，鎭戎州有謀爲叛者，連引四百餘人，希憲詳推之，惟誅首惡五人。宋將劉整以瀘州降，盡繫前歸宋者數百人待報。希憲奏釋之，且致書宰臣，待整以恩，當得其死力。整後首建取襄陽之策，果立勳效。宋將家屬之在北者，希憲歲給其糧，仕於宋者，子弟得越界省其親，人皆感之。

李璮反山東，事連王文統，平章趙璧素忌希憲勳名，因言文統由張易、希憲薦引，遂至大用，且關中形勝之地，希憲得民心，有商挺、趙良弼爲之輔，此事宜關聖慮。帝曰：「希憲自幼事朕，朕知其心，挺、良弼皆正士，何慮焉。」蜀降人費正寅以私怨譖希憲因李璮叛，〔七〕亦修城治兵，潛畜異志，帝因惑之，命中書右丞南合代希憲行省，且覆視所告事，卒無實狀。詔希憲還京師，陛見，言曰：「方關陝叛亂，川蜀未寧，事急星火，臣隨宜行事，不謀佐貳，如寅所言，罪止在臣，臣請逮繫有司。」帝撫御床曰：「當時之言，天知之，朕知之，卿果何罪！」慰諭良久。進拜中書平章政事。

一日夜半，召希憲入禁中，從容道藩邸時事，因及趙璧所言。希憲曰：「昔攻鄂時，賈似道作木栅環城，一夕而成，陛下顧扈從諸臣曰『吾安得如似道者用之』。劉秉忠、張易進曰『山東王文統，才智士也，今爲李璮幕僚』。詔問臣，臣對『亦聞之，實未嘗識其人也』。」帝曰：「朕亦記此。」

希憲在中書，振舉綱維，綜劾名實，汰逐冗濫，裁抑僥倖，興利除害，事無不便，當時翕然稱治，典章文物，粲然可考。又建言：「國家自開創已來，凡納土及始命之臣，咸令世守，至今將六十年，子孫皆奴視部下，都邑長吏，皆其皂隸僮使，前古所無，宜更張之，使考課黜陟。」始議行遷轉法。

至元元年，丁母憂，率親族行古喪禮，勺飲不入口者三日，慟則嘔血，不能起，寢臥草土，廬于墓傍。宰執以憂制未定，欲極力起之，相與詣廬，聞號痛聲，竟不忍言。未幾，有詔奪情起復，希憲雖不敢違旨，然出則素服從事，入必縗絰。及喪父，亦如之。

姦臣阿合馬領左右部，專總財賦，會其黨相攻擊，帝命中書推覆，衆畏其權，莫敢問。希憲窮治其事，以狀聞，杖阿合馬，罷所領歸有司。

帝諭希憲曰：「吏廢法而貪，民失業而逃，工不給用，財不贍費，先朝患此久矣。自卿等爲相，朕無此憂。」對曰：「陛下聖猶堯、舜，臣等未能以皐陶、稷、契之道，贊輔治化，以致太乎，懷愧多矣。今日小治，未足多也。」因論及魏徵，對曰：「忠臣良臣，何代無之，顧人主用不用爾。」有內侍傳旨入朝堂，言某事當爾，希憲曰：「此閹宦預政之漸，不可啓也。」遂入奏，杖之。

言者訟丞相史天澤，親黨布列中外，威權日盛，漸不可制。詔罷天澤政事，使待鞫問。希憲進曰：「天澤事陛下久，知天澤深者，無如陛下。始自潛藩，多經任使，將兵牧民，悉有治效。陛下知其可付大事，用爲輔相，小人一旦有言，陛下當熟察其心跡，果有肆橫不臣者乎？今日信臣，故臣得預此旨，他日有訟臣者，臣亦遭疑矣。臣等備員政府，陛下之疑信若此，何敢自保。天澤既罷，亦當罷臣。」帝良久曰：「卿且退，朕思之。」明日，帝召希憲諭曰：「昨思之，天澤無對訟者。」事遂解。

又有訟四川帥欽察者，帝敕中書急遣使誅之。明日，希憲覆奏，帝怒曰：「尙爾遲回耶！」對曰：「欽察大帥，以一小人言被誅，民心必駭，收繫至此，與訟者廷對，然後明其罪於天下爲宜。」詔遣能者按問，其後事竟無實，欽察得免。

希憲每奏議帝前，論事激切，無少回惜。帝曰：「卿昔事朕王府，多所容受，今爲天子臣，乃爾木强耶？」希憲對曰：「王府事輕，天下事重，一或面從，天下將受其害，臣非不自愛也。」

方士請煉大丹，敕中書給所需，希憲具以秦、漢故事奏，且曰：「堯、舜得壽，不因大丹也。」帝曰：「然。」遂却之。時方尊禮國師，帝命希憲受戒，對曰：「臣受孔子戒矣。」帝曰：「孔子亦有戒耶？」對曰：「爲臣當忠，爲子當孝，孔子之戒，如是而已。」

五年，始建御史臺，繼設各道提刑按察司。時阿合馬專總財利，乃曰：「庶務責成諸路，錢穀付之轉運，今繩治之如此，事何由辦？」希憲曰：「立臺察，古制也，內則彈劾奸邪，外則察視非常，訪求民瘼，裨益國政，無大於此。若去之，使上下專恣貪暴，事豈可集耶！」阿合馬不能對。

七年，詔釋京師繫囚。西域人匿贊馬丁，用事先朝，資累鉅萬，爲怨家所告，繫大都獄，既釋之矣，時希憲在告，實不預其事。是秋，車駕還自上都，怨家訴於帝，希憲取堂判補署之，曰：「天威莫測，豈可幸其獨不署以苟免耶。」希憲入見，以詔書爲言，帝曰：「詔釋囚耳，豈有詔釋匿贊馬丁耶？」對曰：「不釋匿贊馬丁，臣等亦未聞有此詔。」帝怒曰：「汝等號稱讀書，臨事乃爾，宜得何罪？」對曰：「臣等忝爲宰相，有罪當罷退。」帝曰：「但從汝言。」卽與左丞相耶律鑄同罷。一日，帝問侍臣，希憲居家何爲，侍臣以讀書對。帝曰：「讀書固朕所教，然讀之而不肯用，多讀何爲。」意責其罷政而不復求進也。阿合馬因譏之曰：「希憲日與妻子宴樂爾。」帝變色曰：「希憲淸貧，何從宴設。」希憲嘗有疾，帝遣醫三人診視，醫言須用沙糖作飲，時最艱得，家人求於外，阿合馬與之二斤，且致密意。希憲却之曰：「使此物果能活人，吾終不以奸人所與求活也。」帝聞而遣賜之。

嗣國王頭輦哥行省鎭遼陽，有言其擾民不便者。十一年，詔起希憲爲北京行省平章政事。將行，肩輿入辭，賜坐，帝曰：「昔在先朝，卿深識事機，每以帝道啓朕，及鄂漢班師，屢陳天命，朕心不忘，丞相卿實宜爲，顧退托耳。遼（霫）〔霤〕戶不下數萬，〔六〕諸王、國壻分地所在，彼皆素知卿能，故命卿往鎭，體朕此意。」遼東多親王，使者傳令旨，官吏立聽，希憲至，始革正之。

有西域人自稱駙馬，營于城外，繫富民，誣其祖父嘗貸息錢，索償甚急，民訴之行省，希憲命收捕之。其人怒，乘馬入省堂，坐榻上，希憲命捽下跪，而問之曰：「法無私獄，汝何人，敢擅繫民？」令械繫之。其人惶懼求哀，國王亦爲之請，乃稍寬，令待對，舉營夜遁。俄詔國王歸國，希憲獨行省事。朝廷降鈔買馬六千五百，希憲遣買於東州，得羨餘馬千三百。希憲曰：「上之則若自衒。」卽與他郡之不及者，以其直還官。長公主及國壻入朝，縱獵郊原，擾民爲甚，希憲面諭國壻，欲入奏之。國壻驚愕，入語公主，公主出，飲希憲酒曰：「從者擾民，吾不知也。請以鈔萬五千貫還斂民之直，幸勿遣使者。」自是貴人過者，皆莫敢縱。

十二年，右丞阿里海牙下江陵，圖地形上於朝，請命重臣開大府鎭之。帝急召希憲還，使行省荆南，賜坐，諭曰：「荆南入我版籍，欲使新附者感恩、未來者向化，宋知我朝有臣如此，亦足以降其心。南土卑濕，於卿非宜，今以大事付託，度卿不辭。」賜田以養居者，馬五十以給從者。希憲曰：「臣每懼才識淺近，不能勝負大任，何敢辭疾。然敢辭新賜。」復有詔，令希憲承制授三品以下官。

希憲冒暑疾驅以進。至鎭，阿里海牙率其屬郊迎，望拜塵中，荆人大駭。即日禁剽奪，通商販，興利除害，兵民按堵。首錄宋故宣撫、制置二司幕僚能任事者，以備采訪，仍擇二十餘人，隨材授職。左右難之，希憲曰：「今皆國家臣子也，何用致疑。」時宋故官禮謁大府，必廣致珍玩，希憲拒之，且語之曰：「汝等身仍故官，或不次遷擢，當念聖恩，盡力報效。今所饋者，若皆己物，我取之爲非義；一或係官，事同盜竊；若斂於民，不爲無罪。宜戒愼之。」皆感激謝去。令凡俘獲之人，敢殺者，以故殺平民論。爲軍士所虜，病而棄之者，許人收養；病愈，故主不得復有。立契劵質賣妻子者，重其罪，仍沒入其直。先時，江陵城外蓄水扞禦，希憲命決之，得良田數萬畝，以爲貧民之業。發沙市倉粟之不入官籍者二十萬斛，以賑公安之饑。大綱既舉，乃曰：「敎不可緩也。」遂大興學，選教官，置經籍，旦日親詣講舍，以厲諸生。

西南溪洞，及思、播田、楊二氏，重慶制置趙定應，俱越境請降。事聞，帝曰：「先朝非用兵不可得地，今希憲能令數千百里外越境納土，其治化可見也。」關吏得江陵人私書，不敢發，上之，樞密臣發之帝前，其中有曰：「歸附之初，人不聊生。皇帝遣廉相出鎮荆南，豈惟人漸德化，昆蟲草木，咸被澤矣。」帝曰：「希憲不嗜殺人，故能爾也。」

希憲疾久不愈，十四年春，近臣董文忠言：「江陵濕熱，如希憲病何？」卽召希憲還，江陵民號泣遮道留之不得，相與畫像建祠。希憲還，囊橐蕭然，琴書自隨而已。帝知其貧，特賜白金五千兩、鈔萬貫。

五月，至上都，太常卿田忠良來問疾，希憲謂曰：「上都，聖上龍飛之地，天下視爲根本。近聞龍岡遺火，延燒民居，此常事耳，愼勿令妄談地理者惑動上意。」未幾，果有數輩以徙置都邑事奏，樞密副使張易、中書左丞張文謙與之廷辨，力言不可，帝不悅。明日，召忠良質其事，忠良以希憲語對，帝曰：「希憲病甚，猶慮及此耶。」其議遂止。

詔徵揚州名醫王仲明視希憲疾，旣至，希憲服其藥，能杖而起，帝喜謂希憲曰：「卿得良醫，疾向愈矣。」對曰：「醫持善藥以療臣疾，苟能戒愼，則誠如聖諭；設或肆情，良醫何益。」蓋以醫諷諫也。

會議立門下省，帝曰：「侍中非希憲不可。」遣中使諭旨曰：「鞍馬之任，不以勞卿，坐而論道，時至省中，事有必須執奏，肩輿以入可也。」希憲附奏曰：「臣疾何足卹。輸忠效力，生平所願。」皇太子亦遣人諭旨曰：「上命卿領門下省，無憚羣小，吾爲卿除之。」竟爲阿合馬所沮。

十六年春，賜鈔萬貫，詔復入中書，希憲稱疾篤。皇太子遣侍臣問疾，因問治道，希憲曰：「君天下在用人，用君子則治，用小人則亂。臣病雖劇，委之於天。所甚憂者，大奸專政，羣小阿附，誤國害民，病之大者。殿下宜開聖意，急爲屏除，不然，日就沉痾，不可藥矣。」戒其子曰：「丈夫見義勇爲，禍福無預於己，謂皋、夔、稷、契、伊、傅、周、召爲不可及，是自棄也。天下事苟無牽制，三代可復也。」又曰：「汝讀狄梁公傳乎？梁公有大節，爲不肖子所墜，汝輩宜慎之！」

十七年十一月十九夜，有大星隕于正寢之旁，流光照地，久之方滅。是夕，希憲卒，年五十。大德八年，贈忠清粹德功臣、〔九〕太傅、開府儀同三司，追封魏國公，謚文正。加贈推忠佐理翊運功臣、太師、開府儀同三司、上柱國，恒陽王，謚如故。

子六人：孚，僉遼陽等處行中書事；恪，台州路總管；恂，中書平章政事；忱，邵武路總管；恒，御史中丞；惇，江西等處行中書省參知政事。從弟希賢。

希賢字達甫，一名中都海牙。伯父布魯海牙嘗曰：「是兒剛果，當大吾家。」年二十餘，與從兄希憲同侍世祖，出入禁中，小心愼密。

至元初，北部王拘殺使者，世祖選使往諭之，廷臣推希賢。至則布上意，辭旨條暢，王悔謝，爲設宴，贈貂裘一襲、白金一笏。還奏，帝喜，賜以御膳。尋進中議大夫、兵部尙書。左丞相伯顏伐宋，旣渡江，至元十二年春，授希賢禮部尙書，佩金虎符，與工部侍郎嚴忠範、祕書丞柴紫芝持國書使宋。三月丙戌，至廣德軍獨松關，守關者不知爲使，襲而殺之。張濡以爲己功，受賞，知廣德軍。明年宋亡，獲張濡殺之，詔遣使護希賢喪歸，後復籍濡家貲付其家。希賢死時，年二十九。

校勘記

〔一〕〔兀都帶〕 據本書原目錄補。

〔二〕年四十九 按前文及元文類卷二四元明善安童碑，安童中統初年十三，至元二年入相，時年十八；至元三十年死，死年應爲四十六。疑「九」字誤。

〔三〕請謚〔尙〕〔南〕郊 道光本與本書卷一七世祖紀至元三十一年夏四月甲辰條、卷一八成宗紀至元三十一年夏四月庚子條合，從改。

〔四〕輸誠保德翊運功臣 按元文類卷二四安童碑、黄金華集卷二四拜住神道碑「運」作「衞」，蒙史據改，疑是。

〔五〕〔希賢〕　據本書原目錄補。

〔六〕汪惟良　按本書卷四世祖紀中統元年九月條、卷一五五汪世顯傳附汪良臣傳、卷一二一按竺邇傳、卷一二三趙阿哥潘傳、卷一五九商挺傳、卷一六二李忽蘭吉傳皆作「汪良臣」，此處「惟良」係「良臣」之誤。下同。類編已校。

〔七〕費正寅　本書卷一五九商挺傳、趙良弼傳及元名臣事略卷七引廉希憲家傳皆作「費寅」。按本書卷七世祖紀至元八年正月丁亥條、卷一六三張雄飛傳有「費正寅」，係參議樞密院事，與此與元判官費寅別爲一人。新元史删「正」字，疑是。

〔八〕遼(霅)〔霫〕　據元文類卷六五元明善廉希憲神道碑改。按古霫居潢水之北，故稱遼霫。

〔九〕贈忠清粹德功臣　按元文類卷一二元明善廉希憲贈謚制、卷六五元明善廉希憲神道碑「忠清」作「清忠」，蒙史據改正，疑是。

元史卷一百二十七

列傳第十四

伯顏

伯顏，蒙古八鄰部人。曾祖述律哥圖，事太祖，爲八鄰部左千戶。祖阿剌，襲父職，兼斷事官，平忽禪有功，得食其地。父曉古台世其官，從宗王旭烈兀開西域。伯顏長於西域。至元初，旭烈兀遣入奏事，世祖見其貌偉，聽其言厲，曰：「非諸侯王臣也，其留事朕。」與謀國事，恒出廷臣右，世祖益賢之，敕以中書右丞相安童女弟妻之，若曰「爲伯顏婦，不慚爾氏矣」。二年七月，拜光祿大夫、中書左丞相。諸曹白事，有難決者，徐以一二語決之。衆服曰：「眞宰輔也。」四年，改中書右丞。七年，遷同知樞密院事。十年春，持節奉玉册立燕王眞金爲皇太子。

十一年，大舉伐宋，與史天澤並拜中書左丞相，行省荆湖。時荆湖、淮西各建行省，天澤言，號令不一，或致敗事。詔改淮西行省爲行樞密院。天澤又以病，表請專任伯顏，乃以伯顏領河南等路行中書省，所屬並聽節制。秋七月，陛辭，世祖諭之曰：「昔曹彬以不嗜殺平江南，汝其體朕心，爲吾曹彬可也。」

九月甲戌朔，會師于襄陽，分軍爲三道並進。丙戌，伯顏與平章阿朮，由中道，循漢江趨郢州。萬戶武秀爲前鋒，遇水濼，霖雨水溢，無舟不能涉。伯顏曰：「吾且飛渡大江，而憚此潢潦耶！」乃召一壯士，負甲仗，騎而前導，麾諸軍畢濟。癸巳，次鹽山，距郢州二十里。郢在漢水北，以石爲城，宋人又於漢水南築新郢，橫鐵繩，鎖戰艦，密樹椿木水中。下流黃家灣堡，亦設守禦之具，堡之西有溝，南通藤湖，至江僅數里。乃遣總管李庭、劉國傑攻黃家灣堡，拔之，破竹席地，盪舟由藤湖入漢江。諸將請曰：「郢城，我之喉襟，不取，恐爲後患。」伯顏曰：「用兵緩急，我則知之。攻城，下策也，大軍之出，豈爲此一城哉。」遂舍郢，順流下。伯顏、阿朮殿後，不滿百騎。十月戊午，行大澤中，郢將趙文義、范興以騎二千來襲，伯顏、(元)〔阿〕朮未及介冑，〔一〕亟還軍迎擊之，伯顏手殺文義，擒范興殺之，其士卒死者五百人，生獲數十人。

甲子，次沙洋。乙丑，命斷事官楊仁風招之，不應。復使一俘持黃榜、檄文，傳趙文義首，入城，招其守將王虎臣、王大用。虎臣等斬俘，焚黃榜。裨將傅益以水軍十七人來降，虎臣等又斬其軍之欲降者。伯顏復命呂文煥招之，又不應。日暮，風大起，伯顏命順風掣金汁砲，焚其廬舍，烟焰漲天，城遂破。萬戶忙古歹生擒虎臣、大用等四人，餘悉屠之。丙寅，次新城，令萬戶帖木兒、史弼列沙洋所馘於城下，射黃榜、檄文於城中以招之。其守將邊居誼，邀呂文煥與語。丁卯，文煥至城下，飛矢中右臂，奔還。戊辰，其總制黃順踰城出降，即授招討使，佩以金符，令呼城上軍，其部曲即縋城下，居誼邀入城，悉斬之。己巳，其副都統制任寧亦降，居誼終不出，乃令總管李庭攻破其外堡，諸軍蟻附而登，拔之。餘衆三千，猶力戰而死，居誼舉家自焚。遂併誅王虎臣、王大用等四人。

十一月丙戌，次復州，知州翟貴以城降。諸將請點視其倉庫軍籍，遣官鎮撫，伯顏不聽，諭諸將不得入城，違者以軍法論。阿朮使右丞阿里海牙來言渡江之期，伯顏不答。明日又來，又不答。阿朮乃自來，伯顏曰：「此大事也，主上以付吾二人，可使餘人知吾實乎？」潛刻期而去。乙未，軍次蔡店。丁酉，往觀漢口形勢。宋淮西制置使夏貴等，以戰艦萬艘，分據要害，都統王達守陽邏堡，(荆)〔京〕湖宣撫朱禩孫以遊擊軍扼中流，〔三〕兵不得進。千戶馬福建言，淪河口可通沙蕪入江，伯顏使覘沙蕪口，夏貴亦以精兵守之。乃圍漢陽軍，聲言由漢口渡江，貴果移兵援漢陽。

十二月丙午，軍次漢口。辛亥，諸將自漢口開壩，引船入淪河，先遣萬戶阿剌罕以兵拒沙蕪口，逼近武磯，巡視陽羅城堡，徑趨沙蕪，遂入大江。壬子，伯顏戰艦萬計，相踵而至，以數千艘泊于淪河灣口，屯布蒙古、漢軍數十萬騎於江北。諸將言：「沙蕪南岸，彼戰船在焉，可攻而取。」伯顏曰：「吾亦知其可必取，慮汝輩貪小功，失大事；一舉渡江，收其全功可也。」遂令修攻具，進軍陽羅堡。癸丑，遣人招之，不應。甲寅，再遣人招之，其將士皆曰：「我輩受宋厚恩，戮力死戰，此其時也，安有叛逆歸降之理。備吾甲兵，決之今日，我宋天下，猶賭博孤注，輸贏在此一擲爾。」伯顏麾諸將攻之，三日不克。有術者來言：「天道南行，金、木相犯，若二星交過，則江可渡。」伯顏却之，使勿言。乃密謀於阿朮曰：「彼謂我必拔此堡，方能渡江。此堡甚堅，攻之徒勞。汝今夜以鐵騎三千，泛舟直趨上流，爲擣虛之計，詰旦渡江襲南岸。已過，則速遣人報我。」乙卯，分遣右丞阿里海牙督萬戶張弘範、忽失海牙、折的迷失等，先以步騎攻陽羅堡，夏貴來援。遂俾阿朮出其不意，率萬戶晏徹兒、忙古歹、史格、賈文備四翼軍，泝流西上四十里，對青山磯而泊。是夜，雪大作，遙見南岸多露沙洲，阿朮登舟，指示諸將，令徑趨是洲，載馬後隨。萬戶史格一軍先渡，爲其都統程鵬飛所却。阿朮橫身蕩決，血戰中流，擒其將高邦顯等，死者無算，鵬飛被七創，敗走，得船千餘艘，遂得南岸。阿朮與鎮撫何瑋等數十人，攀岸步鬭，開而復合者數四，南軍阻水，不得相薄，遂起浮橋，成列而渡。阿里海牙繼遣張榮實、解汝楫等四翼軍，舳艫相銜，直抵夏貴。貴引麾下軍數千先遁，諸軍乘之，斬溺不可數計，追至鄂州東門而還。丙辰，阿朮遣使來報，伯顏大喜，揮諸將急攻破陽羅堡，斬王達。宋軍大潰，數十萬衆，死傷幾盡。夏貴僅以身免，走至白虎山。諸將謂貴大將，不可使逸去，請追之。伯顏曰：「陽羅之捷，吾欲遣使前告宋人，而貴走代吾使，不必追也。」丁巳，伯顏登武磯山，大江南北，皆我軍也，諸將稱賀，伯顏辭謝之。

阿朮還渡江，議兵所向，或欲先取蘄、黃，阿朮曰：「若赴下流，退無所據，先取鄂、漢，雖遲旬日，可爲萬全計。」伯顏從之。己未，師次鄂州，遣呂文煥、楊仁風等諭之曰：「汝國所恃者，江、淮而已，今我大兵飛渡長江，如履平地，汝輩何不速降。」鄂恃漢陽，將戰，乃焚其戰艦三千艘，火照城中，兩城大恐。庚申，知鄂州張晏然、知漢陽軍王儀、知德安府來興國，皆以城降，程鵬飛以其軍降。壬戌，定新附官品級，撤宋兵，分隸諸將。先是，邊民戍卒陷入宋境者，悉縱遣之。丁卯，遣萬戶也的哥、總管忽都歹，入奏渡江之捷。分命阿剌罕先鋒黃頭，取壽昌糧四十萬斛，以充軍餉。留右丞阿里海牙等，以兵四萬，分省于鄂，規取荊湖。己巳，伯顏與阿朮以大軍水陸東下，俾阿朮先據黃州。

十二年春正月癸酉朔，至黃州。甲戌，沿江制置副使、知黃州陳奕降，伯顏承制授奕沿江大都督。奕遣書至漣水招其子巖，巖降。遣呂文煥、陳奕以書招蘄州安撫使管景模，復遣阿朮以舟師造其城下。癸未，伯顏至蘄州，景模出降，卽承制授以淮西宣撫使，留萬戶帶塔兒守之。阿朮復以舟師先趨江州，兵部尙書呂師夔在江州，與知州錢眞孫遣人來迎降。丙戌，伯顏至江州，卽以師夔爲江州守。師夔設宴庾公樓，選宋宗室女二人，盛飾以獻，伯顏怒曰：「吾奉聖天子明命，興仁義之師，問罪於宋，豈以女色移吾志乎。」斥遣之。知南康軍葉閶來降，殿前都指揮使、知安慶府范文虎亦奉書納款，阿朮遂率舟師造安慶，文虎出降。伯顏至湖口，遣千戶寗玉繫浮橋以渡，風迅水駛，橋不能成，乃禱于大孤山神，有頃，風息橋成，大軍畢渡。

二月壬寅朔，伯顏至安慶，承制授文虎兩浙大都督，文虎以其從子友信知安慶府事，命萬戶喬珪戍之。丁未，次池州，都統制張林以城降；戊申，通判權州事趙昴發與其妻自經死，伯顏入城，見而憐之，令具衣衾葬焉。

宋宰臣賈似道遣宋京致書，請還已降州郡，約貢歲幣。伯顏遣武略將軍囊加歹同其介阮思聰報命，止京以待，且使謂似道曰：「未渡江，議和入貢則可，今沿江諸郡皆內附，欲和，則當來面議也。」囊加歹還，乃釋宋京。

庚申，發池州，壬戌，次丁家洲。賈似道都督諸路軍馬十三萬，號百萬，步軍指揮使孫虎臣爲前鋒，淮西制置使夏貴以戰艦二千五百艘橫亘江中，似道將後軍。伯顏命左右翼萬戶率騎兵夾江而進，砲聲震百里。宋軍陣動，貴先遁，以扁舟掠似道船，呼曰：「彼衆我寡，勢不支矣。」似道聞之，倉皇失措，遽鳴金收軍，軍潰。衆軍大呼曰：「宋軍敗矣。」諸戰艦居後者，阿朮促騎召之，挺身登舟，手柁衝敵船，舳艫相盪，乍分乍合。阿朮以小旗麾何瑋、李庭等並舟深入，伯顏命步騎左右掎之，追殺百五十餘里，溺死無算，得船二千餘艘，及其軍資器仗、圖籍符印。似道東走揚州，貴走廬州，虎臣走泰州。

甲子，攻太平州。丁卯，知州孟之縉及知無爲軍劉權、知鎮巢軍曹旺、知和州王喜，俱以城降。庚午，師次建康之龍灣，大賚將士。

三月癸酉，宋沿江制置趙溍遁，溍兄淮起兵溧陽，就執而死。都統徐王榮、翁福等以城降，命招討使唆都守之。知鎮江府洪起畏遁，總管石祖忠以城降。知寧國府趙與可遁，知饒州唐震死，而江東諸郡皆下。淮西滁州諸郡亦相繼降。

丙子，國信使廉希賢至建康，傳旨令諸將各守營壘，毋得妄有侵掠。希賢與嚴忠範等奉命使宋，請兵自衞，伯顏曰：「行人以言不以兵，兵多，徒爲累使事。」希賢固請，與之。丙戌，至獨松嶺，果爲宋人所殺。

庚寅，伯顏遣左右司員外郎石天麟詣闕奏事，世祖大悅，悉可其奏。伯顏以行中書省駐建康，阿塔海、董文炳以行樞密院駐鎮江，阿朮別奉詔攻揚州。江東歲饑，民大疫，伯顏隨賑救之，民賴以安。

宋人遣都統洪模移書徐王榮等，言殺使之事太皇太后及嗣君實不知，皆邊將之罪，當按誅之，願輸幣，請罷兵通好。伯顏曰：「彼爲譎詐之計，以覘我之虛實。當擇人以同往，觀其事體，宣布威德，令彼速降。」乃命議事官張羽等持王榮答書，至平江驛，宋人又殺之。

四月乙丑，有詔以時暑方熾，不利行師，俟秋再舉。伯顏奏曰：「宋人之據江海，如獸保險，今已扼其吭，少縱之則逸而逝矣。」世祖語使者曰：「將在軍，不從中制，兵法也。宜從丞相言。」

五月丁亥，復命奉御愛先傳旨，召伯顏赴闕，以阿剌罕爲參政，留治省事。伯顏至鎭江，會諸將計事，令各還鎭，乃渡江北行，入見於上都。七月癸未，進中書右丞相，讓功於阿朮，遂以阿朮爲左丞相。

八月癸卯，受命還行省，付以詔書，俾諭宋主。乃取道益都，行視沂州等軍壘，調淮東都元帥孛魯歡、副都元帥阿里伯，以所部兵泝淮而進。九月戊寅，會師淮安城下，遣新附官孫嗣武叩城大呼，又射書城中，諭守將使降，皆不應。庚辰，招討別〔吉〕里迷失拒北城西門，〔三〕伯顏與孛魯歡、阿里伯親臨南城堡，揮諸將長驅而登，拔之，潰兵欲奔大城，追襲至城門，斬首數百級，遂平其南堡。丙戌，次寶應軍。戊子，次高郵。十月庚戌，圍揚州。召諸將指授方略，留孛魯歡、阿里伯守瀏頭新堡，衆軍南行。壬戌，至鎮江，罷行院，以阿塔海、董文炳同署事。

十一月乙亥，伯顏分軍爲三道，期會于臨安。參政阿剌罕等爲右軍，以步騎自建康出四安，趨獨松嶺；參政董文炳等爲左軍，以舟師自江陰循海趨澉浦、華亭；伯顏及右丞阿塔海由中道，節制諸軍，水陸並進。

壬午，伯顏軍至常州。先是常州守王宗洙遁，通判王虎臣以城降，〔四〕其都統制劉師勇與張彥、王安節等復拒之，推姚訔爲守，固拒數月不下。伯顏遣人至城下，射書城中招諭：「勿以已降復叛爲疑，勿以拒敵我師爲懼。」皆不應。乃親督帳前軍臨南城，又多建火砲，張弓弩，晝夜攻之。浙西制置文天祥遣尹玉、麻士龍來援，皆戰死。甲申，伯顏叱帳前軍先登，竪赤旗城上，諸軍見而大呼曰：「丞相登矣。」師畢登。宋兵大潰，拔之，屠其城，姚訔及通判陳炤等死之，生獲王安節，斬之。劉師勇變服單騎奔平江，諸將請追之，伯顏曰：「勿追，師勇所過，城守者膽落矣。」以行省都事馬恕爲常州尹。

遣蒙古軍都元帥闍里帖木兒、萬戶懷都，先據無錫州，萬戶忙古歹、晏徹兒巡太湖，遣監戰亦乞里歹、招討使唆都、宣撫使游顯，會闍里帖木兒先趨平江。

庚寅，遣降人游介實，奉詔書副本使于宋，仍以書諭宋大臣。十二月辛丑，次無錫，宋將作監柳岳等奉其國主及太皇太后書，併宋之大臣與伯顏書來見，垂泣而言曰：「太皇太后年高，嗣君幼冲，且在衰絰中。自古禮不伐喪，望哀恕班師，敢不每年進奉修好。今日事至此者，皆奸臣賈似道失信誤國耳。」伯顏曰：「主上卽位之初，奉國書修好，汝國執我行人一十六年，所以興師問罪。去歲，又無故殺害廉奉使等，〔五〕誰之過歟？如欲我師不進，將效錢王納土乎？李主出降乎？爾宋昔得天下於小兒之手，今亦失於小兒之手，蓋天道也，不必多言。」岳頓首泣不已。遣招討使抄兒赤，以柳岳來使事，及嚴奉使所齎國書入奏。

先是，平江守潛說友遁，通判胡玉等旣以城降，而復爲宋人所據。甲辰，衆軍次平江，都統王邦傑、通判王矩之率衆出降。

庚戌，遣囊加歹同其使柳岳還臨安。以忙古歹、范文虎行兩浙大都督事。遣甯玉修吳江長橋，不旬日而成。

庚申，囊加歹同宋尚書夏士林、侍郎呂師孟、宗正少卿陸秀夫以書來，請尊世祖爲伯父，而世修子姪之禮，且約歲幣銀二十五萬兩，帛二十五萬匹。癸亥，遣囊加歹同師孟等還臨安。遣忙古歹、范文虎，會阿剌罕、昔里伯取湖州，知州趙良淳死之。丙寅，趙與可以城降。伯顏發平江，留游顯、懷都、忽都不花，屯兵鎭守。別遣甯玉守長橋。

十三年正月己巳，次嘉興，安撫劉漢傑以城降，留萬戶忽都虎等戍之。癸酉，宋軍器監劉庭瑞以其宰臣陳宜中等書來，卽遣回。乙亥，宜中遣御史劉岊奉宋主稱臣表文副本，及致書伯顏，約會長安鎭。辛巳，衆軍至崇德。宜中又令都統洪模，持書同囊加歹來見。壬午，次長安鎭，宜中等不至。癸未，進軍臨平鎭。甲申，次皐亭山，宋主遣知臨安府賈餘慶，同宗室保康軍承宣使尹甫、和州防禦使吉甫，奉傳國璽及降表詣軍前。伯顏受訖，遣囊加歹以餘慶等還臨安，召宋宰臣出議降事。時宜中已遁，以文天祥代爲丞相，不拜，自請至軍前。乙酉，進軍至臨安北十五里，分遣董文炳、呂文煥、范文虎巡視城堡，安諭軍民。

囊加歹、洪模來報，宜中與張世傑、蘇〔劉〕義、〔六〕劉師勇等，挾益王、廣王下浙江，航海而南，惟謝太后及幼主在宮中。伯顏亟遣使諭右軍阿剌罕、奧魯赤，左軍董文炳、范文虎，據守浙江，以勁兵五千人追之，不及而還。

丙戌，禁軍士毋入城，遣呂文煥持黃榜諭臨安中外軍民，俾安堵如故。先是，三衙衞士，白晝殺人，閭里小民，乘亂剽掠，至是民皆安之。丁亥，遣程鵬飛、洪雙壽等入宮，慰諭謝后。戊子，謝后遣丞相吳堅、文天祥，樞密謝堂，安撫賈餘慶，內官鄧惟善，來見，伯顏慰遣之，顧天祥舉動不常，疑有異志，留之軍中。天祥數請歸，伯顏笑而不答。天祥怒曰：「我此來爲兩國大事，彼皆遣歸，何故留我？」伯顏曰：「勿怒。汝爲宋大臣，責任非輕，今日之事，政當與我共之。」令忙古歹、唆都館伴羈縻之。令程鵬飛、洪雙壽同賈餘慶易宋主削帝號降表。己丑，駐軍臨安城北之湖州市。遣千戶囊加歹等以宋傳國璽入獻。

庚寅，伯顏建大將旗鼓，率左右翼萬戶，巡臨安城，觀潮於浙江。暮還湖州市，宋宗室大臣皆來見。辛卯，萬戶張弘範、郎中孟祺，同程鵬飛，以所易降表及宋主、謝后諭未附州郡手詔至軍前。令鎮撫唐古歹罷文天祥所招募義兵二萬餘人。壬辰，伯顏登獅子峯，觀臨安形勢。命唆都撫諭軍民，部分諸將，共守其城，護其宮。癸巳，謝后復使人來勞問，仍以溫言慰遣之。甲午，分置其三衙諸司兵于各翼，以俟調遣；其生募等軍，願歸者聽。

分遣蕭郁、王世英等，招諭衢、信諸州。二月丁酉，遣劉頡等往淮西招夏貴，仍遣別將徇地浙東、西，於是知嚴州方回、知婺州劉怡、知台州楊必大、知處州梁椅，並以城降。

命右丞張惠，參政阿剌罕、董文炳、呂文煥入見謝后，宣布德意，以慰諭之。辛丑，宋主率文武百僚，望闕拜發降表。伯顏承制，以臨安爲兩浙大都督府，忙古歹、范文虎入治府事。復命張惠、阿剌罕、董文炳、呂文煥等入城，籍其軍民錢穀之數，閱實倉庫，收百官誥命、符印圖籍，悉罷宋官府。取宋主居之別室。分遣新附官招諭〔湖〕南北、兩廣、四川未下州郡。〔七〕部分諸將，分屯要害，仍禁人不得侵壞宋氏山陵。是日，進軍浙江之滸，潮不至者三日，人以爲天助。

癸卯，謝后命吳堅、賈餘慶、謝堂、家鉉翁、劉岊與文天祥，並爲祈請使，楊應奎、趙若秀爲奉表押璽官，赴闕請命。伯顏拜表稱賀曰：

臣伯顏言：國家之業大一統，海岳必明主之歸；帝王之兵出萬全，蠻夷敢天威之抗。始干戈之爰及，迄文軌之會同。區宇一清，普天均慶。

臣伯顏等誠歡誠忭，頓首頓首，恭惟皇帝陛下，道光五葉，統接千齡。梯航日出之邦，冠帶月支之域；際丹崖而述職，奄瀚海而爲家。獨此島夷，弗遵聲教，謂江湖可以保逆命，舟楫可以敵王師。連兵負固，逾四十年，背德食言，難一二計。當聖主飛渡江南之日，遣行人乞爲城下之盟。逮凱奏之言旋，輒詐謀之復肆。拘囚我信使，忘乾坤再造之恩；招納我叛臣，盜漣海三城之地。我是以有六載襄樊之討，彼居然無一介行李之來。禍既出于自求，怒致聞于斯赫。

臣伯顏等，肅將禁旅，恭行天誅。爰從襄漢之上流，復出武昌之故渡。藩屏一空于江表，烽烟直接於錢塘。尙無度德量力之心，荐有殺使毀書之事。屬廟謨之親禀，謂根本之宜先。乃命阿剌罕取道于獨松，董文炳進師于海渚，臣與阿塔海忝司中閫，直指僞都。掎角之勢既成，水陸之師並進。常州已下，列郡傳檄而悉平；臨安爲期，諸將連營而畢會。彼知窮蹙，迭致哀鳴。始則有爲姪納幣之祈，次則有稱藩奉璽之請。顧甘言何益於實事，率鋭卒直抵于近郊。召來用事之大臣，放散思歸之衞士。崛强心在，四郊之横草都無；飛走許竄，一片之降旛始豎。其宋國主已於二月初五日，望闕拜伏歸附訖。所有倉廩府庫，封籍待命外，臣奉揚寬大，撫戢吏民，九衢之市肆不移，一代之繁華如故。茲惟睿算，卓冠前王，視萬里如目前，運天下于掌上。致令臣等，獲對明時，歌七德以告成，深切龍庭之想，上萬年而爲壽，敬陳虎拜之詞。

臣伯顏等，無任瞻天望聖激切屏營之至，謹奉表稱賀以聞。

戊申，堅等發臨安，堂不行。癸丑，宋福王與芮奉書于伯顏，辭甚懇切，伯顏曰：「爾國既以歸降，南北共爲一家，王勿疑，宜速來，同預大事。」且遣迓之。戊午，夏貴以淮(南)〔西〕降。〔八〕庚申，命囊加歹傳旨，召伯顏偕宋君臣入朝。

三月丁卯，伯顏入臨安，俾郎中孟(棋)〔祺〕，〔九〕籍其禮樂祭器、册寶、儀仗、圖書。庚午，囊加歹至。甲戌，與芮來。伯顏議以阿剌罕、董文炳留治行省事，以經略閩、粤；忙古歹以都督鎮浙西；唆都以宣撫使鎮浙東；唐兀歹、李庭護送宋君臣北上。

乙亥，伯顏發臨安。丁丑，阿塔海等宣詔，趣宋主、母后入覲，聽詔畢，即日俱出宮，惟謝后以疾獨留，隆國夫人黃氏、宮人從行者百餘人，福王與芮、沂王乃猷、謝堂、楊鎮而下，官屬從行者數千人，三學之士數百人。宋主求見，伯顏曰：「未入朝，無相見之禮。」

五月乙未，伯顏以宋主至上都，世祖御大安閣受朝，降授宋主縣開府儀同三司、檢校大司徒，封瀛國公。宋平，得府三十七、州百二十八、關監二、縣七百三十三。命伯顏告于天地宗廟，大赦天下。帝勞伯顏，伯顏再拜謝曰：「奉陛下成算，阿朮效力，臣何功之有。」復拜同知樞密院，賜銀鼠青鼠只孫二十襲。裨校有功者百二十三人，賞銀有差。

初，海都稱兵內向，詔以右丞相安童佐皇子北平王那木罕，統諸軍於阿力麻里備之。十四年，諸王昔里吉劫北平王，拘安童，脅宗王以叛，命伯顏率師討之，與其衆遇於斡魯歡河，夾水而陣，相持終日，俟其懈，麾軍爲兩隊，掩其不備，破之，昔里吉走死。〔一〇〕十八年二月，世祖命燕王撫軍北邊，以伯顏從，仍諭之曰：「伯顏才兼將相，忠於所事，故俾從汝，不可以常人遇之。」燕王每與論事，尊禮有加。是歲，頒羣臣食邑，詔益以藤州等處四千九百七十七戶。

伯顏之取宋而還也，詔百官郊迎以勞之，平章阿合馬，先百官半舍道謁，伯顏解所服玉鉤條遺之，且曰：「宋寶玉固多，吾實無所取，勿以此爲薄也。」阿合馬謂其輕己，思中傷之，乃誣以平宋時，取其玉桃盞，帝命按之，無驗，遂釋之，復其任。阿合馬旣死，有獻此盞者，帝愕然曰：「幾陷我忠良！」別吉里迷失嘗誣伯顏以死罪，未幾，以它罪誅，敕伯顏臨視，伯顏與之酒，愴然不顧而返。世祖問其故，對曰：「彼自有罪，以臣臨之，人將不知天誅之公也。」

二十二年秋，宗王阿只吉失律，詔伯顏代總其軍。先是，邊兵嘗乏食，伯顏令軍中採蔑怯葉兒及蓿敦之根貯之，人四斛，草粒稱是，盛冬雨雪，人馬賴以不饑。又令軍士有捕塔剌不歡之獸而食者，積其皮至萬，人莫知其意，既而遣使輦至京師，帝笑曰：「伯顏以邊地寒，軍士無衣，欲易吾繒帛耳。」遂賜以衣。二十四年春二月，或告乃顏反，詔伯顏窺覘之，乃多載衣裘入其境，輒以與驛人。既至，乃顏爲設宴，謀執之，伯顏覺，與其從者趨出，分三道逸去，驛人以得衣裘故，爭獻健馬，遂得脫，馳還白狀。夏四月，乃顏反，從世祖親征。奏李庭、董士選將漢軍，得以漢法戰。乃顏之黨金家奴、塔不歹進逼乘輿，漢軍力戰，乃皆潰，卒擒乃顏。二十六年，進金紫光祿大夫、知樞密院事，出鎮和林，和林置知院，自伯顏始。

二十九年秋，宗王明理鐵木兒挾海都以叛，詔伯顏討之，相値于阿撒忽禿嶺，矢下如雨，衆軍莫敢登，伯顏令之曰：「汝寒君衣之，汝饑君食之，政欲效力於此時爾。於此不勉，將何以報！」麾諸軍進，後者斬，伯顏先登陷陣，諸軍望風爭奮，大破之。明里鐵木兒挺身走，命速哥、梯迷禿兒等追之。伯顏引軍夜還，至必失禿，卒遇伏兵，伯顏堅壁不動，黎明，遂引去，伯顏輕騎追至別竭兒，速哥、梯迷禿兒等兵亦至，乃夾擊之，斬首二千級，俘其餘衆以歸。諸將言：古禮，兵勝必禡旗于所征之地。欲用囚虜爲牲，伯顏不可，衆皆歎服。軍中獲諜者，忻都欲殺之，伯顏不許，厚賜之，遣齎書諭明里鐵木兒以禍福，明里鐵木兒得書感泣，以衆來歸。

未幾，海都復犯邊，伯顏留拒之。廷臣有譖伯顏久居北邊，與海都通好，仍保守，〔二〕無尺寸之獲者，詔以御史大夫玉昔帖木兒代之，居伯顏于大同，以俟後命。玉昔帖木兒未至三驛，會海都兵復至，伯顏遣人語玉昔帖木兒曰：「公姑止，待我翦此寇而來，未晚也。」伯顏與海都兵交，且戰且却，凡七日，諸將以爲怯，憤曰：「果懼戰，何不授軍於大夫！」伯顏曰：「海都懸軍涉吾地，邀之則遁，誘其深入，一戰可擒也。諸軍必欲速戰，若失海都，誰任其咎？」諸將曰：「請任之。」卽還軍擊敗之，海都果脫去。乃召玉昔帖木兒至軍，授以印而行。時成宗以皇孫奉詔撫軍北邊，舉酒以餞曰：「公去，將何以敎我？」伯顏舉所酌酒曰：「可愼者，惟此與女色耳。軍中固當嚴紀律，而恩德不可偏廢。冬夏營駐，循舊爲便。」成宗悉從之。

三十年冬十二月，驛召至自大同，世祖不豫。明年正月，世祖崩，伯顏總百官以聽。兵馬司請日出鳴晨鐘，日入鳴昏鐘，以防變故，伯顏呵之曰：「汝將爲賊邪！其一如平日。」適有盜內府銀者，宰執以其幸赦而盜，欲誅之，伯顏曰：「何時無盜，今以誰命而誅之？」人皆服其有識。

成宗卽位于上都之大安閣，親王有違言，伯顏握劍立殿陛，陳祖宗寶訓，宣揚顧命，述所以立成宗之意，辭色俱厲，諸王股栗，趨殿下拜。五月，拜開府儀同三司、太傅、錄軍國重事，依前知樞密院事，賜金銀各有差。時相有忌之者，伯顏語之曰：「幸送我兩罌美酒，與諸王飲於宮前，餘非所知也。」江南三省累請罷行樞密院，成宗問于伯顏，時已屬疾，張目對曰：「內而省、院各置爲宜，外而軍、民分隸不便。」成宗是之，三院遂罷。冬十二月丙申，有大星隕于東北。己亥，雨木冰。庚子，伯顏薨，年五十九。

伯顏深略善斷，將二十萬衆伐宋，若將一人，諸帥仰之若神明。畢事還朝，歸裝惟衣被而已，未嘗言功也。大德八年，特贈宣忠佐命開濟功臣、太師、開府儀同三司，追封淮安王，謚忠武。至正四年，加贈宣忠佐命開濟翊戴功臣，進封淮王，餘如故。

子買的，僉樞密院事；囊加歹，樞密副使。孫相嘉失禮，同僉樞密院事、集賢學士。至治末，省先塋於白只剌山，聞有變，赴上都，或勸少避之。曰：「我與國同休戚，今有難，可避乎！」至上都，果見囚。久之得釋，尋拜河南江北行省平章政事，遷江南行臺御史大夫。曾孫普達失理，皆能世其家。

校勘記

〔一〕(兀)〔阿〕朮　阿朮本書卷一二八有傳。阿朮本傳及全書皆作「阿朮」，「兀」誤，今改。

〔二〕(荆)〔京〕湖宣撫朱禩孫　據宋史卷四七瀛國公紀咸淳十年十一月癸酉、德祐元年四月戊申條改。參見卷八校勘記〔六〕。

〔三〕別〔吉〕里迷失　下文作「別吉里迷失」，據補。按本書卷九、一〇世祖紀至元十三年七月丙辰、十六年正月丙子條、卷一六五孔元傳、卷一六六賀祉傳作「別乞里迷失」，卷一三五阿答赤傳作「別急列迷失」，卷一六六王昔剌傳作「別急里迷失」。

〔四〕通判王虎臣以城降　「虎臣」當係「良臣」之誤。參見卷八校勘記〔一五〕。

〔五〕去歲又無故殺害廉奉使等　此係至元十二年十二月辛丑伯顏對宋使臣語。廉希賢等見殺于是年三月，「去歲」當係「今歲」之誤。

〔六〕蘇〔劉〕義　據本書卷九世祖紀至元十三年正月乙酉條及其前後文所見補。蒙史已校。

〔七〕招諭〔湖〕南北兩廣　「南北」不知所指。按平宋錄作「詔諭湖南、湖北、兩廣」，據補「湖」字。蒙史已校。

〔八〕夏貴以淮（南）〔西〕降　據本書卷九世祖紀至元十三年二月戊午條、卷一二八阿朮傳改。類編已校。

〔九〕孟（棋）〔祺〕　從殿本改。按本書卷一六〇有孟祺傳。

〔一〇〕昔里吉走死　蒙史云：「舊傳云走死，誤。世祖紀至元十九年正月明言撒里蠻悔過，執昔里吉。西書云，一二八二年卽至元十九年，昔里吉論罪流海島，旋卒。則非走死可知。」疑「死」字衍。

〔一一〕仍保守　道光本作「因仍保守」。其考證云：「原文脫因字，不成句。據紀事本末增。」

元史卷一百二十八

列傳第十五

阿朮

阿朮，兀良氏，都帥兀良合台子也。沉幾有智略，臨陣勇決，氣蓋萬人。憲宗時，從其父征西南夷，率精兵爲候騎，所向摧陷，莫敢當其鋒。至平大理，克諸部，降交趾，無不在行。事見兀良合台傳。憲宗嘗勞之曰：「阿朮未有名位，挺身奉國，特賜黃金三百兩，以勉將來。」

世祖卽位，留典宿衞。中統三年，從諸王拜出、帖哥征李璮有功。九月，自宿衞將軍拜征南都元帥，治兵于汴。復立宿州。至元元年八月，略地兩淮，攻取戰獲，軍聲大振。四年八月，觀兵襄陽，遂入南郡，取僊人、鐵城等柵，俘生口五萬。軍還，宋兵邀襄、樊間。阿朮乃自安陽灘濟江，留精騎五千陣牛心嶺，復立虛寨，設疑火。夜半，敵果至，斬首萬餘級。初，阿朮過襄陽，駐馬虎頭山，指漢東白河口曰：「若築壘於此，襄陽糧道可斷也。」五年，遂築鹿門、新城等堡，繼又築臺漢水中，與夾江堡相應，自是宋兵援襄者不能進。六年七月，大霖雨，漢水溢，宋將夏貴、范文虎相繼率兵來援，復分兵出入東岸林谷間。阿朮謂諸將曰：「此張虛形，不可與戰，宜整舟師備新堡。」諸將從之。明日宋兵果趨新堡，大破之，殺溺生擒五千餘人，獲戰船百餘艘。於是治戰船，敎水軍，築圍城，以逼襄陽。文虎復率舟師來救，來興國又以兵百艘侵百丈山，前後邀擊於湍灘，俱敗走之。

九年三月，破樊城外郛，增築重圍以逼之。宋裨將張順、張貴裝軍衣百船，自上流入襄陽，阿朮攻之，順死，貴僅得入城。俄乘輪船順流東走，阿朮與元帥劉整分泊戰船以待，燃薪照江，兩岸如晝，阿朮追戰至櫃門關，擒貴，餘衆盡死。是年九月，加同平章事。先是，襄、樊兩城，漢水出其間，宋兵植木江中，聯以鐵鎖，中造浮梁，以通援兵，樊恃此爲固。至是，阿朮以機鋸斷木，以斧斷鎖，焚其橋，襄兵不能援。十二月，遂拔樊城。襄守將呂文煥懼而出降。

十年七月，奉命略淮東。抵揚州城下，宋以千騎出戰，阿朮伏兵道左，佯北，宋兵逐之，伏發，擒其騎將王都統。

十一年正月，入覲，與參政阿里海牙奏請伐宋。帝命相臣議，久不決。阿朮進曰：「臣久在行間，備見宋兵弱於往昔，失今不取，時不再來。」帝卽可其奏，詔益兵十萬，與丞相伯顏、參政阿里海牙等同伐宋。三月，進平章政事。

秋九月，師次郢之鹽山，得俘民言：「宋沿江九郡精銳，盡聚郢江東、西兩城，今舟師出其間，騎兵不得護岸，此危道也。不若取黃家灣堡，東有河口，可由其中拖船入湖，轉以下江爲便。」從之。遂舍攻郢而去，行大澤中，忽宋騎兵千人突至。時從騎纔數十人，阿朮卽奮槊馳擊，所向畏避，追斬五百餘級，生擒其將趙、范二統制。進攻沙洋、新城，拔之。前次復州，守將翟貴迎降。

時夏貴鎖大艦扼江、漢口，兩岸備禦堅嚴。阿朮用軍將馬福計，回舟淪河口，穿湖中，從陽羅堡西沙蕪口入大江。十二月，軍至陽羅堡，攻之不克。阿朮謂伯顏曰：「攻城，下策也。若分軍船之半，循岸西上，對青山磯止泊，伺隙擣虛，可以得志。」從之。明日，阿朮遙見南岸沙洲，卽率衆趨之，載馬後隨。宋將程鵬飛來拒，大戰中流，鵬飛敗走。諸軍抵沙洲，急擊，攀岸步鬭，開而復合者數四，敵小却，出馬於岸，遂力戰破之，追擊至鄂東門而還。夏貴聞阿朮飛渡，大驚，引麾下兵三百艘先遁，餘皆潰走，遂拔陽羅堡，盡得其軍實。

伯顏議師所向，或欲先取蘄、黃，阿朮曰：「若赴下流，退無所據，上取鄂、漢，雖遲旬日，師有所依，可以萬全。」己未，水陸並趨鄂、漢，焚其船三千艘，煙燄漲天，漢陽、鄂州大恐，相繼皆降。

十二年正月，黄、蘄、江州降。阿朮率舟師趨安慶，范文虎迎降。繼下池州。宋丞相賈似道擁重兵拒蕪湖，遣宋京來請和。伯顏謂阿朮曰：「有詔令我軍駐守，何如？」阿朮曰：「若釋似道而不擊，恐已降州郡今夏難守，且宋無信，方遣使請和，而又射我軍船，執我邏騎。今日惟當進兵，事若有失，罪歸於我。」二月辛酉，師次丁家洲，遂與宋前鋒孫虎臣對陣。夏貴以戰艦二千五百艘橫亘江中，似道將兵殿其後。時已遣騎兵夾岸而進，兩岸樹砲，擊其中堅，宋軍陣動，阿朮挺身登舟，手自持柂，突入敵陣，諸軍繼進，宋兵遂大潰。以上詳見伯顏傳。

世祖以宋重兵皆駐揚州，臨安倚之爲重，四月，命阿朮分兵圍守揚州。庚申，次眞州，敗宋兵于珠金砂，斬首二千餘級。既抵揚州，乃造樓櫓戰具于瓜洲，漕粟于眞州，樹柵以斷其糧道。宋都統姜才領步騎二萬來攻柵，敵軍夾河爲陣，阿朮麾騎士渡河擊之，戰數合，堅不能却。衆軍佯北，才逐之，遂奮而回擊，萬矢雨集，才軍不能支，擒其副將張林，斬首萬八千級。

七月庚午，宋兩淮鎭將張世傑、孫虎臣以舟師萬艘駐焦山東，每十船爲一舫，聯以鐵鎖，以示必死。阿朮登石公山，望之，舳艫連接，旌旗蔽江，曰：「可燒而走也。」遂選彊健善射者千人，載以巨艦，分兩翼夾射，阿朮居中，合勢進擊，繼以火矢燒其蓬檣，煙燄漲天。宋兵既碇舟死戰，至是欲走不能，前軍爭赴水死，後軍散走。追至圌山，獲黃〔鵠〕白鷂船七百餘艘，〔二〕自是宋人不復能軍矣。

十月，詔拜中書左丞相，仍諭之曰：「淮南重地，李庭芝狡詐，須卿守之。」時諸軍進取臨安，阿朮駐兵瓜洲，以絕揚州之援。伯顏所以兵不血刃而平宋者，阿朮控制之力爲多。

十三年二月，夏貴舉淮西諸城來附。阿朮謂諸將曰：「今宋已亡，獨庭芝未下，以外助猶多故也。若絕其聲援，塞彼糧道，尚恐東走通、泰，逃命江海。」乃栅揚之西北丁村，以扼其高郵、寶應之餽運；貯粟灣頭堡，以備捍禦；留屯新城，以逼泰州。又遣千戶伯顏察兒率甲騎三百助灣頭兵勢，且戒之曰：「庭芝水路既絕，必從陸出，宜謹備之。如丁村烽起，當首尾相應，斷其歸路。」六月甲戌，姜才知高郵米運將至，果夜出步騎五千犯丁村栅。至曉，伯顏察兒來援，所將皆阿朮牙下精兵，旗幟畫雙赤月。衆軍望其塵，連呼曰：「丞相來矣！」宋軍識其旗，皆遁，才脫身走，追殺騎兵四百，步卒免者不滿百人。壬辰，李庭芝以朱煥守揚州，挾姜才東走。阿朮率兵追襲，殺步卒千人，庭芝僅入泰州，遂築壘以守之。七月乙巳，朱煥以揚州降。乙卯，泰州守將孫良臣開北門納降，執李庭芝、姜才，奉命戮揚州市。揚、泰既下，阿朮申嚴士卒，禁暴掠。有武衞軍校掠民二馬，卽斬以徇。兩淮悉平，得府二、州二十二，軍四，縣六十七。九月辛酉，入見世祖於大明殿，陳宋俘。第功行賞，實封泰興縣二千戶。

二十三年，受命北伐叛王昔剌木等。明年凱旋。繼又西征，至哈剌霍州，以疾卒，年五十四，追封河南王。

阿里海牙

阿里海牙，畏吾兒人也。初生，胞中剖而出。其父以爲不祥，將棄之，母不忍。比長，果聰辨，有膽略。家貧，嘗躬耕，舍耒嘆曰：「大丈夫當立功朝廷，何至效細民事畎畝乎。」去，求其國書讀之，逾月，又棄去。用薦者得事世祖于潛邸。世祖卽位，漸見擢用，由左右司郎中，遷參議中書省事。至元二年，立諸路行中書省，進僉河南行省事。

五年，命與元帥阿朮、劉整取襄陽，又加參知政事。始，帝遣諸將，命毋攻城，但圍之，以俟其自降。乃築長圍，起萬山，包百丈、楚山，盡鹿門，以絕之。宋兵入援者，皆敗去。然城中糧儲多，圍之五年，終不下。九年〔二〕〔三〕月，破樊城外郛，〔三〕其將復閉內城守。阿里海牙以爲襄陽之有樊城，猶齒之有唇也，宜先攻樊城，樊城下，則襄陽可不攻而得。乃入奏。帝始報可。會有西域人亦思馬因獻新礮法，因以其人來軍中。十年正月，爲礮攻樊，破之。先是，宋兵爲浮橋以通襄陽之援，阿里海牙發水軍焚其橋，襄援不至，城乃拔。詳具阿朮傳。

阿里海牙既破樊，移其攻具以向襄陽。一礮中其譙樓，聲如雷霆，震城中。城中洶洶，諸將多踰城降者。劉整欲立碎其城，執文煥以快其意。〔三〕阿里海牙獨不欲攻，乃身至城下，與文煥語曰：「君以孤軍城守者數年，今飛鳥路絕，主上深嘉汝忠。若降，則尊官厚祿可必得，決不殺汝也。」文煥狐疑未決。又折矢與之誓，如是者數四，文煥感而出降。遂與入朝。帝以文煥爲昭勇大將軍、侍衞親軍都指揮使、襄漢大都督；阿里海牙行荆湖等路樞密院事，鎭襄陽。

阿里海牙奏曰：「襄陽，自昔用武之地也，今天助順而克之，宜乘勝順流長驅，宋可必平。」平章阿朮亦贊其說。帝命丞相史天澤議之。天澤曰：「朝廷若遣重臣，如丞相安童、同知樞密院事伯顏者一人，都督諸軍，則四海混同，可立待也。」帝曰：「伯顏可。」乃大徵兵，拜伯顏爲行中書省左丞相，阿朮爲平章。阿里海牙進行省右丞，賞鈔二百錠。

十一年九月，會師襄陽，遂破郢州及沙洋、新城。十二月，師出沙蕪口。宋制置夏貴守諸隘，甚固。阿里海牙麾兵攻武磯堡，貴趨援之。阿朮遂以兵西渡青山磯，宋都統程鵬飛來迎戰，敗之江中。會貴兵亦敗走廬州，宣撫朱禩孫夜遁還江陵，知鄂州張晏然以城降，鵬飛以本軍降。

伯顏與諸將會鄂城下，議曰：「鄂，襟山帶江，江南之要區也，且兵糧皆備。今蜀、江陵、岳、鄂皆未下，〔四〕不以一大將鎮撫之，上流一動，則鄂非我有也。」乃以兵四萬，遣阿里海牙戍鄂，而與阿朮將大兵以東。

阿里海牙集鄂民，宣上德惠，禁將士毋侵掠。其下恐懼，無敢取民之菜者，民大悅。遣人徇壽昌、信陽、德安諸郡，皆下。進徇江陵。十有二年春三月，與安撫高世傑兵遇巴陵，命張榮實擣其中堅，解汝楫率諸翼兵左右角之。世傑敗走，追降之于桃花灘。遂下岳州。四月，至沙市，城不下，縱火攻之，沙市立破，宣撫朱禩孫、制置高達恐，卽以城降。乃入江陵，釋係囚，放戍劵軍，除其徭賦及法令之繁細者。傳檄郢、歸、峽、常德、澧、隨、辰、沅、靖、復、均、房、施、荆門及諸洞，無不降者。盡奏官其所降官，以兵守峽，籍其戶口財賦來上。帝喜，大宴三日，語近臣曰：「伯顏兵東，阿里海牙以孤軍戍鄂，朕甚憂之。今荆南定，吾東兵可無後患矣。」乃親作手詔褒之，命右丞廉希憲守江陵，促阿里海牙急還鄂，且以沿江諸城新附者委之。

阿里海牙至鄂，招潭州守臣李芾，不聽。乃移兵長沙，拔湘陰。冬十月，至潭，爲書射城中以示芾，曰：「速下，以活州民，否則屠矣。」不答。乃決隍水，部分諸將，以礮攻之，破其木堡。流矢中胸，瘡甚，督戰益急，奪其城。潭人復作月城以相拒。凡攻七十日，大小數十戰。十有三年春正月，芾力屈，及轉運使鍾蜚英、都統陳義皆自殺，其將劉孝忠以城降。諸將欲屠之，阿里海牙曰：「是州生齒數百萬口，若悉殺之，非上諭伯顏以曹彬不殺意也，其屈法生之。」復發倉以食饑者。

遣使徇郴、全、道、桂陽、永、衡、武岡、寶慶、袁、韶、南雄諸郡，其守臣皆率其民來迎，曰：「聞丞相體皇帝好生之德，毋殺虜，所過皆秋毫無犯，民今復見太平，各奉表來降。」丞相，稱阿里海牙也。奏官其降官，皆如江陵。

獨宋經略使馬塈守靜江不下。使總管俞全等招之，皆爲所殺。會宋主以國降，降手詔遣湘山僧宗勉諭塈，塈復殺之。阿里海牙又爲書，以天命地利人心開塈，許以廣西大都督，反覆千餘言，終不聽。因入朝賀平宋，拜平章政事，使持詔如靜江諭之。十一月，前兵至嚴關，塈守關弗納，破其兵，又敗都統馬應麒於小溶江，遂逼靜江。錄上所賜靜江詔以示塈，塈焚之，斬其使。靜江以水爲固，乃築堰斷大陽、小溶二江，以遏上流，決東南埭，以涸其隍，破其城。民聞城破，卽縱火焚居室，多赴水死。塈及其總制黃文政、總管張虎，以殘兵突圍走，執之。阿里海牙以靜江民易叛，非潭比，不重刑之，則廣西諸州不服，因悉坑之，斬塈於市。分遣萬戶脫溫不花徇賓、融、柳、欽、橫、邕、慶遠，齊榮祖徇鬱林、貴、廉、象，脫鄰徇潯、容、藤、梧，皆下之。特磨王儂士貴、南丹州牧莫大秀，皆奉表求內附，奏官其降官如潭州。以兵戍靜江、昭、賀、梧、邕、融，乃還潭。

既而宋二王稱制海中，雷、瓊、全、永與潭屬縣之民文才喻、周隆、張虎、羅飛咸起兵應之，舒、黃、蘄相繼亦起，大者衆數萬，小者不下數千。詔命討之，且略地海外。阿里海牙既定才喻等，至雷州，使人諭瓊州安撫趙與珞降，不聽。遂自航大海五百里，執與珞、冉安國、黃之紀，皆裂殺之，盡定瓊南寧、萬安、吉陽地。降八番羅甸蠻，以其總管(文龍兒)〔龍文貌〕入見，〔五〕置宣慰司。八番羅甸、臥龍、羅番、大龍、遏蠻、〔六〕(蘆)〔盧〕番、〔七〕小龍、石番、方番、(珙)〔洪〕番、〔八〕程番，並置安撫以鎮之。

十八年，奏請徙省鄂州。所定荊南、淮西、江西、海南、廣西之地，凡得州五十八，峒夷山獠不可勝計。大率以口舌降之，未嘗專事殺戮。又其取民悉定從輕賦，民所在立祠祀之。二十三年，入朝，加光祿大夫、湖廣行省左丞相；卒，年六十。贈開府儀同三司、上柱國，封楚國公，諡武定。至正八年，進封江陵王。

子忽失海牙，湖廣行中書省左丞；貫只哥，江西行中書省平章政事。

相威

相威，國王速渾察之子也。性弘毅重厚，不飲酒，寡言笑。喜延士大夫，聽讀經史，論古今治亂，至直臣盡忠、良將制勝，必爲之擊節稱善。以故臨大事，決大議，言必中節。

至元十一年，世祖命相威總速渾察元統弘吉剌等五投下兵從伐宋。由正陽取安豐，略廬，克和，攻司空山，平野人原。道安慶，渡江東下，會丞相伯顏兵于潤州，分三道並進，相威率左軍，參政董文炳爲副，部署將校，申明約束。江陰、華亭、澉浦、上海悉望風款附，吏民按堵如故。進屯鹽官，伯顏已駐師臨安城下，得宋幼主降表。相威乃移兵瓜洲，與阿朮兵合。臨揚州，都統姜才以兵二萬攻揚子橋，率諸將擊敗之。

十三年夏，驛召相威。秋，入覲，大饗，賚功授金虎符、征西都元帥，仍賜弓矢甲鞍、文錦表裏四、鈔萬貫，從者賞賜有差。時親王海都叛，命領汪總帥兵以鎮西土。

十四年，召拜江南諸道行臺御史大夫。乃上奏曰：「陛下以臣爲耳目，臣以監察御史、按察司爲耳目。倘非其人，是人之耳目先自閉塞，下情何由上達。」帝嘉之，命御史臺清其選。每除目至，必集幕僚御史議其可否，不協公論者卽劾去之。繼陳便民一十五事，其略曰：併行省，削冗官，鈐鎮戍，拘官船，業流民，錄故官，賑饋遺，淮浙鹽運司直隸行省，行大司農營田司併入宣慰司，理訟勿分南北，公田召佃仍減其租，革宋公吏勿容作弊。帝皆納焉。浙東盜起，浙西宣慰使昔里伯縱兵肆掠，俘及平民，乃遣御史商琥據錢唐津渡閱治之，得釋者以數千計。昔里伯遁還都，奏執還揚州治其罪。

十六年，入覲，會左丞崔斌等言平章阿合馬不法事，〔九〕有旨命相威及知樞密院博羅，自開平馳驛大都共鞫之。阿合馬稱疾不出，博羅欲回，相威厲聲色曰：「奉旨按問，敢回奏耶！」令輿疾赴對，首責數事。旣引伏，有旨釋免，仍喻相威曰：「朕知卿不惜顏面。」復命還南行臺。十七年，有旨命相威檢覈阿里海牙、忽都帖木兒等所俘三萬二千餘口，並放爲民。

十八年，（左）〔右〕丞范文虎，〔一〇〕參政李庭，以兵十萬，航海征倭。七晝夜至竹島，與遼陽省臣兵合。欲先攻太宰府，遲疑不發。八月朔，颶風大作，士卒十喪六七。帝震怒，復命行省左丞相〔阿〕塔海征之。〔一一〕一時無敢諫者。相威遣使入奏曰：「倭不奉職貢，可伐而不可恕，可緩而不可急。向者師行迫期，戰船不堅，前車已覆，後當改轍。今爲之計，預修戰艦，訓練士卒，耀兵揚武，使彼聞之，深自備禦。遲以歲月，俟其疲怠，出其不意，乘風疾往，一舉而下，萬全之策也。」帝意始釋，遂罷其役。又陳皇太子旣令中書，宜領撫軍監國之任，選正人端士，立詹事、賓客、諭德、贊善，衞翼左右，所以樹國本也。帝深然之。

十九年，又奏阿里海牙占降民一千八百戶爲奴，阿里海牙以爲征討所得，有旨：「果降民也，還之有司；若征討所得，令御史臺籍其數以聞，量賜有功者。」阿里海牙又自陳其功比伯顏，當賜養老戶，御史滕魯瞻劾之，阿里海牙自辨，有旨遣使赴行臺逮問。相威曰：「爲臣敢爾欺誑邪，滕御史何罪。」卽馳奏，使者竟歸。

二十年，以疾請入覲，進譯語資治通鑑，帝卽以賜東宮經筵講讀。拜江淮行省左丞相。二十一年，啓行。四月，卒于蠡州，年四十四。訃聞，帝悼惜不已。

子阿老瓦丁，南行臺御史大夫；孫脫歡，集賢大學士。

土土哈〔牀兀兒〕〔一〕

土土哈，其先本武平北折連川按答罕山部族，自曲出徙居西北玉里伯里山，〔二〕因以爲氏，號其國曰欽察。其地去中國三萬餘里，夏夜極短，日暫沒卽出。曲出生唆末納，唆末納生亦納思，世爲欽察國主。

太祖征蔑里乞，其主火都奔欽察，亦納思納之。太祖遣使諭之曰：「汝奚匿吾負箭之麋？亟以相還，不然禍且及汝。」亦納思答曰：「逃鸇之雀，叢薄猶能生之，吾顧不如草木耶？」太祖乃命將討之。亦納思已老，國中大亂，亦納思之子忽魯速蠻遣使自歸於太〔祖〕〔宗〕。〔四〕而憲宗受命帥師，已扣其境，忽魯速蠻之子班都察，舉族迎降，從征麥怯斯有功。

率欽察百人從世祖征大理，伐宋，以强勇稱。嘗侍左右，掌尙方馬畜，歲時挏馬乳以進，色清而味美，號黑馬乳，因目其屬曰哈剌赤。

土土哈，班都察之子也。中統元年，父子從世祖北征，俱以功受上賞。班都察卒，乃襲父職，備宿衞。

宗王海都搆亂，世祖以國家根本之地，命皇太子北平王率諸王鎭守之。至元十四年，諸王脫脫木、失烈吉叛，寇抄諸部，掠（憲）〔祖〕宗所御大帳以去。〔一五〕土土哈率兵討之，敗其將脫兒赤顏於納蘭不剌，邀諸部以還。應昌部族只兒瓦台搆亂，脫脫木引兵應之，中途遇土土哈，將戰，先獲其候騎數十，脫脫木乃引去，遂滅只兒瓦台。追脫脫木等至禿兀剌河，三宿而後返。尋復敗之於斡歡河，奪回所掠大帳，還諸部之衆於北平。

十五年，大軍北征，詔率欽察驍騎千人以從。追失烈吉踰金山，擒扎忽台等以獻。又敗寬折哥等，裹瘡力戰，獲羊馬輜重甚衆。還朝，帝召至榻前，親慰勞之，賜金銀酒器及銀百兩、金幣九、歲時預宴只孫冠服全、海東白鶻一，仍賜以奪回所掠大帳，而諭之曰：「祖宗武帳，非人臣所得御，以卿能歸之，故以授卿。」嘗有旨：「欽察人爲民及隸諸王者，皆別籍之以隸土土哈，戶給鈔二千貫，歲賜粟帛，選其材勇，以備禁衞。」

十九年，授昭勇大將軍、同知太僕院事。二十年，改同知衞尉院事，兼領羣牧司。請以所部哈剌赤屯田畿內，詔給霸州文安縣田四百頃，益以宋新附軍人八百，俾領其事。二十一年，賜金虎符，并賜金貂、裘帽、玉帶各一，海東青鶻一，水磑壹區，近郊田一千畝，籍河東諸路蒙古軍子弟四千六百人隸其麾下。二十二年，拜鎮國上將軍、樞密院副使。二十三年，置欽察親軍衞，遂兼都指揮使，聽以宗族將吏備官屬。

海都兵犯金山，詔與大將朶兒朶懷共禦之。二十四年，宗王乃顏叛，陰遣使來結也不干、勝剌哈，爲土土哈所執，盡得其情以聞。勝剌哈設宴邀二大將，朶兒朶懷將往，土土哈以爲事不可測，遂止，勝剌哈計不得行。未幾，有旨令勝剌哈入朝，將由東道進，土土哈言於北安王曰：「彼分地在東，脫有不虞，是縱虎入山林也。」乃命從西道進。既而有言也不干叛者，衆欲先聞於朝，然後發兵。土土哈曰：「兵貴神速，若彼果叛，我軍出其不意，可卽圖之；否則與約而還。」卽日啓行，疾驅七晝夜，渡禿兀剌河，戰于孛怯嶺，大敗之，也不干僅以身免。世祖時親征乃顏，聞之，遣使命土土哈收其餘黨，沿河而下。遇叛王〔也〕鐵哥軍萬騎，〔一六〕擊走之，獲馬甚衆，并擒叛王哈兒魯等，獻俘行在所，誅之。欽察、康里之屬，自叛所來歸者，卽以付土土哈，置哈剌魯萬戶府，欽察之散處安西諸王部下者，悉令統之。

時成宗以皇孫撫軍於北，詔以土土哈從。追乃顏餘黨於哈剌(溫)，〔一七〕誅叛王兀塔海，盡降其衆。二十五年，諸王也只里爲叛王火魯哈孫所攻，遣使告急。復從皇孫移師援之，敗諸兀魯灰。還至哈剌溫山，夜渡貴烈河，敗叛王哈丹，盡得遼左諸部，置東路萬戶府。世祖多其功，以也只里女弟塔倫妻之。

二十六年，從皇孫晉王征海都。抵杭海嶺，敵先據險，諸軍失利，惟土土哈以其軍直前鏖戰，翼晉王而出。追騎大至，乃選精銳設伏以待之，寇不敢逼。秋七月，世祖巡幸北邊，召見慰諭之，曰：「昔太祖與其臣同患難者，飲班朮河之水以記功。今日之事，何愧昔人，卿其勉之。」還至京師，大宴羣臣，復謂土土哈曰：「朔方人來，聞海都言：『杭海之役，使彼邊將皆如土土哈，吾屬安所置哉！』」論功行賞，帝欲先欽察之士。土土哈言：「慶賞之典，蒙古將吏宜先之。」帝曰：「爾毋飾讓，蒙古人誠居汝右，力戰豈在汝右耶？」召諸將頒賞有差。初，世祖既取宋，命籍建康、廬、饒租戶千爲哈剌赤戶，益以俘獲千七百戶賜土土哈，仍官一子，以督其賦。二十八年，土土哈奏：「哈剌赤軍以萬數，足以備用。」詔賜珠帽、珠衣、金帶、玉帶、海東青鶻各一，復賜其部曲氅衣、縑素萬匹。於是率哈剌赤萬人北獵於漢塔海，邊寇聞之，皆引去。

二十九年秋，略地金山，獲海都之戶三千餘還至和林。有詔進取乞里吉思。三十年春，師次欠河，冰行數日，始至其境，盡收其五部之衆，屯兵守之。奏功，加龍虎衞上將軍，仍給行樞密院印。海都聞取乞里吉思，引兵至欠河，復敗之，擒其將孛羅察。

三十一年，成宗即位，詔以邊境事重，其免會朝，遣使就賜銀五百兩、七寶金壺盤盂各一、鈔萬貫、白氈帳一、獨峯駝五。冬，召至京師，賞賚有加，別賜其麾下士鈔千二百萬貫。元貞元年春，仍出守北邊。二年秋，諸王附海都者率衆來歸，邊民驚擾，身至玉龍罕界，饋餉安集之，導諸王岳木忽等入朝。帝解御衣以賜，又賜金五十兩、銀千五百兩、鈔五萬貫、轎輿各一。

大德元年正月，拜銀青榮祿大夫、上柱國、同知樞密院事、欽察親軍都指揮使，奉命還北邊。二月，至宣德府卒，年六十一。贈金紫光祿大夫、司空，追封延國公，謚武毅，後加封昇王。子八人，其第三子曰牀兀兒。

牀兀兒初以大臣子奉詔從太師月兒魯行軍，戰於百搭山，有功，拜昭勇大將軍、左衞親軍都指揮使。

大德元年，襲父職，領征北諸軍帥師踰金山，攻八鄰之地。八鄰之南有答魯忽河，其將帖良臺阻水而軍，伐木柵岸以自庇，士皆下馬跪坐，持弓矢以待我軍，矢不能及，馬不能進。牀兀兒命吹銅角，舉軍大呼，聲震林野。其衆不知所爲，爭起就馬。於是麾師畢渡，湧水拍岸，木柵漂散，因奮師馳擊，追奔五十里，盡得其人馬廬帳。還次阿雷河，與海都所遣援八鄰之將孛伯軍遇。河之上有高山，孛伯陣於山上，馬不利下馳。牀兀兒麾軍渡河蹙之，其馬多顛躓，急擊敗之，追奔三十餘里，孛伯僅以身免。二年，北邊諸王都哇、徹徹禿等潛師襲火兒哈禿之地。其地亦有山甚高，敵兵據之。牀兀兒選勇而善步者，持挺刃四面上，奮擊，盡覆其軍。三年，入朝，成宗親解御衣賜之，慰勞優渥，拜鎭國上將軍、僉樞密院事、欽察親軍都指揮使、太僕少卿。復還邊。

是時武宗在潛邸，領軍朔方，軍事必諮於牀兀兒。及戰，牀兀兒嘗爲先。四年秋，叛王禿麥、斡魯思等犯邊，牀兀兒迎敵於闊客之地。及其未陣，直前搏之，敵不敢支，追之踰金山乃還。五年，海都兵越金山而南，止於鐵堅古山，因高以自保。牀兀兒急引兵敗之。復與都哇相持于兀兒禿之地。牀兀兒以精銳馳其陣，左右奮擊，所殺不可勝計，都哇之兵幾盡。武宗親視其戰，乃嘆曰：「何其壯耶！力戰未有如此者。」事聞，詔遣御史大夫禿只等卽赤訥思之地集諸王軍將問戰勝功狀，咸稱牀兀兒功第一。武宗旣命尙雅忽禿楚王公主察吉兒，及使者以功簿奏，帝復出御衣遣使臨賜之。七年秋，入朝，帝親諭之曰：「卿鎭北邊，累建大功，雖以黃金周飾卿身，猶不足以盡朕意。」賜以衣帽、金珠等物甚厚，拜驃騎衞上將軍、樞密院副使、欽察親軍都指揮使、太僕少卿，仍賜其軍萬人，鈔四千萬貫。

九年，〔八〕諸王都哇、察八兒、明里帖木兒等相聚而謀曰：「昔我太祖艱難以成帝業，奄有天下，我子孫乃弗克靖恭，以安享其成，連年搆兵，以相殘殺，是自隳祖宗之業也。今撫軍鎮邊者，皆吾世祖之嫡孫，吾與誰爭哉？且前與土土哈戰既弗能勝，今與其子牀兀兒戰又無功，惟天惟祖宗意可見矣。不若遣使請命罷兵，通一家之好，使吾士民老者得以養，少者得以長，傷殘疲憊者得以休息，則亦無負太祖之所望於我子孫者矣。」使至，帝許之。於是明里帖木兒等罷兵入朝，特為置驛以通往來。十年，拜榮祿大夫、同知樞密院事，尋拜光祿大夫、知樞密院事，欽察左衞指揮、太僕少卿皆如故。

成宗崩，武宗時在漷麻出之海上，牀兀兒請急歸定大業，以副天下之望。武宗納其言，卽日南還。及卽位，賜以先朝所御大武帳等物，加拜平章政事，仍兼樞密、欽察左衞、太僕。還邊，復封容國公，授以銀印，賜尚服衣段及虎豹之屬。至大二年，入朝，加封句容郡王，改授金印。帝曰：「世祖征大理時所御武帳及所服珠衣，今以賜卿，其勿辭。」翌日，又以世祖所乘安輿賜之，且曰：「以卿有足疾，故賜此。」牀兀兒叩頭泣涕，固辭而言曰：「世祖所御之帳，所服之衣，固非臣所敢當，而乘輿尤非所宜蒙也。貪寵過當，臣實不敢。」帝顧左右曰：「他人不知辭此。」別命有司置馬轎賜之，俾得乘至殿門下。

仁宗卽位，入朝，特授光祿大夫、平章政事、知樞密院事、欽察親軍都指揮使、左衞親軍都指揮使、太僕少卿。延祐元年，敗叛王也先不花等軍于亦忒海迷失之地，遣使入報，賜以尙服。二年，敗也〔先〕不花所遣將也不干、忽都帖木兒于赤麥干之地。〔一九〕追出其境，至鐵門關，遇其大軍於扎亦兒之地，又敗之。四年，帝念其功而憫其老，召入商議中書省事，知樞密院事。大理國進象牙、金飾轎，卽以賜之。每見必賜坐，每食必賜食，待以宗室親王之禮。牀兀兒常曰：「老臣受朝廷之賜厚矣，吾子孫當以死報國。」

至治二年卒，年六十三。後累封揚王。子六人：燕帖木兒，答剌罕、太師、右丞相、太平王；撒敦，左丞相；答里，襲封句容郡王。

校勘記

〔一〕黃〔鵠〕白鷂船　據本書卷八世祖紀至元十二年七月辛未條及元文類卷四一經世大典序錄平宋補。

〔二〕九年(二)〔三〕月破樊城外郛　從道光本改。按本書卷七世祖紀至元九年三月甲戌條、卷一二八阿朮傳、卷一六一劉整傳，「二月」皆作「三月」。

〔三〕執文煥以快其意　本證云：「案卽呂文煥。此傳數見，俱失書姓。」

〔四〕今蜀江陵岳鄂皆未下　按當時鄂州已爲元有，此處與上下文矛盾，當誤。道光本據類編改「鄂」爲「潭」。

〔五〕（文龍兒）〔龍文貌〕 據元文類卷五九姚燧阿里海牙神道碑、卷四一經世大典序錄招捕改。新元史已校。

〔六〕羅蕃大龍遏蠻 按本書卷六三地理志、卷九一百官志俱有「羅番遏蠻軍安撫司」，疑此處「遏蠻」下脫「軍」字。同上兩志又有「大龍番應天府」，不稱「遏蠻軍」，亦置安撫司，疑此處「羅蕃」、「大龍」錯倒。

〔七〕（蘆）〔盧〕蕃 據本書卷六三地理志及元文類卷四一經世大典序錄招捕改。按盧爲盧蕃首領姓氏。

〔八〕（珙）〔洪〕蕃 據本書卷六三地理志、卷九一百官志改。按洪爲洪蕃首領姓氏。

〔九〕十六年入覲至言平章阿合馬不法事 按本書卷一〇世祖紀至元十五年四月壬午條、卷一七三崔斌傳、卷二〇五阿合馬傳俱繫此事於至元十五年，蒙史改「六」爲「五」，是。

〔一〇〕（左）〔右〕丞范文虎 據本書卷一一世祖紀至元十七年八月戊戌條、卷二〇八日本傳、卷一五四洪福源傳附洪俊奇傳改。本證已校。

〔一一〕左丞相〔阿〕塔海 據本書卷一一世祖紀至元十八年六月庚寅條、卷一二九阿塔海傳、卷二〇八日本傳補。新元史已校。

〔一二〕〔林兀兒〕 據本書原目錄補。

〔一三〕自曲出徙居西北玉里伯里山　按元文類卷二六虞集句容郡王世績碑、元名臣事略卷三引閻復土土哈紀績碑，「曲出」皆作「曲年」，疑「出」字誤。下同。

〔一四〕自歸於太（祖）〔宗〕　據元文類卷二六虞集句容郡王世績碑改。按此時成吉思汗死已十年。新元史已校。

〔一五〕掠（憲）〔祖〕宗所御大帳以去　據元名臣事略卷三引閻復土土哈紀績碑改。按後文即作「祖宗武帳」。

〔一六〕叛王〔也〕鐵哥　據元名臣事略卷三引閻復土土哈紀績碑、元文類卷二六虞集句容郡王世績碑補。蒙史已校。

〔一七〕追乃顏餘黨於哈剌（溫）　「哈剌溫」元名臣事略卷三引閻復土土哈紀績碑原作「海剌」，譯音較切；元文類卷二六虞集句容郡王世績碑作「哈剌」，指今海拉爾河流域。哈剌溫爲山名，即今大興安嶺。土土哈征乃顏餘黨，軍次哈剌，然後返至哈剌溫山。此處涉下文「哈剌溫」而衍，今刪。

〔一八〕九年　按本書卷二一成宗紀大德七年七月丁丑條有「都哇、察八而、滅里鐵木而等遣使請息兵」。蒙史云「碑與舊傳作九年，誤」。

〔一九〕敗也〔先〕不花所遣將　據前文及元文類卷二六虞集句容郡王世績碑補。新編已校。

元史卷一百二十九

列傳第十六

來阿八赤

來阿八赤，寧夏人。父朮速忽里，歸太祖，選居宿衞，繼命掌膳事。憲宗卽位，大舉伐宋，攻釣魚山，命諸將議進取之計，朮速忽里言於帝曰：「川蜀之地，三分我有其二，所未附者巴江以下數十州而已，地削勢弱，兵糧皆仰給東南，故死守以抗我師。蜀地巖險，重慶、合州又其藩屏，皆新築之城，依險爲固，今頓兵堅城之下，未見其利。曷若城二城之間，選銳卒五萬，命宿將守之，與成都舊兵相出入，不時擾之，以牽制其援師。然後我師乘新集之銳，用降人爲鄉導，水陸東下，破忠、涪、萬、夔諸小郡，平其城，俘其民，俟冬水涸，瞿唐三峽不日可下，出荆楚，與鄂州渡江諸軍合勢，如此則東南之事一舉可定。其上流重慶、合州，孤危無援，不降卽走矣。」諸將曰「攻城則功在頃刻」，反以其言爲迂，卒不用。

於是博選宿衞中材力可任用者，以阿八赤奉命往監元帥紐鄰軍，遏宋人援兵，駐重慶下流之銅羅峽，夾江據厓爲壘。宋都統甘順自夔州泝流西上，乘舟來攻。阿八赤預積薪於二壘，明火鼓譟，矢石如雨，順流而進，宋人力戰不能支，退保西岸，斂兵自固。黎明復至，阿八赤身率精兵，緣厓而下，戰艦復進，宋人敗走，殺傷數千人。帝聞而壯之，賜銀二鋌。

憲宗崩，阿八赤從父倍道歸燕。世祖卽位，問以川蜀之事，阿八赤歷陳始末，誦其父前所言以對，世祖撫掌曰：「當時若從此策，東南其足平乎。朕在鄂渚，日望上流之聲勢耳。」至元七年，南征襄樊，發河南、北器械糧儲悉聚于淮西之義陽。慮宋人剽掠，命阿八赤督運，二日而畢。既還，世祖大悅，以銀一鋌賜之。十四年，立尙膳院，授中順大夫、同知尙膳院事。十八年，佩三珠虎符，授通奉大夫、益都等路宣慰使、都元帥。發兵萬人開運河，阿八赤往來督視，寒暑不輟。有兩卒自傷其手以示不可用，阿八赤檄樞密幷行省奏聞，斬之以懲不律。運河既開，遷膠萊海道漕運使。二十一年，調同僉宣徽院事。遼左不寧，復降虎符，授征東招討使。阿八赤招徠降附，期以自新，遠近帖然。二十二年，授征東宣慰使、都元帥。

皇子鎭南王征交趾，授湖廣等處行中書省右丞，召見，世祖親解衣衣之，幷金玉束帶及弓矢甲冑賜焉。二十四年，改湖廣等處行尙書省右丞，詔四省所發士馬，俾阿八赤閱視。

九月，領中衞親軍千人，翊導皇子至思明州。賊阻險拒守，於是選精鋭與賊戰于女兒關，斬馘萬計，餘兵棄關走。於是大軍深入，進至交州，陳日烜空其城而遁。阿八赤曰：「賊棄巢穴而匿山海者，意待吾之獘而乘之耳。將士多北人，春夏之交瘴癘作，賊弗就擒，吾不能持久矣。今出兵分定其地，招降納附，勿縱士卒侵掠，急捕日烜，此策之善者也。」時日烜屢遣使約降，欲以賂緩我師。諸將皆信其說，且修城以居而待其至。久之，軍乏食，日烜不降，擁衆據竹洞、安邦海口。阿八赤率兵往攻之，屢與賊遇，晝夜迎戰，賊兵敗遁。會將士多疫不能進，而諸蠻復叛，所得關阨皆失守，乃議班師。選諸軍步騎，命先啓行，且戰且行，日數十合。賊據高險，射毒矢，將士裹瘡以戰，諸軍護皇子出賊境，阿八赤中毒矢三，首項股皆腫，遂卒。

子寄僧，爲水達達屯田總管府達魯花赤。乃顏叛，戰于高麗雙城。調萬安軍達魯花赤。平黎蠻有功，遷雷州路總管，卒。孫完者不花，同知潮州路總管府事；次禿滿不花、也先不花、太不花。

紐璘 也速〔合〕〔答〕兒附〔一〕

紐璘，珊竹帶人。祖孛羅帶，爲太祖宿衞，從太宗平金，戍河南。父太答兒，佐憲宗征阿速、欽察等國有功，拜都元帥。歲壬子，率陝西西海、鞏昌諸軍攻宋，入蜀。癸丑，與總帥汪田哥立利州。甲寅，攻硐門、黎、雅等城。乙卯，入重慶，獲都統制張實。是歲卒。

紐璘偉貌長身，勇力絕人，且多謀略，常從父軍中。丁巳歲，憲宗命將兵萬人略地，自利州下白水，過大獲山，出梁山軍直抵夔門。戊午，還釣魚山，引軍欲會都元帥阿答胡等於成都。宋制置使蒲擇之，遣安撫劉整、都統制段元鑑等，率衆據遂寧江箭灘渡以斷東路。紐璘軍至不能渡，自旦至暮大戰，斬首二千七百餘級，遂長驅至成都。帝聞，賜金帛勞之。蒲擇之命楊大淵等守劍門及靈泉山，自將四川兵取成都。會阿答胡死，諸王阿卜干與諸將脫林帶等謀曰：「今宋兵日逼，聞我帥死，必悉衆來攻，其鋒不可當。我軍去朝庭遠，待上命建大帥，然後禦敵，恐無及已。不若推紐璘為長，以號令諸將，出彼不意，敵可必破。」衆然之，遂推紐璘為長。紐璘率諸將大破宋軍于靈泉山，乘勝追擒韓勇，斬之，蒲擇之兵潰。進圍雲頂山城，扼宋軍歸路。其主將倉卒失計，遂以其衆降。城中食盡，亦殺其守將以降。成都、彭、漢、懷、綿等州悉平，威、茂諸蕃亦來附。紐璘奉金銀、竹箭、銀鎖刀，遣速哥入獻。帝賜黃金五十兩，卽軍中眞拜都元帥。

時紐璘軍止二萬，以五千命拜延八都魯等守成都，自將萬五千人從馬湖趨重慶。冬，帝進軍至大獲山，紐璘率步騎號五萬，戰船二百艘，發成都。遣張威以五百人為前鋒，水陸並進，謀鎖重慶江，以絕吳、蜀之路，縛橋資州之口以濟師。千戶暗都剌率舟師而下，紐璘將步騎而南，旌旗輜重百里不絕，鼓譟渡瀘，放舟而東。蒲擇之以兵分道要遮，遇輒敗之。紐璘至涪，造浮橋，駐軍橋南北，以杜宋援兵。聞大軍多瘴癘，遣人進牛犬豕各萬頭。明年春，朝行在所，還討思、播二州，獲其將一人。宋將呂文煥攻涪浮橋，〔二〕時新立成都，士馬不耐其水土，多病死，紐璘憂之。密旨督戰，不得已出師，大敗文煥軍，獲其將二人，斬之，遂班師。文煥以兵襲其後，紐璘戰却之。

中統元年，世祖卽位，紐璘入朝，賜虎符及黃金五十兩、白金二千五百兩、馬二匹。紐璘遣梁載立招降黎、雅、碉門、巖州、偏林關諸蠻，得漢、番二萬餘戶。未幾，詔速哥分西川兵及陝西諸軍屬紐璘，鎭秦、鞏、唐兀之地。三年，宋將劉整以瀘州降，〔三〕呂文煥圍之，詔以兵往援，文煥敗走，遂徙瀘州民於成都、潼川。四年，爲劉整所譖，徵至上都，驗問無狀，詔釋之。還至昌平，卒。子也速答兒。

也速答兒勇智類其父，至元十一年，入見世祖，以屬行樞密院火都赤，使習兵事。從圍嘉定，以三千人至三龜、九頂山相地形勢，敗宋安撫昝萬壽兵，斬首五百級，以功賜虎符，授六翼達魯花赤。昝萬壽尋遣部將李立以嘉定、三龜、九頂、紫雲諸城寨降。又從行樞密副使忽敦，率兵徇下流諸城，皆望風來附。忽敦以兵二萬會東川行樞密院合答圍重慶，歲餘不下，帝命行樞密副使不花代將。不花將兵萬餘至城下，也速答兒率二十餘騎攻其門，宋都統趙安出戰，也速答兒三入其軍，再挾猛士以出，大兵四集，斬首五百餘級，趙安開門降，制置使張珏遁，追至涪州擒之。捷聞，帝賜玉帶、鈔五千貫，授西川蒙古軍馬六翼新附軍招討使，遷四川西道宣慰使，加都元帥。

羅氏鬼國亦奚不薛叛，詔以四川兵會雲南、江南兵討之。至會靈關，亦奚不薛遣先鋒阿麻、阿豆等將數萬衆迎敵，也速答兒馳入其軍，挾阿麻、阿豆出，斬之。亦奚不薛懼，率所部五萬餘戶降。以功拜西川等處行中書省右丞，加賜金帛鞍轡。

西南夷雄左、都掌蠻得蘭右叛，詔以兵討降之，改四川等處行樞密副使。冬，烏蒙蠻陰連都掌蠻以叛，詔以兵會雲南行院拜答力進討。也速答兒擒烏蒙蠻，帝賜玉帶、織金服，遷蒙古軍都萬戶，復賜銀鼠裘，鎮唐兀之地。進同知四川等處行樞密院事，仍居鎮。成宗卽位，拜四川等處行中書省平章政事。

武宗時，由四川遷雲南，加左丞相，仍爲平章政事。南征叛蠻，感瘴毒，還至成都卒。弟八剌，襲爲蒙古軍萬戶。八剌卒，次子拜延襲，拜四川行省左丞；長子南加台，官至四川行省平章政事。

阿剌罕

阿剌罕，札剌兒氏。祖撥徹，事太祖，爲火而赤，又爲博而赤，攻城掠地，數有戰功。太宗卽位，仍以其職從征隴北、陝西，身先戰士，死焉。父也柳干，幼隸皇子岳里吉爲衞士長。歲乙未，從皇子闊出、忽都禿南征，累功授萬戶，遷天下馬步禁軍都元帥。及大將察罕卒，也柳干領其職，拜諸翼軍馬都元帥，統大軍攻淮東、西諸郡。戊午，戰死揚州。

阿剌罕襲爲諸翼蒙古軍馬都元帥。己未，從世祖渡江，至鄂而還。世祖卽位，從至末黎伯顏孛剌。宗王阿里不哥稱兵內向，阿剌罕以所部軍擊破阿（監）〔藍〕帶兒、〔四〕渾都海之兵於昔門禿，追至河西，以功賜金五十兩。中統三年，李璮叛，據濟南，大軍討之。阿剌罕與璮戰於老倉口，敗之。璮伏誅，授都元帥，賜金虎符、銀印。

〔至元〕四年春，〔五〕改上萬戶，從都元帥阿朮伐宋。九月，師次襄陽西安陽灘，逆戰宋兵，敗之。五年，大軍圍襄樊，阿剌罕守南面百丈山、漫河灘，兵累交，宋不能師。十年春，樊城破，襄陽降。十一年秋，丞相伯顏與阿朮會師襄陽，遣阿剌罕率諸翼軍攻郢、復諸州。十月，奪郢州南門堡。丞相伯顏、阿朮親率騎兵行視漢陽城壁，欲取漢口渡江。宋人以精兵扼漢口，乃遣阿剌罕帥蒙古騎兵倍道兼行，擊破沙蕪堡，遂入江，取鄂州。阿剌罕同斷事官楊仁風東略壽昌，得米四十萬斛，遂統左翼軍順流東下，沿江州郡悉降，乃撫輯其人民。

十二年六月，加昭毅大將軍、蒙古漢軍上萬戶，屯駐建康。丞相伯顏受詔赴闕，以阿剌罕留治省事，拜中奉大夫、參知政事。丞相伯顏還軍中，分軍爲三道並進。阿剌罕由西道趨溧水、溧陽，攻破銀樹東壩，至護牙山慶豐坊，敗宋軍，斬首七千級，又擒其將祝亮，并裨校七十二人，斬首三千級。又與宋兵戰，斬首七千級，逐其援兵退走數十里。又敗其都統等三人，斬首三千級。破建平縣，殺其守吏。進攻廣德軍獨松關。先是，宋廣德守張濡，殺國信使廉希賢、嚴忠範等于獨松關，及阿剌罕軍次安吉州上柏鎮，濡率兵來拒戰，大敗之，斬首二千級，生擒其副將馮翼，戮於軍前。濡遁走，追斬之。

十三年春，宋以國降，詔阿剌罕同左丞董文炳，率高興等，攻浙東溫、台、衢、婺、處、明、越及閩中諸郡，降其運使、提刑等五百人。追襲宋嗣秀王趙與檡至安福縣，與檡以軍三萬來拒戰，阿剌罕身先士卒，率高興、撒里蠻等渡江，鏖戰四十餘里，斬其步帥觀察使李世達、生擒與檡及其將吏百八十人，悉斬之，獲其銅印五、軍資器仗無算。泉州蒲壽庚降。江南平，以參知政事佩金虎符，行江東宣慰使。十四年，入覲，進資善大夫、行中書省左丞，俄遷右丞，仍宣慰江東。

十八年，召拜光祿大夫、中書左丞相、行中書省事，統蒙古軍四十萬征日本，行次慶元，卒于軍中。

子拜降襲，累遷江浙行中書省平章政事，仍領本軍萬戶。拜降卒，弟也速迭兒襲，由左手蒙古軍萬戶累遷河南江北行省平章政事，兼山東河北蒙古軍大都督。

阿塔海

阿塔海，遜都思人。祖塔海拔都兒，驍勇善戰，嘗從太祖同飲黑河水，以功爲千戶。父卜花襲職，卒。阿塔海魁偉有大度，才略過人。旣襲千戶，從大帥兀良合歹征雲南，身先行陣。師還，事世祖于潛邸。

至元九年，命馳驛督諸軍攻襄陽。襄陽下，第功授鎭國上將軍、淮西行樞密院副使。築正陽東西城。五月霖雨，宋將夏貴乘淮水溢，來爭正陽。阿塔海率衆禦之，貴走，追至安豐城下而還。

拜中書右丞、行樞密院事。渡江，與丞相伯顏軍合。克池州。十二（月）〔年〕，師次建康。〔六〕宋鎭江攝守石祖忠遣使乞降。揚州守將李庭芝聞之，遣兵突圍出擊，阿塔海率師救之，宋兵望風退走。時眞、泰諸城尙爲宋守，鎭江地扼襟喉，城壁不固，阿塔海乃立木柵，以保障居民。又分兵屯瓜洲，以絕揚州之援。宋將張世傑、孫虎臣帥舟師陳于江中焦山下，其勢甚張，阿塔海與平章阿朮登南岸督諸軍大破之。宋殿帥張彥與平江都統劉師勇襲呂城，遣萬戶懷都擊之，斬彥。十月，併行樞密院于行中書省，仍以阿塔海爲右丞。克常州，降平江、嘉興。十三年正月，會兵臨安，宋降，以其幼主、母后入覲。詔復趨瓜洲，與阿朮議淮南事宜，淮南平。詳見伯顏、阿朮傳。十四年，授榮祿大夫、平章政事、行中書省事。十五年二月，召赴闕，拜光祿大夫、行中書省左丞相，移治臨安。二十年，遷征東行省丞相，征日本，遇風，舟壞，喪師十七、八。二十二年，行同知沿江樞密院事。二十三年，行江西中書省事，入朝。二十四年，扈從征乃顏。師還，奉朝請居京師。二十六年十二月卒，年五十六，贈推忠翊運宣力功臣、開府儀同三司、太師、上柱國，追封順昌郡王，謚武敏。

子阿里麻，江淮行樞密副使，累官至江南諸道行御史臺御史大夫，卒。

唆都 百家奴

唆都，扎剌兒氏。驍勇善戰，入宿衞，從征花馬國有功。李璮叛山東，從諸王哈必赤平之。還，言于朝曰：「郡縣惡少年，多從間道鬻馬于宋境，乞免其罪，籍爲兵。」從之，得兵三千人。以千人隸唆都，爲千戶，命守蔡州。

至元五年，阿术等兵圍襄陽，命唆都出巡邏，奪宋金剛臺寨、筲基窩、青澗寨、大洪山、歸州洞諸隘。嘗猝遇宋兵千餘，持羈勒欲竊馬，唆都戰敗之，斬首三百級。六年，宋將范文虎率舟師駐灌子灘，丞相史天澤命唆都拒却之。陞總管，分東平卒八百隸之。九年，攻樊城，唆都先登，城遂破。襄陽降，再與卒五千，賜弓矢、襲衣、金鞍、白金等物。入見，陞郢復等處招討使。十一年，移戍郢州之高港，敗宋師，斬首三百級，獲裨校九人。從大軍濟江，鄂、漢降。

十二年，建康降，參政塔出命唆都入城招集，改建康安撫使。攻平江、嘉興，皆下之。帥舟師會伯顏于臯亭山。宋平，詔伯顏以宋主入朝，留參政董文炳守臨安，令其自擇可副者，文炳請留唆都，從之。時衢、婺諸州皆復起兵，文炳謂唆都曰：「嚴州不守，臨安必危，公往鎮之。」至嚴方十日，衢、婺、徽連兵來攻，唆都戰却之，獲章知府等二十二人。復婺州，敗宋將陳路鈐于梅嶺下，斬首三千級。又復龍游縣。攻衢州，衢守備甚嚴，唆都親率諸軍鼓譟登城，拔之，宋丞相留夢炎降。攻處州，斬首七百級。又攻建寧府松溪縣、懷安縣，皆下之。

十四年，陞福建道宣慰使，行征南元帥府事，聽參政塔出節制。塔出令唆都取道泉州，泛海會于廣州之富場。將行，信州守臣來求援曰：「元帥不來，信不可守，今邵武方聚兵覬鼉，元帥旦往，邵武兵夕至矣。」唆都告于衆曰：「若邵武不下，則腹背受敵，豈獨信不可守乎！」乃遣周萬戶等往招降之。唆都趨建寧，遇宋兵于崇安，軍容甚盛。令其子百家奴及楊庭(璧)〔壁〕等數隊夾擊之，〔七〕范萬戶以三百人伏祝公橋，移剌答以四百人伏北門外。庭(璧)〔壁〕陷陣深入，宋兵敗走，伏兵起邀擊之，斬首千餘級。宋丞相文天祥、南劍州都督張清，合兵將襲建寧，唆都夜設伏敗之。轉戰至南劍，敗張清，奪其城。至福州，王積翁以城降。攻興化軍，知軍陳瓚乞降，復閉城拒守，唆都臨城諭之，矢石雨下，乃造雲梯砲石，攻破其城，巷戰終日，斬首三萬餘級，獲瓚，支解以徇。至漳州，漳州亦拒守，先遣百家奴往會塔出，留攻之，斬首數千級，知府何清降。攻潮州，知府馬發不降，唆都恐失富場之期，乃舍之而去。

十五年，至廣州，塔出令還攻潮。發城守益備，唆都塞塹塡濠，造雲梯、鵝車，日夜急攻，發潛遣人焚之，二十餘日不能下。唆都令于衆曰：「有能先登者，拜爵；已仕者，增秩。」總管兀良哈耳先登，諸將繼之，戰至夕，宋兵潰，潮州平。進參知政事，行省福州。徵入見，帝以江南既定，將有事于海外，陞左丞，行省泉州，招諭南夷諸國。十八年，改右丞，行省占城。

十九年，率戰船千艘，出廣州，浮海伐占城。占城迎戰，兵號二十萬。唆都率敢死士擊之，斬首幷溺死者五萬餘人，又敗之于大浪湖，斬首六萬級。占城降，唆都造木爲城，闢田以耕。伐烏里、越里諸小夷，皆下之，積穀十五萬以給軍。二十一年，鎭南王脫歡征交趾，詔唆都帥師來會，敗交趾兵于淸化府，奪義安關，降其臣彰憲、昭顯。脫歡命唆都屯天長以就食，與大營相距二百餘里。俄有旨班師，脫歡引兵還，唆都不知也，交趾使人告之，弗信，及至大營，則空矣。交趾遮之于乾滿江，唆都戰死。事聞，贈榮祿大夫，謚襄愍。子百家奴。

百家奴至元五年從元帥阿朮攻襄陽，築新城，數立功。七年，以質子從郡王合達，敗宋兵於灌子灘。八年夏四月，宋殿帥范文虎等督促糧運，輸之襄陽，晝夜不絕。百家奴乘戰船順流至鹿門山，欲塞宋糧道，出擊范文虎軍，累獲戰功，於是河南行省命爲管軍總把。後隸丞相伯顏麾下，擢爲知印。從攻鄂州，宋都統趙五帥諸軍來迎戰，百家奴深入却敵，身被數瘡。攻沙洋，立雲梯於東角樓，登城力戰，破之，奪其旗幟、弓矢、衣甲。攻新城，先登，拔之，宋將王安撫棄城宵遁。伯顏以百家奴前後戰功上聞，世祖大悅，曰：「此人之名，朕心不忘，兵還時大用之，朕不食言也。今且以良家女及銀椀一賜之，以爲左驗。」從圍漢陽，自沙武口曳船入江，宋制置夏貴來迎戰，百家奴與晧答孫突入敵陣擊之，宋兵奔潰，遂登江南岸，獲其戰船、器甲甚多。轉戰至黃州，會日暮，追擊夏貴至白虎山，夜分乃還。未幾，復攻破金牛壩。

十二年春正月，與千戶薛赤干取雞籠洞，還至瑞昌縣，遇夏貴潰兵，復擊敗之。是時，宋遣兵救瑞昌，未至而縣已下矣。復擊宋救兵，得宋所執北兵五人來歸。圍江州，宋安撫呂師夔以城降。東定池州，擊宋平章賈似道及孫虎臣于丁家洲，追逐百里餘，奪戰船五艘及旗幟器甲，擒宋統制王文虎，因定黃池。略地宣州，百家奴爲前鋒，與敵兵戰喃呢湖，敗之，奪其戰船三百艘。太平州亦望風款附。其父唆都因說下建康。於是伯顏令謁只里論諸將功，遂賞百家奴銀二錠以旌之，仍命爲管軍總把。俄從伯顏入朝，加進義校尉，賜銀符，爲管軍總把。攻丹陽、呂城，破常州，皆有功。至蘇州，宋守臣王安撫以城降。秀州、湖州皆不煩兵而下。諸軍乘勝直趨臨安，宋主出降。

十三年，領新附軍守鎭江。未幾，復從平章博魯歡攻泰、壽二州，中瘡，遂罷攻。後數日，與萬戶葉了虔將兵攻泰州新城，百家奴力疾先登，破之，復被兩瘡。已而從阿朮攻下揚州諸郡，得宋制置李庭芝、都統姜才，以功陞武略將軍，賜金符，爲管軍總管，鎭高郵白馬湖。是時，行省以百家奴襲父唆都郢復州招討使、建康宣撫使，仍領本翼軍。頃之，徇地福建，行定衢、婺、信等州城邑。至新安縣，擊斬宋趙監軍、詹知縣，擒江通判。道與畬軍遇，疾戰敗之。鼓行而東，沈安撫以建寧府降。攻陷南劍州，張淸、聶文慶遁去。閩淸、懷安二縣傳檄而定。至福州，諭以威德，王安撫率衆出降。攻破興化，擒陳安撫及白㯉都統。別擊東華鄉。張世傑軍于泉州，佾領諸軍乘戰船入海。追逐張世傑于惠州甲子門。進至同安縣答關寨，瀕海縣鎭悉招諭下之。白望丹、〔王〕〔五〕虎陳以戰船三千餘艘來降。〔八〕冬十二月，宋二王遣倪宙奉表詣軍門降，遂進兵至廣州，諸郡縣以次降附。

明年春正月，振旅而還，復攻下德勝等寨。至莆仙江，聶文慶復敗走。攻潮州，破之，誅馬發等數人，廣東遂平。三月，引宙奉降表來朝，未至，授昭勇大將軍，賜虎符，管軍萬戶。七月，遂朝于上都，陞鎭國上將軍、海外諸蕃宣慰使，兼福建道市舶提舉，仍領本翼軍守福建，佾兼福建道長司宣慰使都元帥。是時，福建多水災，百家奴出私錢市米以賑，貧民全活者甚衆。十七年，朝京師，加正奉大夫、宣慰使、都元帥。

二十二年，從父唆都征交趾，唆都力戰死之，百家奴遂與脫懽引兵薄交趾境，水陸轉戰，戰輒有功。二十五年，驛召至南京宣慰司，命括五路民馬。二十七年，除建康路總管。武宗卽位，遷鎭江路總管。至大四年，金瘡發，卒于家。

李恒

李恒字德卿，其先姓於彌氏，唐末賜姓李，世爲西夏國主。太祖經略河西，有守兀納剌城者，夏主之子也，城陷不屈而死。子惟忠，方七歲，求從父死，主將異之，執以獻宗王合撒兒，王留養之。及嗣王移相哥立，惟忠從經略中原，有功。淄川王分地，以惟忠爲達魯花赤，佩金符。惟忠生恒，恒生有異質，王妃撫之猶己子。

中統三年，命恒爲尙書斷事官，恒以讓其兄。李璮反漣海，恒從其父棄家入告變，璮怒，繫恒闔門獄中，璮誅，得出。世祖嘉其功，授淄萊路奧魯總管，佩金符，併償其所失家資。至元七年，改宣武將軍、益都淄萊新軍萬戶，從伐宋。襄陽守將呂文煥時出拒敵，殿帥范文虎復援之。恒率本軍築堡萬山扼城西，絕其陸路。文煥等又以漁舟渡漢水窺伺軍形，恒設伏敗之，水路亦絕，遂進攻樊城。十年春，恒以精兵渡漢，自南面先登，樊城破，襄陽亦降。捷聞，帝賜以寶刀，遷明威將軍，佩金虎符。十一年，丞相伯顏大會師襄陽，進至郢州。宋以舟師截漢水，伯顏由唐港入漢，捨郢而進攻沙洋、新城，留恒爲後拒，敗其追兵。至陽羅堡，宋制置夏貴遣其子松來逆戰，恒先陷陣，額中流矢，伯顏止之，恒戰益力，卒射松殺之。諸軍渡江，恒與宋兵戰，自寅至申，夏貴敗走，鄂州、漢陽俱下。以功遷宣威將軍，賜白金五百兩。遂從伯顏東下。

十二年春，宋將高世傑復窺漢、沔，乃遣恒還守鄂州。時豪民聚衆侵江陵，省命恒往討之，恒斂兵不動，但諭使出降，得生口十餘萬，悉縱爲民；仍禁軍毋得虜掠，饋獻充積一無所受。十二年，從右丞阿里海牙至洞庭，擒高世傑。下岳州，進攻沙市，拔之。宋制置高達以江陵降，留恒鎮守。傳檄歸、峽、辰、沅、靖、澧、常德諸州，皆下。未幾，徙鎮常德，以扼湖南之衝。

俄有詔分三道出師，以恒爲左副都元帥，從都元帥逊都台出江西。九月，開府于江州。師次建昌縣，擒都統熊飛。遂圍隆興，轉運使劉槃請降，恒察其詐，密爲之備，槃果以鋭兵突至，恒擊敗之，殺獲殆盡，槃乃降。下撫、瑞、建昌、臨江。軍中有得宋相文天祥與建昌故吏民書，恒焚之，人心乃安。進攻吉州，知州周天驥降，遂定贛、南安。廣東經略徐直諒奉蠟書納其所部十四郡，前江西制置黄萬石亦以邵武降。隆興帥府誣富民與敵連，已誅百三十家，恒還，審其非罪，盡釋之。

宋丞相陳宜中及其大將張世傑立益王昰於閩中，郡縣豪傑爭起兵應之。恒遣將破吳浚兵於南豐。世傑遣都統張文虎與浚合兵十萬，期必復建昌。恒復遣將敗之兜港。浚走從文天祥於瑞金，又破之，天祥走汀州。遣鎮撫孔遵追之，併破趙孟濳軍，取汀州。元帥府罷，授昭勇大將軍、同知江西宣慰司事，加鎮國上將軍，遷福建宣慰使，改江西宣慰使。天祥復取汀州，兵出興國縣，連破諸邑，圍贛州尤急。或言天祥墳墓在吉州者，若遣兵發之，則必下矣。恒曰：「王師討不服耳，豈有發人墳墓之理。」乃分兵援贛，自率精兵濳至興國。天祥走，追至空坑，獲其妻女，擒招討使趙時賞已下二十餘人，降其衆二十萬。有旨令與右丞阿里罕、左丞董文炳合兵追益王。衆議所向，皆謂宜趨福建，恒曰：「不可。若諸軍俱在福建，彼必竄廣東，則梅嶺、江西非我有矣，宜從廣東夾攻之。」衆以爲然。兵至梅嶺，果與宋兵遇，出其不意敗之，乃遁走磵州。十四年，拜參知政事，行省江西。

十五年，益王殂，其樞密張世傑、陸秀夫等復立衞王昺，守廣東諸郡，詔以恒爲蒙古漢軍都元帥經略之。恒進兵取英德府、淸遠縣，敗其制置凌震、運使王道夫，遂入廣州，世傑等移屯崖山。時都元帥張弘範舟師未至，恒按兵不動，分遣諸將略定梅、循諸州。凌震等復抵廣州，恒擊敗之，皆棄舟走，赴水死，奪其船三百艘，擒將吏宋邁以下二百餘人，又破其餘軍於茭塘越。十六年二月，弘範至自漳州，直指崖山，恒率所部赴之。張世傑集海艦千餘艘，貫以巨索，爲柵以自固。恒遣斷其汲路，其勢日迫，諭降不可，乃陣於船尾，由北面逆行，擣其柵，索絕，世傑猶（戰死）〔死戰〕，〔九〕自朝至晡，弘範督南面諸軍合擊，大敗之。陸秀夫先沉妻子于海，乃抱衞王赴海死。從死者十餘萬人，獲其金璽、後宮及文武之臣。其大將翟國秀、凌震等皆解甲降。焚溺之餘，尙得八百餘艘。是日，黑氣如霧，有乘舟南遁者，恒以爲衞王，追至高、化，詢之降人，始知衞王已死，遁者乃世傑也。世傑繼亦溺死於海陵港。嶺海悉平，功成入覲，帝賞勞甚厚，將士預賜宴者二百餘人。

十七年，拜資善大夫、中書左丞，行省荆湖。掠民爲奴婢者，禁之；常德、澧、辰、沅、靖五郡之饑者，賑之；獵戶之籍於官者，奏請一千戶之外，悉放散之。

十九年，乞解軍職，乃命其長子同知江西宣慰司事散木䚟襲爲本軍萬戶。占城之役，恒奉旨給其糧餉器械、海艦百艘，久留瘴鄉，冒疾而還。俄有詔命恒從皇子鎭南王征交趾，結筏渡海，奪天長府。交趾遂空其國，航海而遁。恒封其宮庭府庫，追襲於海洋，敗之，得船二百艘，幾獲其世子。會盛夏，軍中疾作，霖潦暴漲，浸濯營地。議者謂交趾且降，請班師，恒弗能奪，遂還。蠻兵追敗後軍，王乃改命恒殿後，且戰且行。毒矢貫恒膝，一卒負恒而趨。至思〔明〕州，〔一〇〕毒發，卒，年五十。後贈銀青榮祿大夫、平章政事，諡武愍；再贈推忠靖遠功臣、太保、儀同三司，追封滕國公。

子散木䚟，江西行省平章政事；囊加眞，益都淄萊萬戶；遜都台，同知湖南宣慰使司事。孫薛徹干，兵部侍郎；薛徹禿，益都般陽萬戶。

校勘記

〔一〕也速〔合〕〔答〕兒　據本書原目錄、本卷正文改。類編已校。

〔二〕宋將呂文煥攻涪浮橋　按本書卷一四七史天倪傳附史樞傳、卷一五五史天澤傳及宋史卷四四理宗紀開慶元年六月甲戌條、卷四一六向士璧傳，攻涪州浮橋者爲呂文德。蒙史改「煥」爲

「德」，疑是。下同。

〔三〕三年宋將劉整以瀘州降　按本書卷四世祖紀中統二年六月庚申條、卷一五九商挺傳、卷一六一劉整傳，「三年」皆作「二年」。元書改「三」爲「二」，是。

〔四〕阿(監)〔藍〕帶兒　據本書卷四世祖紀中統元年九月丙戌條所見「阿藍答兒」及道園學古錄卷二四阿剌罕勳德碑所見「阿藍歹兒」改。類編已校。

〔五〕〔至元〕四年春　考異云：「案阿剌罕從阿朮南伐乃至元四年事。此傳四年之上當有至元二字。」按圭塘小藁卷九阿剌罕祠堂碑作「至元四年」，據補。

〔六〕十二(月)〔年〕師次建康　按本書卷一二七伯顏傳，元師駐建康在至元十二年二月，據改。本證已校。

〔七〕楊庭(壁)〔璧〕　見卷一二校勘記〔七〕。下同。

〔八〕(王)〔五〕虎陳　據本書卷一二世祖紀至元二十年十一月癸丑條及卷一三一忙兀台傳改。按此人卽陳義，初名五虎。

〔九〕世傑猶(戰死)〔死戰〕　從道光本改正。按下文有「遁者乃世傑也」。

〔一〇〕思〔明〕州　據元文類卷二一姚燧李恒家廟碑補。按本書卷一三世祖紀至元二十二年五月戊戌條及柳待制集卷九李恒新廟碑、吳文正集卷一四李恒家傳後序皆云李恒死于思明州。

元史卷一百三十

列傳第十七

徹里

徹里，燕只吉台氏。曾祖太赤，爲馬步軍都元帥，從太祖定中原，以功封徐、邳二州，因家於徐。徹里幼孤，母蒲察氏教以讀書。

至元十八年，世祖召見，應對詳雅，悅之，俾常侍左右，民間事時有所咨訪。從征東北邊還，因言大軍所過，民不勝煩擾，寒餓且死，宜加賑給，帝從之，乃賜邊民穀帛牛馬有差，賴以存活者衆。擢利用監。二十三年，奉使江南，省風俗，訪遺逸。時行省理財方急，賣所在學田以價輸官。徹里曰：「學田所以供祭禮、育人才也，安可鬻。」遽止之。還朝以聞，帝嘉納焉。

二十四年，分中書爲尙書省。桑哥爲相，引用黨與，鈎考天下錢糧，凡昔權臣阿合馬積年負逋，舉以中書失徵，奏誅二參政。行省乘風，督責尤峻。主無所償，則責及親戚，或逮繫鄰黨，械禁榜掠。民不勝其苦，自裁及死獄者以百數，中外騷動。廷臣顧忌，皆莫敢言。徹里乃於帝前，具陳桑哥姦貪誤國害民狀，辭語激烈。帝怒，謂其毀詆大臣，失禮體，命左右批其頰。徹里辯愈力，且曰：「臣與桑哥無讎，所以力數其罪而不顧身者，正爲國家計耳。苟畏聖怒而不復言，則奸臣何由而除，民害何由而息！且使陛下有拒諫之名，臣竊懼焉。」於是帝大悟，卽命帥羽林三百人往籍其家，得珍寶如內藏之半。桑哥既誅，諸枉繫者始得釋。復奉旨往江南，籍桑哥姻黨江浙省臣烏馬兒、蔑列、忻都、王濟，湖廣省臣要束木等，皆棄市，天下大快之。徹里往來，凡四道徐，皆過門不入。

進拜御史中丞，俄陞福建行省平章政事，賜黃金五十兩、白金五千兩。汀、漳劇盜歐狗久不平，遂引兵征之，號令嚴肅，所過秋毫無犯。有降者則勞以酒食而慰遣之，曰：「吾意汝豈反者耶，良由官吏污暴所致。今既來歸，卽爲平民，吾安忍罪汝。其返汝耕桑，安汝田里，毋恐。」他柵聞之，悉款附。未幾歐狗爲其黨縛致于軍，梟首以徇，脅從者不戮一人，汀、漳平。三十一年，帝不豫，徹里馳還京師，侍醫藥。帝崩，與諸王大臣共定策，迎立成宗。

大德元年，拜江南諸道行臺御史大夫。一日召都事賈鈞謂曰：「國家置御史臺，所以肅清庶官、美風俗、興教化也。乃者，御史不存大體，按巡以苛爲明，徵贓以多爲功，至有迫子證父、弟證兄、奴訐主者。傷風敗教，莫茲爲甚。君爲我語諸御史，毋庸效尤爲也。」帝聞而善之，改江浙行省平章政事。江浙稅糧甲天下，平江、嘉興、湖州三郡當江浙什六七，而其地極下，水鍾爲震澤。震澤之注，由吳松江入海。歲久，江淤塞，豪民利之，封土爲田，水道淤塞，由是浸淫泛溢，敗諸郡禾稼。朝廷命行省疏導之，發卒數萬人，徹里董其役，凡四閱月畢工。

九年，召入爲中書平章政事。十月，以疾薨，〔一〕年四十七。薨之日，家資不滿二百緡，人服其廉。贈推忠守正佐理功臣、太傅、開府儀同三司、上柱國，追封徐國公，諡忠肅。至治二年，加贈宣忠同德弼亮功臣、太師、開府儀同三司、上柱國，追封武寧王，諡正憲。子朶兒只，江浙行省左丞。

不忽木

不忽木一名時用，字用臣，世爲康里部大人。康里，卽漢高車國也。祖海藍伯，嘗事克烈王可汗。王可汗滅，卽棄家從數千騎望西北馳去，太祖遣使招之，答曰：「昔與帝同事王可汗，今王可汗旣亡，不忍改所事。」遂去，莫知所之。

子十人，皆爲太祖所虜，燕眞最幼，年方六歲，太祖以賜莊聖皇后。后憐而育之，遣侍世祖於藩邸。長從征伐，有功。世祖威名日盛，憲宗將伐宋，命以居守。燕眞曰：「主上素有疑志，今乘輿遠涉危難之地，殿下以皇弟獨處安全，可乎？」世祖然之，因請從南征。憲宗喜，卽分兵命趨鄂州，而自將攻蜀之釣魚山，令阿里不哥居守。憲宗崩，燕眞統世祖留部，覺阿里不哥有異志，奉皇后稍引而南，與世祖會于上都。

世祖卽位，燕眞未及大用而卒，官止衞率。不忽木其仲子也，資稟英特，進止詳雅，世祖奇之，命給事裕宗東宮，師事太子贊善王恂。恂從北征，乃受學於國子祭酒許衡。日記數千言，衡每稱之，以爲有公輔器。世祖嘗欲觀國子所書字，不忽木年十六，獨書貞觀政要數十事以進，帝知其寓規諫意，嘉歎久之。衡纂歷代帝王名諡、統系、歲年，爲書授諸生，不忽木讀數過卽成誦，帝召試，不遺一字。

至元十三年，與同舍生堅童、太答、禿魯等上疏曰：

臣等聞之，學記曰：「君子如欲化民成俗，其必由學乎！」「玉不琢不成器，人不學不知道。」故古之王者，建國君民，敎學爲先。蓋自堯、舜、禹、湯、文、武之世，莫不有學，故其治隆於上，俗美於下，而爲後世所法。降至漢朝，亦建學校，詔諸生課試補官。魏道武帝起自北方，既定中原，增置生員三千，儒學以興。此歷代皆有學校之證也

臣等今復取平南之君建置學校者，爲陛下陳之。晉武帝嘗平吳矣，始起國子學。

隋文帝嘗滅陳矣，俾國子寺不隸太常。唐高祖嘗滅梁矣，詔諸州縣及鄉並令置學。及至太宗數幸國學，增築學舍至千二百間，國學、太學、四門學亦增生員，其書、算各置博士，乃至高麗、百濟、新羅、高昌、吐蕃諸國酋長亦遣子弟入學，國學之內至八千餘人。高宗因之，遂令國子監領六學：一曰國子學，二曰太學，三曰四門學，四曰律學，五曰書學，六曰算學，各置生徒有差，皆承高祖之意也。然晉之平吳得戶五十二萬而已，隋之滅陳得郡縣五百而已，唐之滅梁得戶六十餘萬而已，而其崇重學校已如此。況我堂堂大國，奄有江嶺之地，計亡宋之戶不下千萬，此陛下神功，自古未有，而非晉、隋、唐之所敢比也。然學校之政，尚未全舉，臣竊惜之。

臣等嚮被聖恩，俾習儒學。欽惟聖意，豈不以諸色人仕宦者常多，蒙古人仕宦者尚少，而欲臣等曉識世務，以任陛下之使令乎？然以學制未定，朋從數少。譬猶責嘉禾於數苗，求良驥於數馬，臣等恐其不易得也。爲今之計，如欲人材衆多，通習漢法，必如古昔徧立學校然後可。若曰未暇，宜且於大都弘闡國學。擇蒙古人年十五以下、十歲以上質美者百人，百官子弟與凡民俊秀者百人，俾廩給各有定制。選德業充備足爲師表者，充司業、博士、助教而教育之。使其教必本於人倫，明乎物理，爲之講解經傳，授以修身、齊家、治國、平天下之道。其下復立數科，如小學、律、書、算之類。每科設置教授，各令以本業訓導。小學科則令讀誦經書，教以應對進退事長之節；律科則專令通曉吏事；書科則專令曉習字畫；算科則專令熟閑算數。或一藝通然後改授，或一日之間更次爲之。俾國子學官總領其事，常加點勘，務要俱通，仍以義理爲主。有餘力者聽令學作文字。日月歲時，隨其利鈍，各責所就功課，程其勤惰而賞罰之。勤者則升之上舍，惰者則降之下舍，待其改過則復升之。假日則聽令學射，自非假日，無故不令出學。數年以後，上舍生學業有成就者，乃聽學官保舉，蒙古人若何品級，諸色人若何仕進。其未成就者，且令依舊學習，俟其可以從政，然後歲聽學官舉其賢者、能者，使之依例入仕。其終不可教者，三年聽令出學。凡學政因革、生員增減，若得不時奏聞，則學無弊政，而天下之材亦皆觀感而興起矣。然後續立郡縣之學，求以化民成俗，無不可者。

臣等愚幼，見於書、聞於師者如此。未敢必其可行，伏望聖慈下臣此章，令諸老先生與左丞王贇善等，商議條奏施行，臣等不勝至願。

書奏，帝覽之喜。

十四年，授利用少監。十五年，出爲燕南河北道提刑按察副使。帝遣通事脫虎脫護送西僧往作佛事，還過眞定，箠驛吏幾死，訴之按察使，不敢問。不忽木受其狀，以僧下獄。

脫虎脫直欲出價，辭氣倔强，不忽木令去其冠庭下，責以不職。脫虎脫逃歸以聞，帝曰：「不忽木素剛正，必爾輩犯法故也。」繼而燕南奏至，帝曰：「我固知之。」

十九年，陞提刑按察使。有訟（静）〔淨〕州守臣盜官物者，〔三〕（静）〔淨〕州本隸河東，特命不忽木往按之，歸報稱旨，賜白金千兩、鈔五千貫。

二十一年，召參議中書省事。時榷茶轉運使盧世榮阿附宣政使桑哥，言能用己，則國賦可十倍於舊。帝以問不忽木，對曰：「自昔聚斂之臣，如桑弘羊、宇文融之徒，操利術以惑時君，始者莫不謂之忠，及其罪稔惡著，國與民俱困，雖悔何及。臣願陛下無納其說。」帝不聽，以世榮爲右丞，不忽木遂辭參議不拜。二十二年，世榮以罪被誅，帝曰：「朕殊愧卿。」擢吏部尚書。時方籍沒阿合馬家，其奴張散札兒等罪當死，繆言阿合馬家貲隱寄者多，如盡得之，可資國用。遂鈎考捕繫，連及無辜，京師騷動。帝頗疑之，命丞相安童，集六部長貳官詢問其事，不忽木曰：「是奴爲阿合馬心腹爪牙，死有餘罪。爲此言者，蓋欲茍延歲月，徼幸不死爾。豈可復受其誑，嫁禍善良耶？急誅此徒，則怨謗自息。」丞相以其言入奏，帝悟，命不忽木鞫之，具得其實，散札兒等伏誅，其捕繫者盡釋之。

二十三年，改工部尚書。九月，遷刑部。河東按察使阿合馬，以貲財諂媚權貴，貸錢於官，約償羊馬，至則抑取部民所產以輸。事覺，遣使按治，皆不伏，及不忽木往，始得其不法百餘事。會大同民饑，不忽木以便宜發倉廩賑之。阿合馬所善幸臣奏不忽木擅發軍儲，又鍛鍊阿合馬使自誣服。帝曰：「使行發粟以活吾民，乃其職也，何罪之有。」命移其獄至京師審視，阿合馬竟伏誅。吐土哈求欽察之爲人奴者增益其軍，而多取編民。中書僉省王遇驗其籍改正之。吐土哈遂奏遇有不臣語。帝怒欲斬之，不忽木諫曰：「遇始令以欽察之人奴爲兵，未聞以編民也。萬一他衞皆倣此，戶口耗矣。若誅遇，後人豈肯爲陛下盡職乎？」帝意解，遇得不死。

二十四年，桑哥奏立尚書省，誣殺參政楊居寬、郭佑。不忽木爭之不得，桑哥深忌之，嘗指不忽木謂其妻曰：「他日籍我家者此人也。」因其退食，責以不坐曹理務，欲加之罪，遂以疾免。車駕還自上都，其弟野禮審班侍坐輦中，帝曰：「汝兄必以某日來迎。」不忽木果以是日至。帝見其癯甚，問其祿幾何，左右對以滿病假者例不給，帝念其貧，命盡給之。

二十七年，拜翰林學士承旨、知制誥兼修國史。二十八年春，帝獵柳林，徹里等劾奏桑哥罪狀，帝召問不忽木，具以實對。帝大驚，乃決意誅之。罷尚書省，復以六部歸于中書，欲用不忽木爲丞相，固辭，帝曰：「朕過聽桑哥，致天下不安，今雖悔之，已無及矣。朕識卿幼時，使卿從學，政欲備今日之用，勿多讓也。」不忽木曰：「朝廷勳舊，齒爵居臣右者尚多，今不次用臣，無以服衆。」帝曰：「然則孰可？」對曰：「太子詹事完澤可。嚮者籍沒阿合馬家，其賂遺近臣，皆有簿籍，唯無完澤名；又嘗言桑哥爲相，必敗國事，今果如其言，是以知其可也。」帝曰：「然非卿無以任吾事。」乃拜完澤右丞相，不忽木平章政事。上都留守木八剌沙言改按察司置廉訪司不便，宜罷去，乃求憲臣贓罪以動上聽。帝以責中丞崔彧，彧謝病不知。不忽木面斥彧不直言，因歷陳不可罷之說，帝意乃釋。

王師征交趾失利，復謀大舉，不忽木曰：「島夷詭詐，天威臨之，寧不震懼，獸窮則噬，勢使之然。今其子日燇襲位，若遣一介之使，諭以禍福，彼能悔過自新，則不煩兵而下矣。如或不悛，加兵未晚。」帝從之。於是交趾感懼，遣其僞昭明王等詣闕謝罪，盡獻前六歲所當貢物。帝喜曰：「卿一言之力也。」卽以其半賜之，不忽木辭曰：「此陛下神武不殺所致，臣何功焉。」惟受沉水假山、象牙鎮紙、水晶筆格而已。

麥朮丁請復立尚書省，專領右三部，不忽木庭責之曰：「阿合馬、桑哥相繼誤國，身誅家沒，前鑒未遠，奈何又欲效之乎！」事遂寢。或勸征流求，及賦江南包銀，皆諫止之。桑哥黨人納速剌丁等旣誅，帝以忻都長於理財，欲釋不殺。不忽木力爭之，不從。日中凡七奏，卒正其罪。

釋氏請以金銀幣帛祠其神，帝難之。不忽木曰：「彼佛以去貪爲寶。」遂弗與。或言京師蒙古人宜與漢人間處，以制不虞。不忽木曰：「新民乍遷，猶未寧居，若復紛更，必致失業。此蓋姦人欲擅貨易之利，交結近幸，借爲納忠之說耳。」乃圖寫國中貴人第宅已與民居犬牙相制之狀上之而止。

有譖完澤徇私者，帝以問不忽木。對曰：「完澤與臣俱待罪中書，設或如所言，豈得專行。臣等雖愚陋，然備位宰輔，人或發其陰短，宜使面質，明示責降，若內懷猜疑，非人主至公之道也。」言者果屈，帝怒，命左右批其頰而出之。是日苦寒，解所御黑貂裘以賜。

帝每顧侍臣，稱塞咥旃之能，不忽木從容問其故，帝曰：「彼事憲宗，常陰資朕財用，卿父所知。卿時未生，誠不知也。」不忽木曰：「是所謂爲人臣懷二心者。今有以內府財物私結親王，陛下以爲若何？」帝急揮以手曰：「卿止，朕失言。」

三十年，有星孛于帝座。帝憂之，夜召入禁中，問所以銷天變之道，奏曰：「風雨自天而至，人則棟宇以待之；江河爲地之限，人則舟楫以通之。天地有所不能者，人則爲之，此人所以與天地參也。且父母怒，人子不敢疾怨，惟起敬起孝。故易震之象曰『君子以恐懼修省』，詩曰『敬天之怒』，又曰『遇災而懼』。三代聖王，克謹天戒，鮮不有終。漢文之世，同日山崩者二十有九，日食地震頻歲有之，善用此道，天亦悔禍，海內乂安。此前代之龜鑑也，臣願陛下法之。」因誦文帝日食求言詔。帝悚然曰：「此言深合朕意，可復誦之。」遂詳論款陳，夜至四鼓。明日進膳，帝以盤珍賜之。

三十年，帝不豫。故事，非國人勳舊不得入臥內。不忽木以謹厚，日視醫藥，未嘗去左右。帝大漸，與御史大夫月魯那顏、太傅伯顏並受遺詔，留禁中。丞相完澤至，不得入，伺月魯那顏、伯顏出，問曰：「我年位俱在不忽木上，國有大議而不預，何耶？」伯顏歎息曰：「使丞相有不忽木識慮，何至使吾屬如是之勞哉！」完澤不能對，入言於太后。太后召三人問之。月魯那顏曰：「臣受顧命，太后但觀臣等爲之。臣若誤國，卽甘伏誅，宗社大事，非宮中所當預知也。」太后然其言，遂定大策。其後發引、升祔、請謚南郊，皆不忽木領之。

成宗卽位，執政皆迎於上都之北。丞相常獨入，不忽木至數日乃得見，帝問知之，慰勞之曰：「卿先朝腹心，顧朕寡昧，惟朝夕啓沃，以匡朕不逮，庶無負先帝付託之重也。」成宗躬攬庶政，聽斷明果，廷議大事多采不忽木之言。太后亦以不忽木先朝舊臣，禮貌甚至。

河東守臣獻嘉禾，大臣欲奏以爲瑞。不忽木語之曰：「汝部內所產盡然耶，惟此數莖耶？」曰：「惟此數莖爾。」不忽木曰：「若如此，旣無益於民，又何足爲瑞。」遂罷遣之。西僧爲佛事，請釋罪人祈福，謂之禿魯麻。豪民犯法者，皆賄賂之以求免。有殺主、殺夫者，西僧請被以帝后御服，乘黃犢出宮門釋之，云可得福。不忽木曰：「人倫者，王政之本，風化之基，豈可容其亂法如是。」帝責丞相曰：「朕戒汝無使不忽木知，今聞其言，朕甚愧之。」使人謂不忽木曰：「卿且休矣！朕今從卿言，然自是以爲故事。」有奴告主者，主被誅，詔卽以其主所居官與之。不忽木言：「若此必大壞天下之風俗，使人情愈薄，無復上下之分矣。」帝悟，爲追廢前命。執政奏以爲陝西行省平章政事，太后謂帝曰：「不忽木朝廷正人，先皇帝所付託，豈可出之於外耶！」帝復留之。竟以與同列多異議，稱疾不出。元貞二年春，召至便殿曰：「朕知卿疾之故，以卿不能從人，人亦不能從卿也。欲以段貞代卿，如何？」不忽木曰：「貞實勝於臣。」乃拜昭文館大學士、平章軍國重事。辭曰：「是職也，國朝惟史天澤嘗爲之，臣何功敢當此。」制去「重」字。

大德二年，御史中丞崔彧卒，特命行中丞事。三年，兼領侍儀司事。有因父官受賄賂，御史必欲歸罪其父，不忽木曰：「風紀之司，以宣政化、勵風俗爲先，若使子證父，何以興孝！」樞密臣受人玉帶，徵贓不敍，御史言罰太輕，不忽木曰：「禮，大臣貪墨，惟曰簠簋不飾，若加笞辱，非刑不上大夫之意。」人稱其平恕。四年，病復作，帝遣醫治之，不效，乃附奏曰：「臣孱庸無取，叨承眷渥，大限有終，永辭昭代。」引觴滿飲而卒，年四十六。帝聞之驚悼，士大夫皆哭失聲。

家素貧，躬自爨汲，妻織紝以養母。後因使還，則母已死，號慟嘔血幾不起。平居服儒素，不尚華飾。祿賜有餘，即散施親舊。明於知人，多所薦拔，丞相哈剌哈孫答剌罕亦其所薦也。其學，先躬行而後文藝。居則簡默，及帝前論事，吐辭洪暢，引義正大，以天下之重自任，知無不言。世祖嘗語之曰：「太祖有言，人主理天下，如右手持物，必資左手承之，然後能固。卿實朕之左手也。」每侍燕閒，必陳說古今治要，世祖每拊髀歎曰：「恨卿生晚，不得早聞此言，然亦吾子孫之福。」臨崩，以白璧遺之，曰：「他日持此以見朕也。」武宗時，贈純誠佐理功臣、太傅、開府儀同三司、上柱國、魯國公，謚文貞。

子回回，陝西行省平章政事；（蠻蠻）〔嚜嚜〕，〔三〕由江浙行省平章政事入爲翰林學士承旨。

完澤

完澤，土別燕氏。祖土薛，從太祖起朔方，平諸部。太宗伐金，命太弟睿宗由陝右進師，以擊其不備，土薛爲先鋒，遂去武休關，越漢江，略方城而北，破金兵于陽翟。金亡，從攻興元、閬、利諸州，拜都元帥。取宋成都，斬其將陳隆之，賜食邑六百戶。父線眞，宿衞禁中，掌御膳。中統初，從世祖北征。四年，拜中書（右）〔右〕丞相，〔四〕與諸儒臣論定朝制。

完澤以大臣子選爲裕宗王府僚屬。裕宗爲皇太子，署詹事長。入參謀議，出掌環衞，小心愼密，太子甚器重之。一日會燕宗室，指完澤語衆曰：「親善遠惡，君之急務。善人如完澤者，羣臣中豈易得哉！」自是常典東宮衞兵。裕宗薨，成宗以皇孫撫軍北方，完澤兩從入北。

至元二十八年，桑哥伏誅，世祖咨問廷臣，特拜中書右丞相。完澤入相，革桑哥弊政，請自中統初積歲逋負之錢粟，悉蠲免之，民賴其惠。三十一年，世祖崩，完澤受遺詔，合宗戚大臣之議，啓皇太后，迎成宗卽位，詔諭中外，罷征安南之師，建議加上祖宗尊謚廟號，致養皇太后，示天下爲人子之禮。元貞以來，朝廷恪守成憲，詔書屢下散財發粟，不惜鉅萬，以頒賜百姓，當時以賢相稱之。

大德四年，加太傅、錄軍國重事。位望益崇，成宗倚任之意益重，而能處之以安靜，不急於功利，故吏民守職樂業，世稱賢相云。七年薨，年五十八，追封興元王，謚忠憲。

阿魯渾薩理〔岳柱〕〔五〕

阿魯渾薩理，畏兀人。祖阿台薩理，當太祖定西域還時，因從至燕。會畏兀國王亦都護請于朝，盡歸其民，詔許之，遂復西還。精佛氏學。生乞台薩理，襲先業，通經、律、論。業既成，師名之曰萬全。至元十二年，入爲釋教都總統，拜正議大夫、同知總制院事，加資德大夫、統制使。〔六〕年七十卒。

子三人：長曰畏吾兒薩理，累官資德大夫、中書右丞、行泉府太卿；季曰烏瓦赤薩理；阿魯渾薩理其中子也，以父字爲全氏，幼聰慧，受業於國師八哈思巴，旣通其學，且解諸國語。世祖聞其材，俾習中國之學，於是經、史、百家及陰陽、曆數、圖緯、方技之說皆通習之。後事裕宗，入宿衞，深見器重。

至元二十年，有西域僧自言能知天象，譯者皆莫能通其說。帝問左右，誰可使者。侍臣脫烈對曰：「阿魯渾薩理可。」卽召與論難，僧大屈服，帝悅，令宿衞內朝。會有江南人言宋宗室反者，命遣使捕至闕下。使已發，阿魯渾薩理趣入諫曰：「言者必妄，使不可遣。」帝曰：「卿何以言之？」對曰：「若果反，郡縣何以不知。言者不由郡縣，而言之闕庭，必其仇也。且江南初定，民疑未附，一旦以小民浮言輒捕之，恐人人自危，徒中言者之計。」帝悟，立召使者還，俾械繫言者下郡治之，言者立伏，果以嘗貸錢不從誣之。帝曰：「非卿言，幾誤，但恨用卿晚耳。」自是命日侍左右。

二十一年，擢朝列大夫、左侍儀奉御。遂勸帝治天下必用儒術，宜招致山澤道藝之士，以備任使。帝嘉納之，遣使求賢，置集賢館以待之。秋九月，命領館事，阿魯渾薩理曰：「陛下初置集賢以待士，宜擇重望大臣領之，以新觀聽。」請以司徒撒里蠻領其事，帝從之。仍以阿魯渾薩理爲中順大夫、集賢館學士，兼太史院事，仍兼左侍儀奉御。士之應詔者，盡命館穀之，凡飲食供帳，車服之盛，皆喜過望。其弗稱旨者，亦請加賚而遣之。有官於宣徽者，欲陰敗其事，故盛陳所給廩餼於內前，冀帝見之。帝果過而問焉，對曰：「此一士之日給也。」帝怒曰：「汝欲使朕見而損之乎？十倍此以待天下士，猶恐不至，況欲損之，誰肯至者。」阿魯渾薩理又言於帝曰：「國學人材之本，立國子監，置博士弟子員，宜優其廩餼，使學者日盛。」從之。二十二年夏六月，遷嘉議大夫。二十三年，進集賢大學士、中奉大夫。

二十四年春，立尚書省，桑哥用事，詔阿魯渾薩理與同視事，固辭，不許，授資德大夫、尚書右丞，繼拜榮祿大夫、平章政事。桑哥爲政暴橫，且進其黨與。阿魯渾薩理數切諍之，久與乖剌，惟以廉正自持。桑哥奏立徵（利）〔理〕司，〔七〕理天下逋欠，使者相望於道，所在囹圄皆滿，道路側目，無敢言者。會地震北京，阿魯渾薩理請罷徵（利）〔理〕司，以塞天變。詔下之日，百姓相慶。未幾，桑哥敗，以連坐，亦籍其產。帝問：「桑哥爲政如此，卿何故無一言。」對曰：「臣未嘗不言，顧言不用耳。陛下方信任桑哥甚，彼所忌獨臣，臣數言不行，若抱柴救火，祇益其暴，不若彌縫其間，使無傷國家大本，陛下久必自悟也。」帝亦以爲然，且曰：「吾甚愧卿。」桑哥臨刑，吏猶以阿魯渾薩理爲問，桑哥曰：「我惟不用其言，故至於敗，彼何與焉。」帝益信其無罪，詔還所籍財產，仍遣張九思賜以金帛，辭不受。

二十八年秋，乞罷政事，并免太史院使，詔以爲集賢大學士。司天劉監丞言，阿魯渾薩理在太史院時，數言國家災祥事，大不敬，請下吏治。帝大怒，以爲誹謗大臣，當抵罪。阿魯渾薩理頓首謝曰：「臣不佞，賴陛下天地含容之德，雖萬死莫報。然欲致言者罪，臣恐自是無爲陛下言事者。」力爭之，乃得釋。帝曰：「卿眞長者。」後雖罷政，或通夕召入論事，知無不言。

三十年，復領太史院事。明年，帝崩，成宗在邊，裕宗太后命爲書趣成宗入正大位，又命率翰林、集賢、禮官備禮册命。明年春，加守司徒、集賢院使，領太史院事。初，裕宗卽世，世祖欲定皇太子，未知所立，以問阿魯渾薩理，卽以成宗爲對，且言成宗仁孝恭儉宜立，於是大計乃決。成宗及裕宗皇后皆莫之知也。數召阿魯渾薩理不往，成宗撫軍北邊，帝遣阿魯渾薩理奉皇太子寶于成宗，乃一至其邸。及卽位，語阿魯渾薩理曰：「朕在潛邸，誰不願事朕者，惟卿雖召不至，今乃知卿眞得大臣體。」自是召對不名，賜坐視諸侯王等。嘗語左右曰：「若全平章者，眞全材也，於今殆無其比。」

大德三年，復拜中書平章政事。十一年，薨，年六十有三。延祐四年，贈推忠佐理翊亮功臣、太師、開府儀同三司、上柱國，追封趙國公，謚文定。

子三人：長岳柱；次久著，終翰林侍讀學士；次買住，蚤卒。岳柱自有傳。阿台薩理贈保德功臣、銀青榮祿大夫、司徒、柱國，追封趙國公，謚端愿；乞台薩理，累贈純誠守正功臣、太保、儀同三司、上柱國，追封趙國公，謚通敏。

岳柱字止所，一字兼山。自幼容止端嚴，性穎悟，有遠識。方八歲，觀畫師何澄畫陶母剪髮圖，岳柱指陶母手中金釧詰之曰：「金釧可易酒，何用剪髮爲也？」何大驚，卽異之。既長就學，日記千言。年十八，從丞相答失蠻備宿衞，出入禁中，如老成人。

至大元年，授集賢學士，階正議大夫，卽以薦賢舉能爲事。皇慶元年，陞中奉大夫、湖南道宣慰使。日接見儒生，詢求民瘼。延祐三年，進資善大夫、隆禧院使。七年，授太史院使。英宗視其進止整暇，顧謂參政速速曰：「全院使眞故家令子也。」泰定元年，改太常〔禮儀〕院使。〔八〕四年，授禮部尚書，領會同館事，俄授江西等處行中書省參知政事。天曆元年，進榮祿大夫、集賢大學士。

至順二年，除江西等處行中書省平章政事。時有誣告富民負永寧王官帑錢八百餘錠者，中書遣使諸路徵之。使至江西，岳柱曰：「事涉誣罔，不可奉命。」僚佐重違宰臣意，岳柱曰：「民惟邦本，傷本以斂怨，亦非宰相福也。」令使者以此意復命。時燕帖木兒爲丞相，聞其言，感悟，命刑部詰治，得誣罔狀，罪誣告者若干人。宰相以奏，帝嘉之，特賜幣帛及上尊酒。

桂陽州民張思進等，嘯聚二千餘衆，州縣不能治，廣東宣慰司請發兵捕之。岳柱曰：

「有司不能撫綏邊民，乃欲僥倖興兵，以爲民害耶？不可。」宰執皆失色，憲司亦以興兵不便爲言，岳柱終持不可，遣千戶王英往問狀。英直抵賊巢，諭以禍福，賊曰：「致我爲非者，兩巡檢司耳，我等何敢有異心哉！」諭其衆，皆使復業，一方以寧。

三年，遷河南江北等處行中書省平章政事。旋以軍事至揚州，得疾，明年十二月，端坐而卒，年五十三。

岳柱天資孝友，母弟久住早卒，喪之盡哀。尤嗜經史，自天文、醫藥之書，無不究極。度量弘擴，有欺之者，恬不爲意。或問之，則曰：「彼自欺也，我何與焉。」母郜氏，亦常稱之曰：「吾子古人也。」

子四人：〔九〕長普達，同僉行宣政院事；次安僧，爲久住後，章佩監丞；次仁壽，中憲大夫、長秋寺卿。

校勘記

〔一〕九年召入爲中書平章政事十月以疾薨　按元文類卷五九姚燧徹里神道碑有「九年召入平章中書」，「纔一暑寒」，「以十月八日薨」。此十月爲大德十年十月，此處「十月」之上當有「十年」二字。蒙史已校。

〔二〕(靜)〔淨〕州　見卷一校勘記〔一四〕。下同。

〔三〕(巙巙)〔巎巎〕　見卷三四校勘記〔一〕。

〔四〕四年拜中書〔右〕丞相　據元名臣事略卷四引完澤勳德碑補。按本書卷五世祖紀中統四年六月癸酉條、卷一一二宰相年表均作「右丞相」。類編已校。

〔五〕〔岳柱〕　據本書原目錄補。

〔六〕統制使　按本書卷八七百官志，至元初立總制院，後改宣政院。蒙史改「統」爲「總」，疑是。

〔七〕徵(利)〔理〕司　據松雪齋集卷七阿魯渾薩理神道碑改。按元無「徵利司」，本書卷一五、一六世祖紀至元二十五年九月癸卯、二十八年二月丙子條、卷二〇五桑哥傳均作「徵理司」。類編已校。下同。

〔八〕太常〔禮儀〕院使　原空闕，從北監本補。

〔九〕子四人　考異云：「案岳柱子四人，傳僅載其三。考趙孟頫撰碑，稱阿魯渾薩理孫男三，曰普達、答里麻、安僧，則傳所遺一人，當卽答里麻也。」